——四川省教育科研资助金项目"知识管理视域下基础教育教学成果推广的理论与实践研究"研究成果

知识管理视域下的基础教育教学成果推广研究

陈军 吉萍 李沿知 等 著

四川教育出版社

图书在版编目（CIP）数据

知识管理视域下的基础教育教学成果推广研究 / 陈军等著. —— 成都：四川教育出版社, 2025. 4. —— ISBN 978-7-5408-9763-5

Ⅰ. G632.0

中国国家版本馆CIP数据核字第2025CJ3473号

知识管理视域下的基础教育教学成果推广研究
ZHISHI GUANLI SHIYU XIA DE JICHU JIAOYU JIAOXUE CHENGGUO TUIGUANG YANJIU

陈军　吉萍　李沿知　等　著

出 品 人	雷　华
责任编辑	李霞湘
封面设计	成都编悦文化传播有限公司
责任印制	李翊彤
出版发行	四川教育出版社
地　　址	成都市锦江区三色路238号新华之星A座
邮政编码	610023
网　　址	www.chuanjiaoshe.com
制　　作	成都跨克创意文化传播有限公司
印　　刷	四川省平轩印务有限公司
版　　次	2025年5月第1版
印　　次	2025年5月第1次印刷
开　　本	787mm×1092mm　1/16
印　　张	16.75
字　　数	320千
书　　号	ISBN 978-7-5408-9763-5
定　　价	68.00元

如发现质量问题，请与本社联系。总编室电话：(028) 86365120

序

作为教育改革与发展的重要环节，教学成果的推广应用无疑是教育科研成果转化为教育生产力的重要途径。作为教育改革与发展的智慧结晶，教学成果的推广应用效果又直接影响着教育改革与发展的广度与深度。然而，人们常常秉持着"推广者—接受者"的线性关系认知，往往注重的是教学成果的传播与复制而不是成果的内化与创生，由此产生单向性的经验传递、碎片化的活动设计和浅表化的应用移植等诸多问题，从而使教学成果的推广应用效果大打折扣。我们知道，单向性的经验传递难以激活实践场域的创新动能，碎片化的活动设计难以支撑教育行为的整体变革，浅表化的应用移植难以实现教育主体的自我创生。如何从理论上突破"推广者—接受者"的线性关系认知模式，进而突破"传递—接受"的教学成果推广实践模式，便成为教学成果推广组织者需要认真研究的重要课题。

须知，教学成果在本质上乃是一种结构化、情境化的实践性知识。作为实践性知识，教学成果的推广应用绝非简单的"传递—接受"，而是涉及知识转化、实践创生和主体互动的复杂过程。从这个意义上讲，教学成果推广应用的实质乃是知识生产、知识转化与知识创新的螺旋上升。正是为了突破将教学成果推广等同于经验传递、接受和复制的惯常思维，《知识管理视域下的基础教育教学成果推广研究》书稿才引入知识管理这个新的理论视角和方法论工具，进而对教学成果的推广实践进行范式上的重构。的确，当我们打开知识管理这个视域，以知识管理的透镜加以审视，教学成果的推广便从单纯的经验移植转向知识重构，从被动接受转向能动创生，从个体知识共享转向组织能力建设。

按照一般的理解，知识管理理论强调知识的分类、共享、应用和创造。在知识管理理论的视域中，教学成果就是一种知识资源。基于知识管理的新视角，《知识管理视域下的基础教育教学成果推广研究》书稿确立了"知识赋能"和"多元共生"的教学成果推广理念，建构了教学成果推广的三阶（"知识共享—知识应用—知识创造"）四化（"共同化""表出化""联结化""内在化"）模型，为教学成果推广的实践提供了系统化的行动框架。所有这些探索，不仅有助于我们重新理解教学成果的本质和教学成果推广的本质，而且为解决教学成果推广实践中的诸多问题提供了重要的方法论指导。不仅如此，知识管理视角下的教学成果推广还对基础教育的深层变革具有重要的引领意义。在知识管理的视角下，教学成果推广有利于教师经历"概念重构—行为改进—理论创生"的认知跃迁，从而促进教师的专业认知升级。在知识管理的视角下，教学成果推广有利于学校培育出"反思性实践"的组织文化，从而为学校变革提供新的引擎。在知识管理的视角下，教学成果推广有利于通过知识流动促进校际智慧共享，借助知识创新推动区域教育优质均衡。

按照联合国经合组织的分类，知识可以分为四维知识体系：事实性知识（What）、原理性知识（Why）、技能性知识（How）、人力性知识（Who）。基于此，本书打破了"理论—实践"的二元割裂，揭示了教学成果内含的显性知识与隐性智慧的共生关系。基于知识转化螺旋理论，本书提出"知识共享—知识应用—知识创造"的三阶演进路径，每个阶段对应共同化、表出化、联结化、内在化的转化机制。针对"推广者—接受者"的线性关系认知，本书确立"知识共生体"理念，较为有效地解决了教学成果推广中供需错配、动力不足等问题。在实践框架方面，本书提出了"解构成果知识要素—供需匹配—路径选择—场域构建"的教学成果推广路径。在活动设计方面，本书根据知识转化的不同阶段，将推广活动分为宣传分享、模仿应用和实践创生三种类型，并详细阐述了各类活动的内涵、规则与实施方式。在推进策略方面，本书从区域管理部门、成果持有方和成果应用方三个主体出发，提出了差异化的策略建议。在评价机制方面，本书提出以知识为基础、以系统设计为着力点、以操作为保障、以创生为突破点的评价理念，并构建了针对不同主体的评价内容标准与方法。

通览全书，《知识管理视域下的基础教育教学成果推广研究》一书分别从研究视角、理论阐释、实践框架、活动设计、推进策略、评价机制、推广机制和操作案例等方面，对知识管理视域下的基础教育教学成果推广进行了全面而富有建设性的探索，一定有助于推动教学成果推广工作从经验走向科学，从零散走向系统，从形式走向实效。我相信：凡是有缘与此书碰面的教育工作者都会从中获得裨益！

李松林

2025年4月于成都

（作者为四川师范大学教育科学研究院院长、教授、博士生导师）

目 录

第一章　教学成果推广概述 / 001

第一节　教学成果的基本属性与推广价值 / 003
一、教学成果的基本属性 / 003
二、教学成果推广的内涵和价值 / 006

第二节　教学成果推广的现状分析 / 009
一、成都市教学成果推广的实践与探索 / 009
二、教学成果推广的实践现状 / 013
三、教学成果推广的问题分析 / 015

第三节　教学成果推广的需求调研分析 / 017
一、调查结论 / 017
二、调查结果对教学成果推广的启示 / 023

第二章　知识管理：教学成果推广新视角 / 027

第一节　知识管理理论概述 / 029
一、知识的含义与分类 / 029
二、知识管理的含义 / 031
三、知识管理的主要模型 / 032

第二节　知识管理理论在教育领域的应用 / 036
一、教育知识管理概述 / 036
二、学校知识管理 / 038
三、教师知识管理 / 040
四、知识管理与教科研活动 / 044

第三节　知识管理理论在教学成果推广中的应用价值 / 047

　　一、知识管理与教学成果推广的联系 / 048

　　二、知识管理对教学成果推广的启示 / 049

第三章　知识管理视域下教学成果推广理论分析 / 053

第一节　知识管理视域下对教学成果的再认识 / 055

　　一、教学成果的知识属性 / 055

　　二、教学成果的知识分类 / 057

第二节　知识管理视域下对教学成果推广的再认识 / 060

　　一、知识管理视域下教学成果推广的价值取向 / 061

　　二、知识管理视域下教学成果推广的核心要素 / 063

第三节　知识管理视域下教学成果推广的条件 / 068

　　一、组织意图：教学成果推广的战略目标 / 068

　　二、自主管理：教学成果推广的管理思想 / 069

　　三、波动与创造性混沌：教学成果推广的开放环境 / 069

　　四、冗余：教学成果推广的核心内容 / 069

　　五、必要多样性原则：教学成果推广的多样组织 / 070

第四章　知识管理视域下教学成果推广实践框架 / 071

第一节　知识管理视域下教学成果推广的实践模型 / 073

　　一、知识共享 / 073

　　二、知识应用 / 074

　　三、知识创造 / 075

第二节　知识管理视域下教学成果推广活动的类型 / 076

　　一、共同化的推广活动 / 076

　　二、表出化的推广活动 / 079

　　三、联结化的推广活动 / 080

　　四、内在化的推广活动 / 082

第三节　知识管理视域下教学成果推广的路径重构 / 084

　　一、解构成果的知识要素 / 084

　　二、供需匹配 / 087

　　　　三、路径选择 / 092

　　　　四、"场域"构建 / 094

第五章　知识管理视域下教学成果推广活动设计 / 099

　　第一节　教学成果推广宣传分享类活动的设计 / 101

　　　　一、宣传分享类活动的内涵 / 101

　　　　二、宣传分享的规则 / 101

　　　　三、宣传分享类活动的实施方式 / 103

　　第二节　教学成果推广模仿应用类活动的设计 / 105

　　　　一、模仿应用类活动的内涵 / 105

　　　　二、模仿应用的规则 / 106

　　　　三、模仿应用类活动的实施方式 / 109

　　第三节　教学成果推广实践创生类活动的设计 / 111

　　　　一、实践创生类活动的内涵 / 111

　　　　二、实践创生的规则 / 111

　　　　三、实践创生类活动的实施方式 / 114

第六章　知识管理视域下教学成果推广推进策略 / 121

　　第一节　区域管理部门主导的推进策略 / 123

　　　　一、"承上启下"式成果推广模型 / 123

　　　　二、"承上启下"式成果推广具体策略 / 126

　　第二节　成果持有方主导的成果推广设计与实施策略 / 132

　　　　一、定位成果推广原因匹配推广方式 / 132

　　　　二、筛选对接成果应用方 / 133

　　　　三、借助"外力"落实成果推广 / 134

　　　　四、成果推广效果评估策略 / 135

　　　　五、成果推广方案设计模板 / 135

　　第三节　成果应用方主导的成果推广设计与实施策略 / 137

　　　　一、聚焦现实问题筛选成果 / 137

　　　　二、分析成果确定目标 / 138

　　　　三、确定成果推广方式 / 139

四、落实成果推广 / 140

五、评估改进 / 143

六、成果推广方案设计模板 / 144

第七章 知识管理视域下教学成果推广评价 / 147

第一节 教学成果推广评价的基本理念 / 149

一、教学成果推广评价要以知识为基 / 149

二、教学成果推广评价要着力系统设计 / 150

三、教学成果推广评价要操作可行 / 151

四、教学成果推广评价的突破点在成果创生 / 151

第二节 教学成果推广评价内容 / 152

一、指向教学成果持有方的评价内容 / 153

二、指向教学成果推广活动组织方的评价内容 / 156

三、指向教学成果应用方的评价内容 / 159

第三节 教学成果推广评价模式与评价方法 / 161

一、教学成果推广评价模式 / 161

二、教学成果推广评价方法 / 163

第四节 教学成果推广评价结果运用 / 169

一、服务教学成果推广规划的顶层设计 / 170

二、服务教学成果推广工作方案的制订 / 170

三、服务教学成果推广活动过程的监管与实时调整 / 171

四、服务教学成果推广活动的整体反馈 / 171

第八章 知识管理视域下教学成果推广机制 / 173

第一节 知识管理视域下教学成果推广机制的基本认识 / 175

一、知识管理视域下教学成果推广机制的内涵 / 175

二、知识管理视域下教学成果推广机制的功能 / 176

第二节 以需求为导向的教学成果推广项目遴选机制 / 177

一、开展两类研究 / 179

二、关联两条路径 / 181

第三节　以知识转化为核心的运行机制 / 183

　　一、纵横贯通的协同联动机制 / 184

　　二、立体网状的活动牵引机制 / 186

　　三、持续迭代的融合创生机制 / 190

第四节　以实践应用为目标的组织机制 / 191

　　一、加强组织领导 / 191

　　二、强化制度建设 / 192

　　三、抓牢推广关键 / 193

　　四、激发推广活力 / 194

第九章　优秀教学成果推广案例 / 197

案例一　指向成果校本化应用的"工作坊"推广 / 199

案例二　深度参与让教学真实发生 / 205

案例三　内化·转化·深化 / 209

案例四　我与DJP不得不说的故事 / 215

案例五　三化推广策略实现教学成果的真实转化 / 218

案例六　众里寻他之"三课四学" / 224

案例七　让成果看得见 / 229

案例八　名师工作室的跟岗研修式推广 / 234

案例九　教科研双向结合的教学成果系列化推广 / 241

案例十　连接·转化·创生 / 246

后　记 / 255

参考文献 / 257

第一章
教学成果推广概述

成果推广是教育科研活动的重要组成部分，"是教科研生态上不可缺少的一环，是最鲜活、最生动的教育教学改革行动研究"[①]，是成果转化为生产力的最后一环。本章旨在分析教学成果及其推广的基本属性，以成都市为例分析教学成果推广的发展历程及其现实需求。

---

① 杨银付.将优秀教学成果转化为教育生产力[J].中国教育学刊，2022（S1）：3.

第一节　教学成果的基本属性与推广价值

一、教学成果的基本属性

（一）教学成果的界定

教学是教育工作独特的表现形态，是实现教育目的的主要活动，是教师"教"与学生"学"的统一活动。[①]"成果"是指成熟的果实，意指"工作或事业的收获"[②]。顾名思义，教学成果是指在教学改革与发展中取得的成就，也是教学活动成效的重要表现。

20世纪80年代编纂的《教育大辞典》中并没有"教学成果"的概念。自1989年我国首次开展普通高等学校教学成果奖评选开始，教学成果首次作为一个教育学概念进入学术领域。特别是1994年3月14日国务院发布了《教学成果奖励条例》之后，教学成果奖成为同国家自然科学奖、技术发明奖、科技进步奖具有同等重要意义和价值的政府级奖项。《教学成果奖励条例》第二条对教学成果进行了界定，指出"本条例所称教学成果，是指反映教育教学规律，具有独创性、新颖性、实用性，对提高教学水平和教育质量、实现培养目标产生明显效果的教育教学方案"。这是从国家层面第一次对教学成果本身做出清楚的定义，准确地表达了教学成果的本质属性。后续各地陆续颁布的教学成果奖励条例或办法，对教学成果的定义均是采用《教学成果奖励条例》中的定义。如1997年10月10日发布的《四川省教学成果奖励办法》第三条，"教学成果是指反映教育教学规律，具有独创性、新颖性、实用性，对提高教学水平和教学质

[①] 王策三.教学论稿[M].北京：人民教育出版社，2005：87.
[②] 中国社会科学院语言研究所词典编辑室.现代汉语词典：第7版[M].北京：商务印书馆，2016：165.

量、实现培养目标已产生明显效果的教育教学方案和教育教学改革成果",在国务院《教学成果奖励条例》的基础上增加了"教育教学改革成果"。2003年7月7日发布的《成都市教学成果奖励办法》第三条,"教学成果是指反映教育教学规律,具有独创性、新颖性、实用性和推广价值,对提高教学水平和教育质量、实现培养目标已产生明显效果的教育教学方案和教育教学改革成果",在《四川省教学成果奖励办法》的基础上增加了"推广价值"。

有研究者对教学成果的内涵及外延进行了分析。燕山大学教授曲继方认为,"教学成果泛指教育教学工作或事业的收获。教学成果产生于培养人才的过程中,经过总结上升为理论又指导培养人才的实践。任何高质量的教学成果都是在教学实践中产生和不断完善的"[1]。山东省教育厅高教处曾宪文认为,"教学成果是在一定的教育理论指导下,经过长期的实践,形成的反映教育教学规律,对提高教育质量、实现培养目标产生明显效果的教育教学方案"[2]。四川师范大学张海东认为"教学成果"是指教育研究者根据教学基本规律,运用科学的研究方法,经过探索、研究和反复实践而产生的具有一定学术价值、社会价值并且被同行专家认定的增值知识。[3]可见,研究者对"教学成果"这一概念的理解与《教学成果奖励条例》中对"教学成果"的界定高度一致。

综上所述,教学成果是教育工作者在教育教学实践中,运用科学方法,经过研究探索、反复实践而产生的符合教育教学规律,具有独创性、新颖性、实用性和明显成效的教育教学方案。

(二)教学成果的内涵特质

分析教学成果的界定及近三届国家级教学成果奖评选的实施办法,可以概括出教学成果的丰富内涵特质。

(1)从基本特质来看,教学成果是针对实践问题的解决所形成的教育教学方案,起着鲜明的实践导向作用,具有方向性、科学性、独创性、新颖性、实效性、应用性六大特征。方向性是指政治方向和教育改革方向正确,即必须全面贯彻党的教育方针,落实立德树人根本任务,体现德智体美劳全面育人要求,符合国家教育改革

---

[1] 曲继方. 谈教学成果的创造与申报[J]. 教学研究, 1999(4): 205—207.
[2] 曾宪文. 教学成果奖纵横谈[J]. 山东教育科研, 2002(8): 15—18.
[3] 张海东. 对我国普通高等学校教学成果的内涵与培育探讨[J]. 四川师范大学学报(自然科学版), 2015(5): 787—790.

方向（如基础教育课程教学改革方向），回应培养什么人、怎样培养人和为谁培养人的问题。科学性是成果的必要条件，没有科学性便无所谓成果，教学成果的科学性表现在符合教育教学的规律、解决客观真实的问题、运用科学适切的方法、追求可靠有效的结论等方面。独创性是指解决重要现实问题的方法具有重要的个性标识，是独门功夫。新颖性是指教学成果是一个创新实践的过程，体现了解决问题的新角度、新路径。[①] 实效性是指在教学成果产出后，要有效付诸实践检验，用数据和事实说明所取得的实践应用效果，即思路、策略与方法所带来的实践效果。教学成果要能够解决教育教学实际问题，有利于提高教学质量，能够真正促进学生健康成长，有利于培养出具有服务国家人民的社会责任感、勇于探索的创新精神和善于解决问题的实践能力的人才。应用性是指教学成果要能够推广应用，教学成果从一线的教学实践中产生，并能最终被应用到一线教育教学工作中去，在推广后能更好地被借鉴应用，并且在理念、形成机制、方法策略改进上对其他教育教学工作者产生一定的示范、激励和导向作用。

（2）从基本类型来看，教学成果不同于自然科学的科研成果类型，也有别于教育科研成果。实践运用中，常常有将"教学成果"与"教育科研成果"混同的现象，实际上两者是既有联系又相互区别的概念。相同之处在于，两者都具有科学性和创新性，两者都是以科学规范表达的知识体系，都是按照科学规范形成的知识创新创造。不同之处在于，从价值导向来看，教学成果更具有鲜明的实践导向；从外延来看，教育科研成果的外延较大，教学成果的外延相对较小；从产生过程来看，教育科研成果的产生过程需要依照严格的学术规范，而教学成果的产生过程可以是规范的教育科研，也可以是实践经验总结，较为宽泛灵活；从内容来看，教育科研成果偏重理论推演与实践体系架构，而教学成果偏重实践经验归纳总结和效果的显著性，从实践中提炼出有成效、可推广的原则、方法。

（3）从形成过程来看，教学成果需要一定时间周期的积累，有较长的孕育、形成、检验、完善过程。国务院《教学成果奖励条例》第五条将"经过2年以上教育教学实践检验"作为申报国家级教学成果奖的必要条件。2018年国家级教学成果奖评审工作安排规定，教学成果应经过2年以上教育教学实践检验，特等奖和一等奖的成果一般应经过不低于4年的教育教学实践检验，实践检验的起始时间应从正式实施（包括

---

① 黄积才.教学成果的孵化、培育与价值呈现：从国家级教学成果奖的成果形成与奖项申报说起[J].中小学管理，2019（6）：29.

试行）教育教学方案的时间开始计算，不含研讨、论证及制订方案的时间。近三届国家级教学成果奖评选情况证明，好的教学成果与研发检验时间呈正相关。以2018年基础教育国家级教学成果评选为例，申报成果中研究、实践检验的时间在5年及以下成果的获奖数量最少，为27项，占5.97%；6～10年成果的获奖数量最多，为217项，占48.01%；其次为11～15年成果、16～19年成果。而从获奖率来看，研发实践周期在20年以上的成果申报数虽然比较少，获奖数占比仅为9.73%，但获奖率却高达62.86%；而短周期成果，例如5年以下的申报成果数占15.48%，获奖率却只有12.62%。因此，在某种程度上，获奖情况与研发时长呈正相关。①

（4）从文本形式来看，教学成果的本质就是教育教学方案。所谓教育教学方案是指有目的、有计划、有组织、成系统，并对"提高教学水平和教育质量、实现培养目标"产生明显效果的教学活动方案。教育教学方案并不仅仅限于课堂教学改革与教学方案，还包括学校课程方案、教育质量评价方案、教育教学管理方案等，是指导人们开展各种教育教学实践活动的思想理念、方法策略、技术手段等系统集合的文件文本。此外，还有必要明白教育教学方案不同于科研论文、学术专著、研究报告，但两者并不矛盾。教育教学方案要求将理论思考、探索的结果进一步转化为行动的指南，并能够接受实践的检验。这种实践中的转化是一个充满张力、活力、生气也最费力气的创生过程。而关于教育教学方案的主要内容及其检验过程的报告便成了教学成果的主要物化形态，它与一般科研报告在表达形式方面有许多相同的地方。②

二、教学成果推广的内涵和价值

（一）教学成果推广的内涵

推广是指扩大事物的使用范围或影响范围。因此，简单地讲，教学成果推广就是将在教学工作中取得的有效的教育教学方案加以推广，让更多的学校、教师掌握、应用教学成果，使教育教学方案得以实践运用与再创造，在更大范围内促进教育教学水平与质量的提升，促进培养目标的实现。

教学成果推广的内涵有广义和狭义之分。从广义来看，教学成果推广是指包括传

---

① 宋乃庆，范涌峰.2018年基础教育国家级教学成果奖评审结果探析：基于数据分析[J]. 人民教育，2019（3/4）：22—26.
② 柳夕浪.试析基础教育教学成果的内涵与特征[J]. 中国教育学刊，2013（5）：12—17.

播、学习在内的一切扩大教学成果使用范围或起作用范围的活动，它包括教学成果的传播交流、自发运用以及有组织地推广三种类型。从狭义来看，教学成果推广则是指有组织、有计划、有步骤地将成果的思想、内容和方法等在一定范围内应用，使之为其他教育工作者所接受，并经理解、内化、改造而转化为教育效益的过程。本书对教学成果推广的研究定位为广义的推广。

（二）教学成果推广的价值意义

1. 扩大成果应用范围，发挥成果示范引领价值

教学成果在其形成过程中经历了发现现实中存在的问题、探寻问题背后的深层原因、群策群力解决问题、提炼梳理有效做法（形成解决方案）的过程。成果完成单位在研究过程中不断反思、实践，理论认识得以澄清，实践操作也得以优化，如果仅仅将成果运用于成果完成单位，成果的效用将大打折扣。因此，成果推广要充分发挥成果的示范引领价值，将先进理念、技术辐射出去，使更多团队及个人受益。先进的理念可丰富思想、更新观念，进而影响行为；先进的技术则可引发切实可行的做法。

成果的示范引领价值在推广中才能充分展现。"获奖教学成果的生命力，不仅在荣誉里，更在引领、辐射实践中。成果评出来后，重在抓好推广环节，要将这些宝贵的经验转化为现实生产力，让教育教学创新成果落地生根，开花结果。"[①]这是成果推广最根本的价值所在。

2. 促进成果创生，推广应用双向滋养

教学成果来自实践，又反哺实践，在理论与实践的共同作用下不断完善。其产生体现了"提出问题—分析问题—理论运用—实践反思—提炼升华"的过程，这一过程不能一蹴而就，也非固守不变，而要在循环往复中动态演进、不断优化。

成果完成单位与推广应用单位之间是必然存在差异性的，差异性的存在为成果的创生提供了条件。成果推广不仅体现为成果的运用，也体现为成果的再创造，再创造的过程就是成果本土化的过程。正如中国教育学会秘书长杨念鲁在北京市十一学校举办的"2014年基础教育国家级教学成果奖推广研究活动"上指出的，任何经验成果的学习、推广，都不能原样不动地照搬照抄，而是要更多地关注和学习成果背后的精神、理念与思路；我们提倡因地制宜地主动学习和借鉴优秀的教学方法和模式，唯有如此，才能结合本地、本校的特点和实际，因地制宜，因校制宜，探索、开创出每个

[①] 李曜升.抓好推广环节 将宝贵成果转化为现实生产力[J].人民教育，2015（11）：58—59.

学校独特的改革发展之路。

对成果完成人来说，成果的产生及获奖并非研究的终点，而是改革的起点。要通过成果推广活动再审视成果，根据不同的实践条件进一步丰富成果内容，提升成果的有效性，增强成果的适切性。成果推广让成果持有方深化成果研究，在完善成果的同时提升成果转化效用。所以，推广的过程是成果持有方与成果应用方对成果再研究的过程，推广与应用双向滋养，有助于促成新的成果的产生。

3. 避免盲目重复研究，提升成果应用效益

教学成果与一般理论研究不同，具有鲜明的实践导向，即研究源自实践中面临的切实的困惑；有明确的问题分析，即对问题有深入的探索；有可实施的改革方案，即形成了相应的方法及策略；有显著的教育教学效果，即历经实践检验了其有效性，具有很强的可复制性、易模仿。

虽然基础教育学校之间存在一定差异，但由于处于一样的时代、面对同样的政策引领、追求相同的育人目标，所以学校的改革要求、现实问题与困惑具有高度的相似性。如当下很多学校都力求突破的问题有学校文化顶层设计、学校课程优化、教师队伍建设等。若有学校已就某个困惑有清晰的认识和有效的策略，其他学校则可学习、借鉴，避免重复研究带来人力、物力、财力的耗费。教学改革实践的发展主要由教学理论的研究、教学成果的应用和推广汇聚而成，如没有教学成果的推广和应用以及教研成果对实践的指导，学校的教学改革实践不可能产生质的飞跃。[①]

2022年3月25日颁布的《义务教育课程方案和课程标准（2022年版）》完善了培养目标，全面落实了习近平总书记关于培养担当民族复兴大任时代新人的要求，结合义务教育性质及课程定位，从有理想、有本领、有担当三个方面，明确了义务教育阶段时代新人培养的具体要求；将党的教育方针具体细化为着力培养的学生核心素养，体现了正确价值观、必备品格和关键能力的培养要求。新时代赋予教育新的使命，学校改革进入深水区，如果每一所学校都从零开始研究，势必会走很多弯路并造成资源的浪费，成果推广活动则让学校在汲取已有研究成果的基础上再出发，避免盲目重复研究。

4. 实现教师知识重构，促进教师专业发展

教师是教育发展的第一资源，承载着服务中华民族伟大复兴的重要使命，需要具备良好的思想政治素质、职业操守、专业素养和终身学习能力。随着对教师专业发展研究的不断深入，教师专业发展的内涵也不断丰富，精神、知识、能力三个维度不可或缺。

---

① 石火学. 教改成果也需要推广[J]. 吉林教育科学，2000（7）：31—32，54.

教师需要基于前沿理念的学习交流，感受前沿的教育理念，触动思考，进而触发行动的改变；还需要基于问题解决的主题研究，在学习的基础上充分发表自己的看法，在分享、交流中形成共识，在实践反思中提炼成果。在成果推广活动中，教师通过观摩与体验形成感性经验，实现专业情感的共通化；通过对话和反思将隐性知识加以表述；通过对知识的筛选、标识、索引、排序、关联、形式化、整合、分类和注释等，保留有价值的知识并以恰当的结构进行存储；通过"汇总组合"产生新的显性知识，并将之升华为自己的隐性知识。可见，教学成果推广有助于促进教师的理念更新，促成教师的知识重构，进而实现教师的专业发展。

第二节　教学成果推广的现状分析

一、成都市教学成果推广的实践与探索

成都市的教学成果推广工作起步较早。早在1997年，在成都市武侯区教育委员会、成都市武侯区中小学教研室、成都市龙江路小学所开展的"愉快教育及其成果推广研究"获得四川省政府首届优秀教学成果一等奖后，成都市教科研管理部门就在全市进行了推广。成都市教学成果推广工作历经了三个发展阶段。

（一）起步阶段：不定期开展推广活动

20世纪末至21世纪初期，成都市教育科研管理部门在市域范围内开始不定期地开展优秀教学成果推广活动。2002年，成都市教育科学规划领导小组办公室（以下简称"市规划办"）与《成都教育》杂志联手开辟专栏，对"九五"期间产生的部分优秀成果进行介绍，此后，又利用"成都教育信息网"推介了部分成果。从2003年起，市规划办将研究、交流、推广结合起来，通过成果报告、专家点评、现场观摩、互动研讨等方式，大力宣传和推广研究的成功经验。这段时期，往往会在推广活动里加上相关专题的研讨活动。如2003年4月25日，在成都市盐道街中学召开了"中学自主选择性课程研究"成果汇报暨校本课程开发研讨会。"十五"期间，先后有成都市盐道街中学的"中学生自主选择性课程研究"，高新区芳草小学的"争章夺星，促进小学生个

性化发展的研究",成都市第十二中学(现已更名为"四川大学附属中学")的"教学模块设计及投放实践研究",成都市武侯区教育局、武侯区教师继续教育中心的"通过教育科研,促进骨干教师专业发展的实践研究",温江教培中心的"课堂自主参与教学的研究",青羊区教育局、成都市市级机关第一幼儿园、成都市第五幼儿园的"师生共构幼儿园教育活动的研究",四川省直属机关实验婴儿园的"婴儿教师教养细节评价研究",成都市第三幼儿园东升分园的"关注婴儿发展提供教育支持"等11项四川省政府教学成果在全市范围内进行了现场交流与推广。这些推广活动不仅促进了研究者自身的思考与深化研究,而且在全市产生了较为广泛的影响。

(二)发展阶段:初步建立管理制度

2014年1月,成都市教育局发布《关于进一步加强教育科研工作的实施意见》,明确提出"把教学成果的推广规模和实效作为各级教育科研部门考核的重要内容,提升成果效益",把成果推广正式纳入科研管理范畴。为此,在2014—2018年,成都市开展了更系统的推广工作,主要举措包括以下几个方面:

1. 建立成果推广的激励和管理制度

一是将各区(市)县对教育科研成果推广的数量、范围、效果、影响力等纳入对区(市)县教育科研工作的评估;二是将成果推广情况纳入市教学成果评选标准,在对成果的评选中,对已在一定范围进行过成果推广并得到应用单位肯定的成果予以加分,没有成果推广的成果不评为高等级成果;三是在市级课题立项中鼓励优秀成果的运用研究,鼓励课题结题后,在其他区域或学校进行成果推广研究,鼓励学校主动寻找适合本校的成果进行应用研究。如四川天府新区太平中学选择成都市龙泉驿区教育科学研究院王富英老师的"'导学讲评式教学'的研究"进行学习研究,并于2014年自主申报并成功立项成都市教育科研规划课题"'导学讲评式教学'在农村高完中的运用研究"。高新区芳草小学的"基于差异的个性化课堂实践体系"获得基础教育类2014年国家级教学成果二等奖,为促进成果的进一步深化与更大范围的推广,该校于2015年自主申报并成功立项成都市教育科研规划课题"个性化课堂的深化与推广研究"。

2. 建立成果推广年制度

每四年中确定一年为成果推广年,将省政府教学成果评选后第一年确定为成果推广年。在成果推广年集中对获奖优秀成果进行推广,以多种方式加强辐射和应用。据不完全统计,在成果推广年,市级层面推广的成果一般在10～15项;在其他年份,推广的成果一般在5～8项。如在首个成果推广年2014年的年初便以2013年省、市教学成果评选结果为依据，遴选出具有代表性的成果共计12项，以菜单方式向全市公布，为各学校搭建自主选择平台，根据成果内容选择参加成果推广活动的项目。

3. 成果推广与成果培育相结合

对于一些效果特别明显、行动特别有力的课题，会在研究过程中组织现场研讨会，及时发挥优秀成果的示范带动作用，同时也推动研究及时提炼成果、调整反思。如2014年推广的两项尚在研究的课题——金堂县安邦小学的"促进学生主体发展'五步式'和谐课堂研究"、成都师范附属小学（以下简称"成师附小"）万科分校的"深度对话课堂教学研究"，均在2017年成都市教学成果评选中获奖。

4. 鼓励区县和学校积极探索和创新成果推广方式

比较突出的是成都市锦江区教育科学研究院与区内多所学校共同创造的"点对点"的成果推广方式：将已经取得优秀成果的学校与相对薄弱的学校结对，将成果应用于相对薄弱校并进行再度开发研究。实践证明这是一种有效的成果推广模式。成师附小华润分校与锦江区的祝国寺小学就建立了这样的成果推广运行机制。华润分校一直致力研究"基于核心问题的学习活动设计"，带动了一批教师课程实施力及教学能力的提高，取得了认识上和操作上的积极成果。祝国寺小学是锦江区相对偏远的涉农学校，通过两校"教师点对点""教学点对点""教研点对点"等方式，成师附小华润分校推广了成果精髓，同时也助推了祝国寺小学对该项成果的再研究，两校在结对中实现了双赢。

（三）提升阶段：以研究探索推广规律

1. 反思实践发现问题

在开展成果推广工作的前两个阶段，尽管多数推广活动颇受欢迎，甚至有过人头攒动、一座难求的盛况，但也遭遇了一些困境，让人深刻感受到该项工作推进艰难。以下三种现象让人困惑，同时也催人反思。

现象1：某次推广活动推广的是省教学成果一等奖获奖成果，该成果在创新性方面非常突出。活动开始，按照通知要求应有近150人参加活动，但到活动结束时现场仅有不到20人，场面极为尴尬。追寻原因，主要有三个方面：一是成果介绍重点在改革理念和成果提炼过程；二是参会人员以骨干教师为主，仅有少量科研室主任；三是在会后了解到大多数与会者觉得成果理念虽先进，但是与会者所在学校缺乏实践土壤。

现象2：某次推广活动推广的是远郊一所农村学校的市教学成果三等奖，该成果几乎没有理论创新，核心成果是操作策略。推广活动受到了与会者的热烈欢迎，无人提前离场。通过访谈了解到，本次参会人员均来自农村学校，他们认为学校有相似问题，成果操作性强，可以直接移植应用。

现象3：不管推广的成果是什么领域，一些学校连续几次派出的都是相同的几个老师。原来是学校对这些成果没有兴趣，于是派出了"专业开会者"来应付。

类似的现象还有很多，实践中一个又一个问题的出现，敦促我们认真思考一系列问题：

（1）这些问题是成都独有的还是在全国都具有普遍性？

（2）什么样的成果值得推广？是否需要统一遴选标准？

（3）推广活动各方的需求和愿望是什么？可否在推广活动中达成平衡？

（4）成果推广的规律是什么？可否寻找到恰当的理论指导？

2. 主题研讨以思促行

"不思，故有惑；不求，故无得。"2018年，四川省第六届教学成果奖评奖工作结束后，成都市教育科学研究院以"教育科研成果推广"为主题，引领全市教育科研工作者积极思考成果推广的意义，寻找成果推广的有效路径与策略。

双流区教育研究与教师培训中心易恩对结题后成果推广应用的价值、内容和方式、机制建设及有效策略等进行了思考和探索，总结了双流区创新形式、开展"微推广"的经验，在区域内采取大小结合的方式进行成果推广。"大"指的是每学期两次的区域性成果推广活动的规划与设计，主要以"成果展示+课例呈现+互动交流+专题小讲座"方式进行。"小"指的是将区域内研究课题按主题类型组建成联组，目前形成了四个课题联组，联组每月开展一次"微推广"活动。"微推广"要求四个一：一个"微讲座"、一节"微课展示"、一个"微故事"分享、一次"微点评"。通过任务驱动，在草根式的"微推广"中，人人都是展示推广的主人，人人都能充分地交流分享。[1]

青羊区教育科学研究院叶剑从成果推广活动中学习者的视角，根据教师专业成长的经验取向、技术取向、哲学取向三类取向，分析了不同取向的学习者对成果及其推广活动的不同需求，提出推广活动要兼顾不同的人群，设置不同的活动形式，要引导学习者进入更深的层次。[2]

龙泉驿区教育科学研究院王富英等认为，要有效推广应用教育科研成果，需要研究成果在推广应用过程中的不同形态和运行机制。教育科研成果在推广应用中具有学

---

[1] 易恩.基层教育科研成果推广应用的思与行[J].教育科学论坛，2018（8）：28—29.
[2] 叶剑.基于专业成长取向的教育科研成果推广剖析[J].教育科学论坛.2018（8）：30—31.

术形态、技术形态和实践形态，内化、转化、变化和深化是教育科研成果推广应用的运行机制。[①]

3. 课题研究寻求突破

2018年，成都市教育科学研究院成立课题组，以"知识管理视域下基础教育教学成果推广的理论与实践研究"为题，对成果推广进行系统研究。该课题成功立项为2018年度四川省普教科研资助金课题，本书即为此课题研究成果。

课题研究的目的在于解决问题，探寻规律。研究针对成果推广表面热闹但效益不高的问题，以知识管理理论为指导，着力探讨教学成果的本质特征、属性与类型，厘清教学成果推广的影响要素，探究教学成果推广的基本方向和核心目标，提炼成果推广策略，建构成果推广基本模型，以探索教学成果推广的规律，切实提高成果推广的效益。

课题采用"理论建模—实践验证—效果检测—反思调整"的研究思路，以成都市域成果推广为实践场域，从市域层面的系统设计和推广活动的具体实施两个维度展开研究，针对成果推广中的难点问题和重点问题，选取典型样本进行突破性探索。课题组以效果检测推动研究深化，编制了检测工具，每次推广活动均做了效果检测，对效果良好的推进策略及经验进行总结，对效果欠佳的活动及其假设进行改进和调整。

经过5年的研究与实践，课题研究成效明显，为2020年成都市入选教育部基础教育成果推广示范区打下了坚实的基础。同时，课题研究成果在示范区建设中也得到了进一步的验证和完善。

二、教学成果推广的实践现状

成都市的情况是个别情况还是普遍情况？带着这个问题，课题组对全国教学成果推广现状做了文献研究，发现成都市的情况颇具代表性，成果推广是教育科研工作中比较滞后的领域，只有个别省市起步早且成效显著。最突出的是上海市。上海市从20世纪80年代末期就开始关注教学成果推广的重要价值，认为教育科研成果的推广应用是教育科研效益的直接体现，也是教育科研知识的普及过程，推广应用实际上是在更广阔的背景中通过再实践去完善原有成果的科学性、普适性，提高成熟度，因此，必

[①] 王富英，叶超，吴立宝. 教育科研成果推广应用中的形态与运行机制[J]. 教育科学论坛，2018（10）：40—42.

须重视教育科研成果推广。上海市教育科学研究院普通教育研究所不仅总结了一般常用的成果报告会、现场观摩会、成果展示会、经验交流研讨会、办班培训指导等多种成果推广方式，还成功地总结了"课题研究式推广""成果课程化推广"和"主体扩展竞赛式推广"等方式和途径。近年来，上海市静安区、嘉定区、黄浦区等还通过建立成果推广项目，把成果推广做到了系统设计、深度转化。上海市基础教育一直走在全国前列，与上海市对优秀成果的及时推广、深度转化分不开，这一举措带动了上海全市基础教育学校的改革、创新和均衡发展。

自2014年开展基础教育类国家级教学成果评选以来，教学成果推广工作逐渐被重视，有些地区还将成果推广与成果培育相结合。如深圳市出台《深圳市教育科研成果推广应用实施方案》，广东省立项课题"省级基础教育（含中职）教学成果提炼、培育和推广策略研究"。

教育部对成果推广工作做出了明确指示和安排。2019年颁布的《教育部关于加强新时代教育科学研究工作的意见》明确指出，要"增强科研成果转化意识"，要"推动教育科研成果转化为教案、决策、制度和舆论"，要"建立健全优秀教育科研成果发布制度和转化机制"。政策中关于教育科研成果推广的一系列表述，标志着教育部对教育成果推广有了全新认识和实践安排。首先，将"转化"放在了更加突出的位置，政策表述完全以"转化"替代了过去的"推广"，更能凸显出成果推广的本质。其次，对教育科研成果应该转化为什么以及转化之后是什么形态，第一次十分清晰地做了描述，凸显了教育科研成果的实践价值。最后，明确成果转化不是一方到另一方的简单传递过程，而是需要行政、科研、学校、企业多方参与的复杂过程。

2019年，《教育部办公厅关于开展基础教育国家级优秀教学成果推广应用工作的通知》印发。2020年12月，教育部启动了基础教育国家级优秀教学成果推广应用计划，将其作为"提升育人质量"攻坚行动的重要举措和有力抓手。随后，教育部确定了60个基础教育国家级优秀教学成果推广应用示范区。按照"自主、自愿"原则，各示范区在两届评选结果中共选择了73项成果开展应用工作。时任教育部基础教育司司长吕玉刚指出："开展基础教育国家级优秀教学成果推广应用是着力深化教育教学改革提升育人质量的重要举措。其意义在于充分发挥优秀教学成果的示范引领作用，加快教育教学改革步伐，全面提高基础教育质量。"[①] 在各级教育行政部门的推动下，

---

① 吕玉刚. 扎实推广应用优秀教学成果 全面提升基础教育质量[J]. 中国教育学刊，2019（12）：1.

各成果持有方和示范区就教学成果推广应用工作开始了积极探索，极大地推动了教学成果推广工作及其研究的进展。

三、教学成果推广的问题分析

（一）主要问题

众多研究者也指出了成果推广中存在的问题。湖南省教育科学研究院的易海华研究员认为存在着点上热闹而面上冷淡、被动应付且半途而废、问题不清且目标模糊等误区。要改变这种状况，需要转变急功近利的成果效益观，加强教育科研成果推广的"供需结合"，加快建立激励机制。[①] 马玉斌、江建国认为"成果推广应用环节的缺失，严重削弱了教科研工作服务教育教学的综合功效，教科研工作应有的正能量也无法更好地凸显。其深层次的原因有三：一是教科研成果本身不具有价值及在实践层面不具有可操作性；二是教科研成果的管理，尤其是推广环节的缺失；三是教科研成果交流平台的缺乏。而要解决教科研成果的推广必须解决三个问题：一是什么样的成果有推广的价值；二是怎么去推广；三是如何保障"。他们认为主要应从有云气（理念先进，引领教育走向）、接地气（实在、管用、有可操作性）、聚人气（价值的认同）三方面去界定。[②] 胡燕认为成果推广中存在着"缺少成果推广应用的意识、缺少成果推广的生态环境、缺少成果推广的良好机制、缺少对成果推广的深入思考与研究"等系统性问题。[③]

分析成都市以及国内其他地区成果推广的实践样态，我们认为在成果推广的实践层面普遍存在以下问题：

（1）从推广的数量来看，成果多推广少，成果的示范引领价值远远不够。以成都市为例，一届教学成果评选后获奖成果在150项以上，但市级层面推广不超过30项，能够在其他学校和地区应用转化的更是屈指可数，致使一些优秀的研究成果被封闭在一个学校、一个地区；还有些学校由于信息不畅通，仍然在进行着低水平的重复研究，更有些成果被束之高阁，造成了不必要的人力与物力的浪费。

[①] 易海华. 教育科研成果推广应用的误区及对策思考[J]. 中国教育学刊，2007（4）：16—20.
[②] 马玉斌，江建国. 让教育科研成果真正"落地生根发芽"：对优秀教育科研成果推广的几点思考[J]. 教学管理，2014（3）：17—19.
[③] 胡燕. 教育科研成果推广的意义、困难与支持策略[J]. 教育科学论坛，2017（2）：36—38.

（2）从推广的组织来看，推广活动多由教育行政部门和教育科研管理部门组织开展，主体单一，且权力驱动的特征明显。"因为没有行政力量参与，成果推广举步维艰。"这种发文推广的方式虽然雷声大，但是雨点小，往往因为不能充分考虑教育对象、教育环境和成果应用方的自身条件等因素，而出现"一刀切"的现象，引起一线教师的反感和抵制。前文所反映的困惑，主要原因也在于此。

（3）从推广的方式来看，主要是成果汇编、举行成果报告会、现场观摩等以传播为主的活动方式，易停留于对成果浅层的介绍，将成果作为结论直接推销给推广对象，忽视了成果的再创生过程，使得成果的推广没有活力，没有鲜活的经验流动，没有情感和思想的碰撞，更没有知识创造。

（4）从成果推广相关主体的关系来看，成果持有方和应用方之间处于孤立和割裂的状态，学校之间不开放，或者对自己的优质成果保密，或者不愿意应用其他学校的成果，学校之间重复性研究多。甚至出现了有些成果推广只披着成果推广应用的外衣的现象，应用方对成果核心和背后的精神缺乏深刻理解，一开始就跨越到创生，但所创生的产品与原成果缺乏内在的连接。

（二）问题分析

在实践中暴露出来的这些问题，反映了教学成果推广深层次的逻辑缺陷。一是目的内涵的缺失。推广教学成果仅有组织动员、传播、推行的意义是不完全的，还必须重视其内化、掌握、转化的深层意义。但人们在对教学成果推广的认识和实践中，这些深层次的意义却往往被忽视、遮蔽。二是本质理解的缺失。成果推广是一个完整的过程。推广仅是起点，应用才是终点。在这个过程中，转化是一个关键环节。转化，包括了从知识形态到技术形态、从技术形态到实践形态、从实践形态到观念形态等。这是一个由外在到内在、由客体到主体的连续运动过程。从这个意义上讲，推广是成果的第二次飞跃。三是关系的缺失。在以往的推广中，过分强调了组织方和成果持有方的作用，却忽略了应用方的作用，而应用方的需要、能力、态度、学习方式、应用效果，正是影响转化的重要因素。四是机制的缺失。主要是推广平台和激励机制的不足。推广的平台除科研管理部门少量的推广活动外，缺少更多的主体参与平台；激励和引导机制不足，仍缺少对成果推广实效性标准的制定，缺少对各相关主体的激励和补偿，光靠行政驱动，成果推广就只能是一个被动的执行过程。

第三节 教学成果推广的需求调研分析

2020年，课题组自主开发教学成果推广需求调查问卷，在成都市所属22个区（市）县的教育行政管理单位、教育业务管理单位、中小学幼儿园中开展调查研究，历经问卷设计、问卷初测（有效问卷330份）、正式测试（收到6753份调查问卷，无效问卷417份），用SPSS 24对有效问卷进行可信度检验、效度检验后，从成果本身视角和成果推广视角，对样本的平均值、标准差等进行描述性统计分析，统计各要素的相关性，做单因素方差（ANOVA）检验，形成了近8万字的调查分析报告和结论。

一、调查结论

（一）总体情况

结论一：对成果本身的关注度显著高于对成果推广过程的关注度。

数据显示，对成果本身需求平均值为108.07，高于对推广过程需求平均值98.83，对两组数据分别用学段、教龄、身份、参加过课题级别做自变量，进行单因素方差检验，均差异显著，即教师对成果本身的内容、成果所属领域、谁获得的成果、选题原因的关注度显著高于对成果推广过程中的推广方式、推广内容、推广单位、推广原因的关注度。

（二）对教学成果本身的需求

结论二：对来自一线的成果需求较高。

从成果完成单位来看，教师的需求度由高到低顺序为教师个人成果、学校主研成果、教科院（所）主研成果、高校主研成果，且离散程度也按此顺序由低到高排列。

从成果内容来看，在教育研究的内容领域（区域教育管理，学校管理，教师发展，课程改革，德育研究，教学改革，教育信息化建设，学生发展，学校与家庭、社区、高校等教育融合）中，教师关注度最高的是教师发展、课程改革、教学改革（平均值分别为4.53、4.53、4.52），关注度最低的是区域管理、学校管理（平均值分别为3.93、4.14）。

结论三：对教学成果中的技能知识有更高的需求。

从成果知识类型来看，教师对成果每一部分都有较高的需求，但对技能知识有更高的需求，其中，对"机制、步骤、方法、策略等操作性成果""问题提出的实践依据""教材、文集、资源库等物化成果"的需求最高，平均值分别为4.45、4.42、4.40；对"围绕核心概念的调查与分析""问题提出的理论依据""核心概念内涵、特征的解读"和"核心概念的外延及相互关系的解读"需求最低。如表1-1所示。

表1-1 对成果知识类型的需求

	围绕核心概念的调查与分析	问题提出的理论依据	问题提出的实践依据	成果形成过程、推进机制与研究方法	核心概念内涵、特征的解读	核心概念的外延及相互关系的解读	成果的整体结构	机制、步骤、方法、策略等操作性成果	教材、文集、资源库等物化成果	教育教学的组织、观察、测评工具
平均值	4.27	4.27	4.42	4.38	4.29	4.29	4.37	4.45	4.40	4.39
标准差	0.631	0.629	0.531	0.759	0.805	0.798	0.756	0.713	0.738	0.735

（三）对教学成果推广过程的需求

结论四：最大的需求是在推广活动中有更多的主导权。

对谁来主导成果推广活动这一问题，整体上学校最希望根据自身需求与成果完成单位联系学习，需求度最低的是成果单位与第三方机构合作推广（平均值4.16），离散程度均较小（标准差0.546～0.670），表明有较高的共识。如表1-2所示。

表1-2 对成果推广主体的需求

	教育行政部门组织的推广	成果完成单位组织的推广	学校根据自身需求与成果单位联系学习	成果单位与第三方机构合作推广	名师工作室、专家引领进行推广	跟岗研修进行推广	学校联盟、项目共同体进行推广
平均值	4.30	4.24	4.35	4.16	4.32	4.34	4.32
标准差	0.588	0.609	0.546	0.670	0.588	0.561	0.565

从各学段的数据来看，除职业高中最不希望由成果完成单位组织推广外，其余均与整体数据一致；从调查者的身份数据来看，除行政管理人员最不希望由成果完成单位组织推广（平均值3.857，标准差1.101）外，其余人员均最不希望由成果单位与第三方机构合作推广（平均值3.908～4.172）；学校校级和中层干部最希望通过

跟岗研修进行推广（平均值4.357，标准差0.723），行政管理人员最希望通过名师工作室、专家引领进行推广（平均值4.395~4.434，标准差0.663~0.667），其余人员均最希望学校根据自身需求与成果单位联系学习（平均值4.336~4.398，标准差0.493~0.648）。

结论五：参与成果推广活动的最大动因在于期待帮助解决教育教学实践问题。

从整体数据看，参与成果推广活动的目的的五个维度（通过自愿参与、自主选择，解决工作负担过重的问题；通过学习教育、教学案例，解决教育教学中的难点困惑；通过针对性的骨干培训，提升教师的教育教学质量；根据教育目的，对典型教育教学案例或经验进行孵化；通过系列高级研修，促进教师专业发展），需求差别不大，有较高共识度（平均值4.33~4.38，标准差0.489~0.552），其中通过学习教育、教学案例，解决教育教学中的难点困惑相对有最高的需求度，需求度最低的是通过系列高级研修，促进教师专业发展。如表1-3所示。

表1-3 参与成果推广的目的

	通过自愿参与、自主选择，解决工作负担过重的问题	通过学习教育、教学案例，解决教育教学中的难点困惑	通过针对性的骨干培训，提升教师的教育教学质量	根据教育目的，对典型教育教学案例或经验进行孵化	通过系列高级研修，促进教师专业发展
平均值	4.33	4.38	4.35	4.35	4.33
标准差	0.529	0.489	0.524	0.512	0.552

各类人员的参与目的差异明显，除行政管理人员最关注"根据教育目的，对典型教育教学案例或经验进行孵化"（平均值4.476，标准差0.451）外，其余人员均最希望"通过学习教育、教学案例，解决教育教学中的难点困惑"（平均值4.349~4.491）。教研组长、名优教师、学科教师最不关注的都是"通过系列高级研修，促进教师专业发展"（平均值4.307~4.336，标准差0.508~0.574），其余各类人员最不关注的都是"通过自愿参与、自主选择，解决工作负担过重的问题"（平均值4.214~4.426，标准差0.480~0.709）。

结论六：对成果推广活动中需求度最高的是价值观等隐性知识。

从整体数据看，在成果资讯，成果报告会，成果现场会，成果中的文集、专著、资源库等物化成果，成果的价值、教学诀窍、价值观、教师情感等知识中，教师对传播成果的价值、教学诀窍、价值观、教师情感等隐性知识有最高的需求度（平均分

4.41，标准差0.712），需求度最低的是成果资讯（平均值4.16、标准差0.817）。各学段及各类人员在此问题上选项惊人的一致。如表1-4所示。

表1-4　对成果推广活动的内容与形式需求

	成果资讯	成果报告会	成果现场会	成果中的文集、专著、资源库等物化成果	成果的价值、教学诀窍、价值观、教师情感等知识
平均值	4.16	4.20	4.30	4.32	4.41
标准差	0.817	0.802	0.768	0.750	0.712

结论七：对具有实践情境的成果推广方式的需求度最高。

针对成果推广方式的六个维度（直接发布成果报告，直接提供决策咨询，现场考察+体验+实践，学校间点对点推广，培训课程，情感价值感类成果或经验进行面对面交流），调查者对现场考察+体验+实践的方式有最高的需求度（平均值4.46，标准差0.485），需求度最低的是直接发布报告（平均值4.070，标准差0.731）。如表1-5所示。

表1-5　对成果推广方式的需求

	直接发布成果报告	直接提供决策咨询	现场考察+体验+实践	学校间点对点推广	培训课程	情感价值感类成果或经验进行面对面交流
平均值	4.07	4.15	4.46	4.34	4.30	4.34
标准差	0.731	0.664	0.485	0.548	0.592	0.546

（四）影响教学成果推广效果的主要因素

结论八：从成果本身的视角看，成果的可操作性强是影响成果推广的最主要因素，成果的理论水平高是最不重要的因素。

针对教学成果推广效果，从成果本身的八个维度（成果的理论水平高，成果的可操作性强，成果有独创性，成果容易被复制，成果能解决教育改革热点问题，成果能解决本单位面临的问题，成果单位的办学质量，本学校与成果持有单位有相似的办学条件和问题）看，影响最大的三项从高到低依次是成果的可操作性强、成果能解决本单位面临的问题、成果能解决教育改革热点问题（平均值4.41~4.53，标准差0.675~0.711），影响最小的两项由小到大依次是成果的理论水平高、成果容易被复制（平均值4.21~4.28，标准差0.797~0.808）。如表1-6所示。

表1-6　影响教学成果推广效果的因素（成果本身的视角）

	成果的理论水平高	成果的可操作性强	成果有独创性	成果容易被复制	成果能解决教育改革热点问题	成果能解决本单位面临的问题	成果单位的办学质量	本学校与成果持有单位有相似的办学条件和问题
平均值	4.21	4.53	4.40	4.28	4.41	4.46	4.40	4.38
标准差	0.797	0.675	0.728	0.808	0.711	0.706	0.722	0.720

结论九：从成果推广过程视角看，成果推广活动的针对性、成果推广过程的持续性、成果推广方式的多样性是影响成果推广的主要因素，成果推广次数不重要。

针对影响教学成果推广效果，从成果推广过程的六个维度看，影响从高到低依次为成果推广活动的针对性、成果推广过程的持续性、成果推广方式的多样性、成果推广的经济价值和社会价值、成果宣传的力度、成果推广的次数（平均值4.22~4.41，标准差0.500~0.622）。如表1-7所示。

表1-7　影响教学成果推广效果的因素（成果推广过程的视角）

	成果宣传的力度	成果推广活动的针对性	成果推广方式的多样性	成果推广的次数	成果推广过程的持续性	成果推广的经济价值和社会价值
平均值	4.26	4.41	4.36	4.22	4.39	4.35
标准差	0.602	0.500	0.547	0.622	0.521	0.565

（五）需求差异的显著性分析

结论十：从成果本身、成果推广过程和影响教学成果推广因素三个视角来看，不同学段、不同教龄、不同身份、参加过不同课题级别的需求差异显著。

1. 对成果本身的知识需求差异显著

通过方差分析发现，不同学段、不同教龄、不同身份、参加过不同课题级别从整体上看需求差异显著。如表1-8所示。

表1-8 对成果本身的知识需求差异显著性

	不同学段		不同教龄		不同身份		参加过不同课题级别	
	F	显著性	F	显著性	F	显著性	F	显著性
Who人际知识	50.225	0	65.524	0	2.304	0.042	2.905	0.02
Why原理知识	37.475	0	35.393	0	6.744	0	10.191	0
What事实知识	51.719	0	62.515	0	4.36	0.001	5.724	0
How技能知识	41.507	0	48.471	0	3.194	0.007	4.106	0.003

进一步利用最小显著差异法（Least Significant Difference Method，LSD）进行多重比较后发现：学段差异，仅小学与职中、初中与高中在各个维度上有相似的需求，特别是幼儿园与各学段差异均显著；教龄差异，仅教龄5年以内教师与5~10年的教师需求差异不显著；身份差异，仅在为什么要研究的维度上，不同身份人员需求呈现出显著差异；参加课题级别差异，无课题经历者、有校级课题经历者与有省、市级课题经历者差异显著。

2. 对成果推广过程的需求差异显著

通过方差分析发现，不同学段、不同教龄、不同身份、参加过不同课题级别从整体上看，在总需求和各分维度需求上差异都显著。进一步利用LSD方法进行多重比较后发现：学段差异，小学和高中在多个维度上与其他学段的需求差异不显著，初中和职中需求的包容性较弱，幼儿园与其他学段需求显著差异；教龄差异，5年以内教龄组与5~10年教龄组需求差异不显著；身份差异，区（市）县研培人员和行政管理人员与其他各组的需求均无显著差异，学校中层干部与各类教师间有显著差异；参加课题级别差异，有市级课题研究经历是需求的分界线。

3. 对影响教学成果推广因素的需求差异显著

通过方差分析发现，不同学段、不同教龄、不同身份、参加过不同课题级别从整体上看，影响教学成果推广因素差异显著，各分维度需求差异都显著。如表1-9所示。

表1-9 不同类型教师对影响成果推广因素的差异显著性

	不同学段 F	不同学段 显著性	不同教龄 F	不同教龄 显著性	不同身份 F	不同身份 显著性	参加过不同课题级别 F	参加过不同课题级别 显著性
成果本身	37.748	0	38.686	0	7.446	0.042	13.876	0.02
推广过程	45.289	0	59.18	0	2.841	0	3.785	0

进一步利用LSD方法进行多重比较后发现：学段差异，幼儿园、初中与其他各学段认识差异均显著；教龄差异，10年教龄及以下教师认识一致；身份差异，中层干部与普通教师、区（市）县管理人员有显著差异，普通教师与中层干部、校级干部、区县教研员，名优教师与中层干部、校级干部，中层干部与普通教师、名优教师间认可的影响因素有显著差异；参加课题级别差异，无课题研究经验和只有校级课题研究经验者与有省市级课题研究经验的认识差异显著。

二、调查结果对教学成果推广的启示

（一）把握需求，有助于提高成果推广活动的实效性

调查结果显示，教师对成果本身的关注度显著高于对成果推广过程的关注度，调查者在各个调查项目都感受到不一样的需求度。根据数据统计与分析，根据教师的需求度进行排序，可以确定大多数学校和教师的共同需求。明确需求，可以有效提高成果推广的针对性和有效性。如表1-10、表1-11所示。

表1-10 对成果本身的需求

调查项目	主要需求（根据重要性排序）
成果所属领域	①教师发展；②课程改革与创新；③教学改革与创新
推广原因	问题提出的实践依据表明可以解决实际问题
成果内容	①机制、步骤、方法、策略等操作性成果；②教材、文集、资源库等物化成果
成果完成单位	①教师个人成果；②学校主研成果

表1-11 对成果推广过程的需求

调查项目	主要需求（根据重要性排序）
推广内容	①传播成果的价值、教学诀窍、价值观、教师情感等隐性知识；②成果中的文集、专著、资源库等物化成果
参与推广原因	①通过学习教育、教学案例，解决教育教学中的难点困惑；②通过针对性的骨干培训，提升教师的教育教学质量；③根据教育目的，对典型教育教学案例或经验进行孵化
推广方式	①现场考察+体验+实践；②学校间点对点推广；③开设系列培训课程
主导推广单位	学校根据自身需求与成果单位联系学习

（二）分类分层组织推广活动，有助于满足差异需求

调查结果显示，不同学段、不同教龄、不同身份、不同研究经历的教师，对成果及其成果推广活动有共性需求，部分需求也存在显著差异，要从共性需求出发设计普适性推广活动。例如，对"核心概念内涵特征解读"项，不同教龄、不同身份、不同研究经历的需求均有显著性差异，此类成果不宜在普适性的推广活动中展开，需要根据个体需求开展针对性交流与研究。更为重要的是，我们可以根据这些差异，面向不同人群提供不同类别、不同层次的推广活动。

（1）从学段划分上看，幼儿园与其他各学段的需求都有显著差异，其他学段间有个别差异。这一结论提示我们，幼儿园应该尽可能单独组织教学成果推广。

（2）从教龄划分上看，教龄5年以内的教师与5~10年的教师需求差异不显著，其他各教龄段间需求差异显著。这一结论提示我们，合并组织10年及以下教龄的教师参与教学成果推广，能满足他们的共同需求，其他尽可能分教龄提供推广内容。

（3）从身份划分上看，中层干部的认识与普通教师、名优教师、区（市）县研培人员和行政管理人员有显著差异。这一结论提示我们，需要关注中层干部在教学成果推广中的桥梁、纽带作用，他们是教学成果推广落地的关键，有必要专门针对这部分人开展活动。

（4）从参加不同课题级别上看，无课题经历者、有校级课题经历者与有省、市级课题经历者的需求有显著差异，有无市级课题研究经历是有无需求的分水岭。这一结论提示我们，在成果推广活动中要注意了解参与人员的研究经历和研究水平。

（三）运用知识管理理论，有助于探索成果推广的新模式

调查结果显示，教学成果推广活动的影响因素涉及成果本身、成果推广活动、成

果推广主体（成果推广组织方、成果持有方、成果应用方）。教学成果具有知识的基本属性，用知识分类的理论来指导对成果本身的分解，能够有效指导成果持有方对成果的细化，挖掘供需双方在知识类型及其不同类型知识上的共同愿景和需求。成果推广活动的目的在于推动成果的共享和转化，这正是知识管理理论的核心内容。

将知识管理理论应用到成果推广的研究与实践中，有助于我们去认识和分析教学成果作为一种"知识"的内涵、元素、结构和特征，有助于我们探究教学成果这种特定的知识"在什么情境中推广、推广什么、怎样推广、推广成什么样"，甚至"谁来推广、向谁推广"的问题，从而走出"简单化、形式化、模式化"开展教学成果推广的理论与实践误区，探索以知识转化为核心的教学成果推广新模式。

第二章
知识管理：教学成果推广新视角

将知识管理理论引入教学成果推广，有助于在知识管理视域下认识教学成果的知识特性，科学、完整地认识和把握教学成果的本质属性，从而为建构和优化教学成果推广体系提供新视角。本章在对知识管理理论内涵以及知识管理理论在教育领域中应用情况进行分析的基础上，详细阐述了知识管理理论在教学成果推广中的应用价值。

第一节　知识管理理论概述

知识管理是人类进入知识经济时代的必然产物。人们对"知识"价值的认识随着社会生产力的变迁而发展。当前，知识管理不仅是企业组织的一种发展需要，也是其他社会组织的发展需要。

一、知识的含义与分类

（一）知识的含义

《现代汉语词典》（第7版）认为知识是人们在社会实践中所获得的认识和经验的总和。[①]只有通过人脑的活动，加工来自实践（包括科学实验）的经验而得到的成果才能被称为知识。《中国大百科全书·教育卷》指出："所谓知识，就它反映的内容而言，是客观事物的属性和联系的反映，是客观世界在人脑中的主观印象。就它反映活动的形式而言，有时表现为主体对事物的感性直觉或表象，属于感性知识，有时表现为关于事物的概念或规律，属于理性知识。"[②]

（二）知识的分类

1. 可言明程度：显性知识和隐性知识

根据知识的可言明程度，可将知识划分为显性知识（explicit knowledge）和隐性知识（tacit knowledge）两种类型。显性知识又称"明确知识""语言的知识"或"言明的知识"，是一种可以通过语言、文字、数字等信息符号进行表达的知识；隐性知

[①] 中国社会科学院语言研究所词典编辑室编.现代汉语词典[M].7版.北京：商务印书馆，2016：1678.
[②] 董纯才.中国大百科全书·教育卷[M].北京：中国大百科全书出版社，1985：525.

识又称"缄默知识""前语言知识"或"难以言明的知识",是处于缄默状态,不能以正规的形式传递的知识。1958年,英国学者波兰尼(Polanyi)在其著作《人的研究》中将知识分为显性知识和隐性知识。波兰尼指出,"人类有两种知识,一种知识是以书面文字或图表、数学公式呈现的,可称为显性知识;另一种知识是不能系统表述的,如有关自身行为的某种知识,可称为缄默知识。我们一直隐约知道我们确实拥有缄默知识"。在波兰尼看来,"我们知道的要远比我们能够说出的多得多"。[①]

1995年,日本学者野中郁次郎(Ikujiro Nonaka)等在波兰尼的基础上,基于知识管理的视角对隐性知识和显性知识的含义进一步说明,认为隐性知识是高度个人化的知识,包括个人的思维模式、主观信仰的观点,具有难以规范化、难以传递的特点,是属于个人经验和直觉的知识。显性知识则是经过编码并有序承载于某种可见载体之上的知识,能够借助书籍、图片等形式传播,是客观、理性的知识,可在个人之间进行快速传递,便于组织成员之间的沟通和分享。[②]

2. 存储单位:员工个人知识和组织知识

伦纳德·巴顿(Leonard-Barton)将知识分为员工个人知识(employee knowledge)与内含于组织实体系统的知识(knowledge embedded in physical system,也称为组织知识)。

员工个人知识是指个人自己的知识,包含技能、经验、习惯、自觉、价值观等。组织知识则是指内含于组织实体系统中的知识。例如,组织内优秀作业流程、组织文化和团队协调合作等。学者柯林斯(Collins)和布莱克勒(Blackler)按照知识存储的客体,进一步将组织知识分为五种,即内含于员工的观念型知识(employee knowledge)、内含于员工的经验型知识(embodied knowledge)、内含于组织文化的知识(encultured knowledge)、内含于组织运作的知识(embedded knowledge)、可编码知识(encode knowledge)。[③]

3. 其他知识分类结构

从知识使用的角度,1996年,经济合作与发展组织(OECD)发布了《以知识为基础的经济》报告,将知识分为四类:一是事实知识,即"知道是什么"(Know-What),是有关事实与现象基本情况的知识;二是原理知识,即"知道为什么"

[①] Polanyi M. The Tacit Dimenision[M]. London: Routledg & Kegan Paul,1966: 4.
[②] Nonaka I, Umemoto K, Senoo D. From Information Processing to Knowledge Creation: A Paradigm Shift in Business Management[J]. Technology in Society, 1996, 18(2): 203—218.
[③] 廖开际.知识管理原理与应用[M].2版.北京:清华大学出版社,2010:12—13.

（Know-Why），是有关科学理论以及某些事情发生原因及规律性的知识；三是技能知识，即"知道怎么做"（Know-How），是有关实现某项计划或开发某个产品的技能和诀窍等的知识；四是人力知识，即"知道谁有知识"（Know-Who），是指关于人力资源、人际关系及管理方面的知识。[①]OECD的报告认为事实知识和原理知识是显性知识，将技能知识和人力知识称为隐性知识。

我国学者陈琦等将知识分为直接知识与间接知识、感性知识与理性知识、个性知识与公共知识、显性知识与隐性知识、结构良好领域知识与结构不良领域知识。学者李松林将知识分为"知识"和"知识的知识"（元知识）两个层次。[②]知识包括五种类型，即经验性知识、概念性知识、方法性知识、思想性知识、价值性知识；五种元知识则是指关于经验的知识、关于概念的知识、关于方法的知识、关于思想的知识、关于价值的知识。可见，划分标准的不同决定知识分类的不同。

二、知识管理的含义

（一）从知识管理的目标定义

知识管理是有利于组织发展及改进绩效的活动，知识管理的目标是改进组织的绩效，提高组织的创新能力。例如，美国卡尔·菲拉保罗（Carl Frappaolo）从知识管理的目的出发，认为知识管理是应用集体智慧提高应变和创新能力，是为企业实现显性知识和隐性知识共享所提供的途径。[③]

（二）从知识管理的流程定义

知识管理是对知识的创造、获取、储存、共享等知识流程的管理。例如，竹内弘高（Hirotaka Takeuchi）和野中郁次郎认为，知识管理是在组织内持续创造新知识、广泛地传播这些新知识，并迅速地将其体现在新产品服务、新技术和新系统上的过程。[④]

[①] 经济合作与发展组织. 以知识为基础的经济[M]. 北京：机械工业出版社，1997：6—7.
[②] 李松林. 知识教学的突破：从知识到知识的知识[J]. 教育科学研究，2006（1）：62.
[③] 易凌峰，朱景琪. 知识管理[M]. 上海：复旦大学出版社，2008：30.
[④] 竹内弘高，野中郁次郎. 知识创造的螺旋：知识管理理论与案例研究[M]. 李萌，译. 北京：知识产权出版社，2006：序.

（三）从知识管理的对象定义

知识管理是对知识员工或知识资产的管理。例如，德鲁克（Drucker）认为，知识是知识经济社会的基础资源，知识管理是对知识工作者的管理。[①]

（四）从知识管理的方法定义

知识管理呈现为提升企业竞争力的有效策略。美国生产力质量中心（APQC）认为，"知识管理是一种有意义的策略，它保证在最需要的时间将最需要的知识传授给最需要的人，并帮助人们分享这些知识，以能改进组织行为的方式将信息付诸行动"[②]。我国国家标准《知识管理 第1部分：框架》将其定义为："知识管理是对知识、知识创造过程和知识的应用进行规划和管理的活动。"[③]

综上所述，本书对知识管理的定义为：组织在坚持以人为本的前提下，为提高生存发展能力，建立实践体系，对存在于组织内外部的个人、群体内有价值的知识，进行系统的界定、获取、存储、应用、推广和评估等，确保组织成员能够及时获取正确知识，采取正确行动，其核心是知识的共享与创新。

三、知识管理的主要模型

知识管理模型是以行为为导向的、基于知识管理的实操性框架。本书将介绍知识管理的"知识—流程—环境"模型、SECI知识创造模型两个典型模型。

（一）知识管理的"知识—流程—环境"模型

安达信（Arthur Anderson）咨询公司（1995）提出了知识管理的"知识—流程—环境"模型，如图2-1所示。该模型以组织知识为中心，用创造、定义、收集、适应、组织、运用和共享7个知识管理流程，以及领导、文化、技术和评估4个知识管理环境因素来阐述组织知识管理结构。[④]

[①] 易凌峰，朱景琪.知识管理[M].上海：复旦大学出版社，2008：31.
[②] 易凌峰，朱景琪.知识管理[M].上海：复旦大学出版社，2008：31.
[③] 中国国家标准化管理委员会.知识管理 第1部分：框架[M].北京：中国标准出版社，2009：1—5.
[④] 廖开际.知识管理原理与应用[M].2版.北京：清华大学出版社，2010：42.

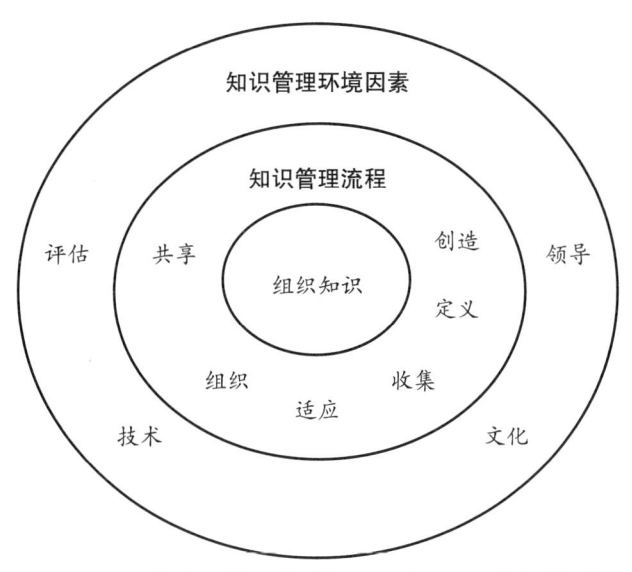

图2-1 组织知识管理的"知识—流程—环境"模型

一是领导。组织知识管理实施迫切需要强有力的领导支持。例如，需要将知识管理作为重要的核心议题，并将知识管理观念灌输给员工。二是文化。组织必须形成有利于知识管理推广的文化。例如，支持鼓励组织共享，并让组织形成彼此信任的氛围。三是技术。组织知识和知识管理流程对知识管理技术提出了一些特殊要求。例如，强调知识管理的技术必须在各个层次支持跟踪各种工作和历史经验。四是评估。认为组织应开发出知识管理绩效的特定和明确的目标。[①]

（二）SECI知识创造模型

日本学者野中郁次郎等[②]创造了一个知识管理的SECI模型。该模型描述了组织知识的生产、传递和再创造过程。

1. SECI模型的内容

SECI模型通过"隐性（默会或缄默）知识"与"显性（明言）知识"的交互来说明知识创生和转化的过程，即利用难以言表的隐性知识与可言表的显性知识的相互转化而形成循环过程。知识在此过程中实现转化，并呈现出共同化、表出化、联结化、内在化四个特征，将个体与社会联结起来，表明了实践主体、实践客体以及实践媒介

[①] 廖开际.知识管理原理与应用[M].2版.北京：清华大学出版社，2010：43.
[②] 野中郁次郎，绀野登.知识经营的进展[M].东京：东京筑摩书房，1999：111.

之间的沟通与交互作用，即为知识创生螺旋，如图2-2所示。①

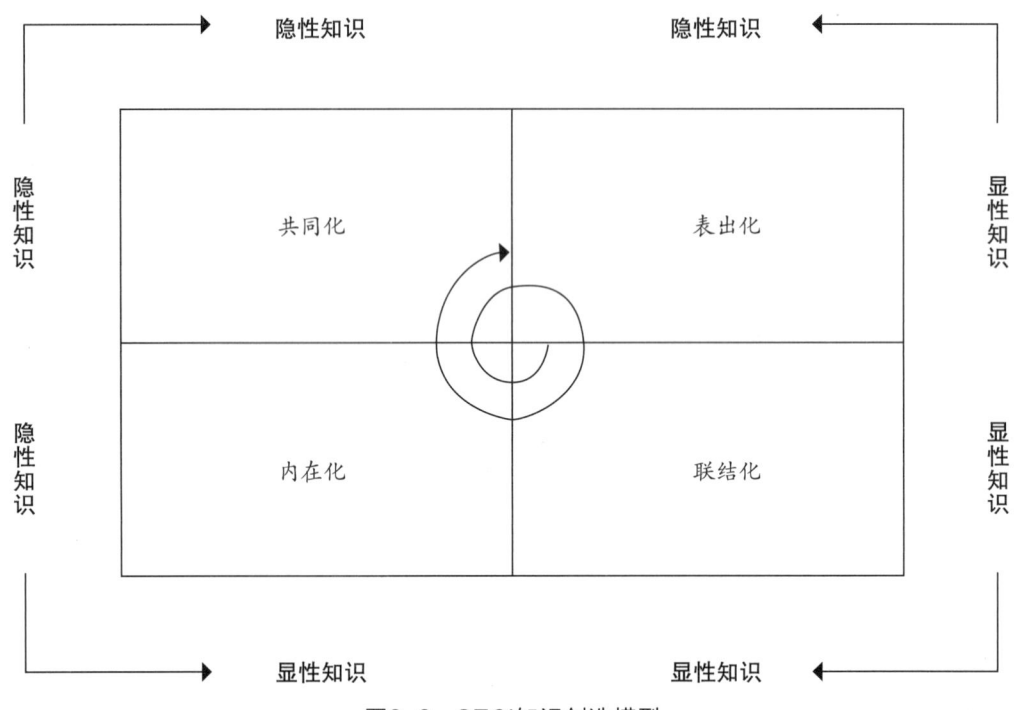

```
         隐性知识              隐性知识
    ┌──────────────┬──────────────┐
 隐  │              │              │  显
 性  │    共同化    │    表出化    │  性
 知  │              │              │  知
 识  │              │              │  识
    ├──────────────┼──────────────┤
 隐  │              │              │  显
 性  │    内在化    │    联结化    │  性
 知  │              │              │  知
 识  │              │              │  识
    └──────────────┴──────────────┘
         显性知识              显性知识
```

图2-2　SECI知识创造模型

共同化。共同化是指从隐性知识产生新的隐性知识的过程，是个体间分享体验并由此创造诸如共同心智模式和技能之类的过程，参与者将隐性知识"融合"在一个共有的心智模式之中。②因此，良好团队的建设，亲密、和谐、共享、相互关心的组织氛围和文化，是保证组织成员隐性知识得以交流的重要条件。

表出化。表出化即通过对话和反思，让隐性知识"说话和发声"的过程，这是将隐性知识转化为显性知识的过程，通常运用隐语、比喻、类比以及故事或者图像等手段将组织成员的隐性知识呈现出来，让组织中的其他成员来分享。③该过程是知识创新过程的关键。

联结化。联结化即将显性知识聚合到更复杂和更系统的显性知识储备中的过程，

---

① 竹内弘高，野中郁次郎. 知识创造的螺旋：知识管理理论与案例研究[M]. 李萌，译. 北京：知识产权出版社，2006：91.
② 竹内弘高，野中郁次郎. 创造知识的螺旋：知识管理理论与案例研究[M]. 李萌，译. 北京：知识产权出版社，2006：53.
③ 野中郁次郎，竹内弘高. 创造知识的企业：日美企业持续创新的动力[M]. 李萌，高飞，译. 北京：知识产权出版社，2006：74—76.

这是将显性知识转变为更复杂、更系统的显性知识的过程，需要解决知识的沟通、扩散以及系统化的问题。这一过程主要依赖三个环节：一是从组织内外捕捉和整合新的显性知识；二是通过会议、讲解等手段直接传播显性知识，使新的显性知识在组织成员中传递；三是编辑和加工显性知识，使其变得更为有用。

内在化。内在化即将新的显性知识转化为组织的隐性知识的过程。该过程与"做中学"紧密相连。个人通过内在化过程不断丰富和积累自己的知识。内在化产生的是操作化的知识。

2. 知识转化模式的管理——"场"

1998年，野中郁次郎等提出了"Ba"（即"场"）的概念，把"场"定义为"能够创造关联性的共享空间"。[①] 野中郁次郎把"场"进一步理解为"利用、共享和实践知识的空间"，这种"场"包括物理的、虚拟的、心灵的空间，对应于上述SECI知识转化的四个过程提出了四个相对应的"场"：原始"场"、对话"场"、系统"场"、实践"场"（见图2-3）。

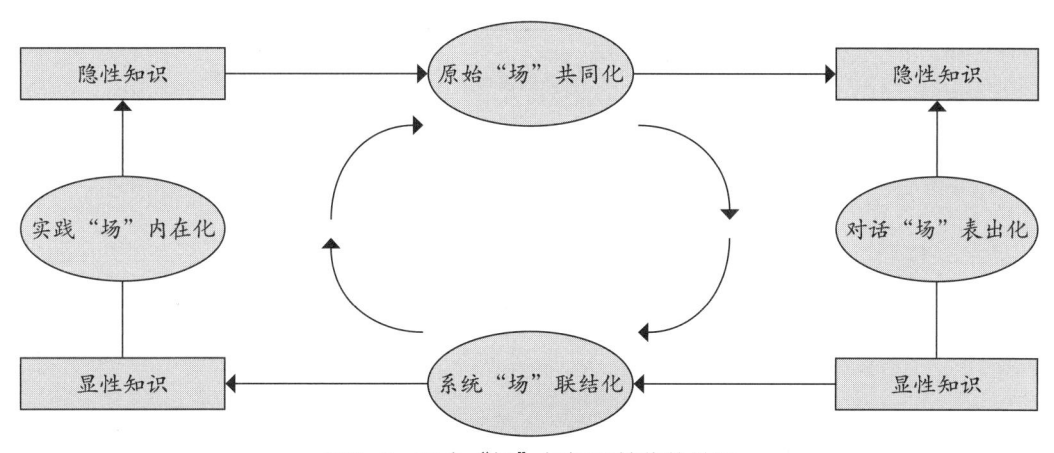

图2-3 四个"场"与知识转化的关系

（1）原始"场"。其对应于知识转化的共同化阶段，是知识创新和转化的起点。这时自我和他人之间的隔阂消除了，人们共享融于感觉、情绪、经验和心智中的隐性知识，通过面对面的接触，实现隐性知识向显性知识的转化。

（2）对话"场"。其对应于知识转化的表出化阶段。在这一空间里，隐性知识

[①] 竹内弘高，野中郁次郎. 知识创造的螺旋：知识管理理论与案例研究[M]. 李萌，译. 北京：知识产权出版社，2006：95—96.

逐渐变得明晰，个体通过相互的交流、对话、讨论、分析，使个体的心智模式和技能转化为团体共同的术语和概念，个体享有他人的心智模式的同时，也促进了个体的反思，从而形成对知识的共同理解。

（3）系统"场"。其对应于知识转化的联结化阶段。在这个空间里，新的显性知识被整合到已有的显性知识，以实现组织成员的知识共享。

（4）实践"场"。其对应于知识转化的内在化阶段。在这一空间里，被整合的显性知识内隐化到组织成员的头脑中，形成组织的隐性知识，从而提升组织的核心竞争力。（见表2-1）

表2-1 知识转化的模式

转化过程	知识变化	知识管理空间
共同化	隐性知识到隐性知识	原始"场"
表出化	隐性知识到显性知识	对话"场"
联结化	显性知识到显性知识	系统"场"
内在化	显性知识到隐性知识	实践"场"

第二节 知识管理理论在教育领域的应用

一、教育知识管理概述

（一）教育知识管理的发展历程

教育作为知识生产、传播、应用和创新过程的集散地，与知识有着天然联系。教育活动本身就是知识的传播过程，教育活动不仅是知识的简单转移和增量，而且使知识在传播过程中不断实现增值。

1999年，英国剑桥大学学者哈格里夫斯（D. H. Hargreaves）在《英国教育研究集刊》（*British Journal of Educational Studies*）发表了《创造知识的学校》（*The*

Knowledge—Creating School）一文，开始了教育领域知识管理的研究。2000年，OECD下属的教育研究与创新中心出版了《学习社会中的知识管理》（Knowledge Management in the Learning Society）论文集，收录了关于教育领域的知识管理研究方面的一些重要研究论文。2003年，OECD成了教育知识管理研究所，专门从事教育领域知识管理的研究。

我国学者关于教育领域的知识管理研究始于刘毓于1998年在《教育评论》上发表《学校"知识管理"探微》一文[①]。2002年4月，沈阳师范大学知识科学与知识管理中心、北京师范大学知识工程研究中心成立，专门从事教育领域知识管理的研究。

（二）教育知识管理的含义

郭娟（2007）从来源层、活动层、价值层界定了教育知识管理的内涵：一是教育知识管理内容的来源层面，强调对各种来源的教育知识内容进行管理；二是教育知识管理的活动层面，强调对"人、流程、技术"三者的有机集成，其核心活动是知识的获取、存储、分享、应用以及创新过程；三是教育知识管理的价值层面，强调知识管理需要实现特定价值，如有利于提高个人和组织的知识整体水平、实现教育目标以及取得社会绩效等。[②]（见图2-4）

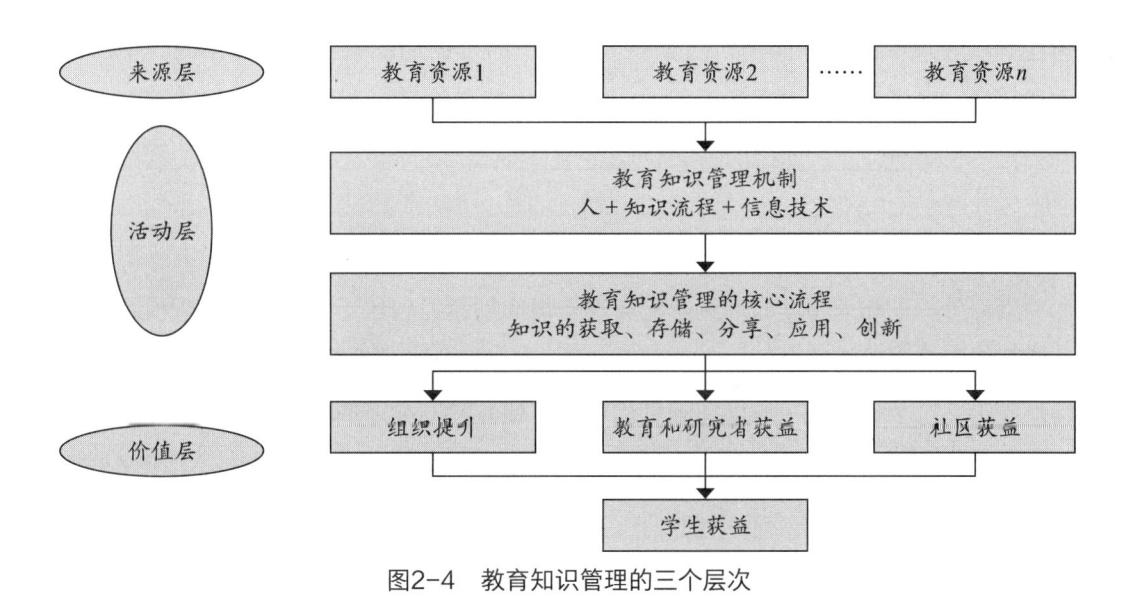

图2-4　教育知识管理的三个层次

---

① 刘毓.学校知识管理探微[J].教育评论，1998（6）：6—7.
② 郭娟.教育知识管理研究[D].济南：山东师范大学，2007.

二、学校知识管理

学校作为知识型组织，需要进行有效的知识管理，使学校在知识的选择、获取、应用和创新上发挥自身的作用，并在不断变化的学校组织环境中灵活地运用这些知识，从而促进学校持续健康发展。本书主要以中小学为例，探讨学校知识管理中的问题。

（一）学校知识管理的含义

毛亚庆指出，学校知识管理的职能就是促进组织成员的知识创新，从而扩充学校组织的知识积累，增强学校发展乃至竞争的能力。基于知识管理的侧重点不同，可分为两种类型：显在型知识管理范式强调显在知识的选择、获取、应用；隐性知识型管理范式注重通过隐性知识的共享来创造条件促进新的知识的产生。①

易凌峰认为，学校知识管理包含学校知识、学校知识设施、学校师生员工、学校知识活动四个密切相连的要素，强调学校知识管理是学校借助信息技术手段和学校知识分享活动，对学校师生员工拥有的教育教学知识（重点是隐性知识）进行收集、贮存、分享和创新，从而产生创新性学校教育教学知识的过程。②

骆玲芳基于杭州市安吉路实验学校实践，认为学校知识管理是指"知识管理"思想在学校管理中的具体运用，是基于学校知识的生成和积累，通过知识的共享、应用与创新，以提升学校教育教学的内在活力与核心竞争力，促进学校内涵式可持续发展。③

（二）学校知识管理的模式

骆玲芳基于知识管理循环流才能实现知识的创新，构建了学校知识管理模式：核心圆是知识管理的终极目标，指向"基于创新实践的师生发展"；内圆是知识管理循环流程图，"学校文化"意即知识管理实践需要开放、和谐的学校文化氛围支撑；外围是四个支持"知识管理型现代实验学校模式构建"的条件：愿景领导、组织变革、技术支持和制度建设。④（见图2-5）

---

① 毛亚庆. 知识管理与学校管理的创新[J]. 教育研究，2003（6）：56—57.
② 易凌峰. 学校知识管理的实践误区与对策解析[J]. 教育发展研究，2008（22）：78—79.
③ 骆玲芳. 学校知识管理[M]. 北京：北京理工大学出版社，2010：11.
④ 骆玲芳. 学校知识管理[M]. 北京：北京理工大学出版社，2010：23.

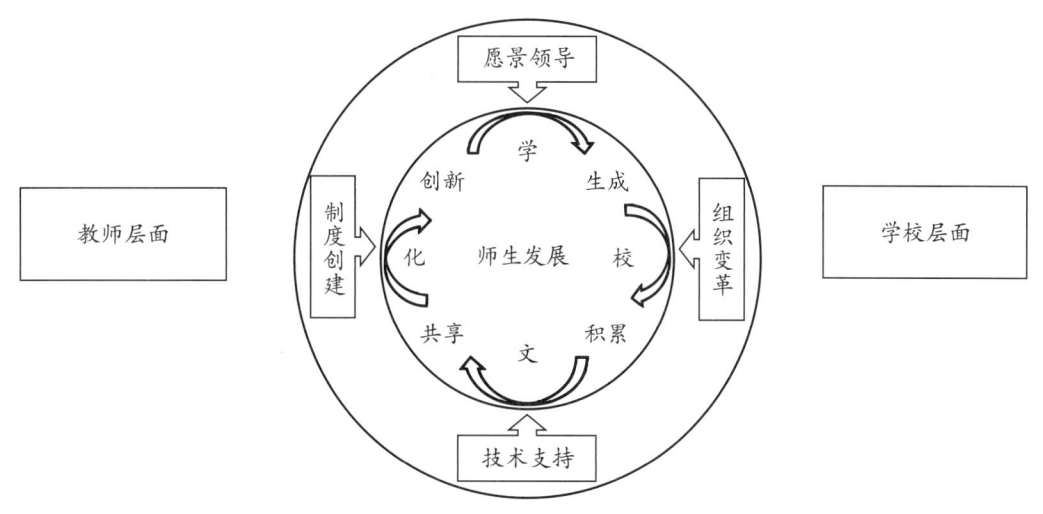

图2-5 基于知识管理循环流的学校知识管理模式

金玉梅构建了基于"对象—流程—保障"的学校知识管理模型。[①] 第一环是学校的知识（包括学校内部、外部的知识），是学校知识管理的对象和本源性要素。第二环是知识活动，是学校知识管理的实践性要素，包括知识的获取、加工、存储、共享、应用与创新。第三环是学校知识管理的条件性要素，指知识管理活动得以有效开展的各种保障条件，包括领导和规划、组织结构、技术和设施、学校文化。（见图2-6）

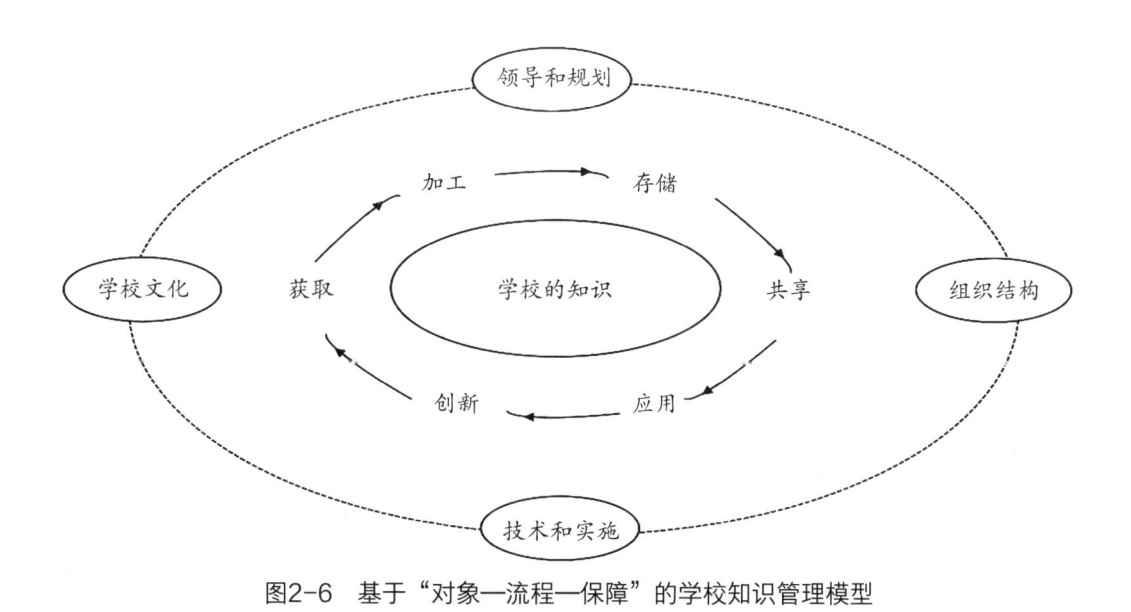

图2-6 基于"对象—流程—保障"的学校知识管理模型

[①] 金玉梅.学校知识管理的模型与实施[J].中国教育学刊，2011（2）：25.

(三)学校知识管理的应用

上海市徐汇区高安路第一小学基于知识管理理论,在深入把握和分析教师行动学习特点的基础上,将知识共享原理同教师行动学习有机结合,建立了以基于教师个体隐性知识共享的操作模板为主体,以学校知识共享技术与网络平台、支撑知识共享的学校组织和文化、知识共享模板的操作策略为支撑的学校知识共享机制。[1]

广州市天河区昌乐小学结合对上海市洵阳路小学教研组建设的实地考察,结合学校教研组建设实践经验,提出了以下实施策略:充分利用优质资源,加强专业知识引领;鼓励知识显性化,促进教学知识共享;构建教研"互动场"促进教学知识的创新;构建学科知识库,整合教学资源;根据教师发展需求,加强教研知识的针对性;提升教师阅读能力,促进教师个人知识增值;创设教研文化,建立共同的知识愿景等。[2]

上海建襄小学借助二期课改的东风,建立起了学校知识管理Blog,包括班级知识管理Blog、个人知识管理Blog和学科知识管理Blog;宁波市宁海县岔路镇中心小学投入并使用了学校知识管理平台;诸暨市阳光数码信息有限公司开发了红树林学校知识管理平台V4.0;香港冠峰科技有限公司于2005年开发出了软件《学校知识管理系统》并在香港的中小学校使用。[3]

三、教师知识管理

教师对其所拥有的知识加以识别、获取、整理、保存、应用、共享和创新是教师专业发展的重要话题。教师能否有效地进行知识管理,能否迎接知识经济时代的挑战,是教师专业发展能否良性进行的决定性因素。

(一)教师知识管理的含义

从广义上说,教师知识管理包括教师个人知识管理和教师共同体知识管理。任英杰指出,教师知识管理是运用知识管理的理论与技术,并辅以信息技术,对教师的隐性知识与显性知识进行管理的过程,在此过程中,教师知识得以共享和创新,这有利

---

[1] 滕平.知识管理视野下学校知识共享机制的建构[J].中小学管理,2009(11):8—11.
[2] 姚燕涣.知识管理视角下的教研组价值提升之策略[J].生活教育,2016(4):25—27.
[3] 岳亚平.融合中静悄悄成长:教师个人知识管理策略与自主专业发展研究[M].南京:江苏教育出版社,2009:39.

于加快整个教师专业化进程,进而提升整个学校组织的竞争力。[1] 易凌峰等指出,教师知识管理是指教师对教学情境中的教学知识与经验进行不断学习、积累、交流、分享和创新的主动过程。[2]

从狭义上说,教师知识管理仅指教师个人的知识管理。陈美玉认为,教师个人知识管理是从教师"个人的"观点出发,强调教师必须强化个人专业实践知识的获取、吸收、组织、管理、创新与活用能力。[3] 郭元祥认为,教师个人知识管理是指教师个人运用知识管理的理论和技术,对校内外专业知识持续有效地获取、储存、应用和创新的过程。[4] 岳亚平认为,教师知识管理是教师个人通过对知识获取、共享、转化和创新等知识过程的管理与优化,从而调整和完善个人知识结构,不断提升个人学习品质,从而实现教师专业竞争力的提升。[5]

(二)教师知识管理的价值

姜勇指出,知识管理不仅有助于教师科学管理个人知识,而且能提升教学实践智慧,促进自主成长。一是改善教师的个人理论必须从知识管理入手;二是知识管理有助于使教师的隐性知识上升为显性知识;三是知识管理有助于教师克服"惯习";四是个人理论是教师的实践智慧,只能通过知识管理而被分享。[6] 郭元祥认为,教师个人知识管理的目的在于充实与更新专业背景下的知识结构,促进个人隐性知识向显性知识转化,以实现转识成智。[7] 吴卫东探讨了教师共同体知识管理的价值:一是张扬了教师个体在知识产生过程中的主体地位,改变了教师的知识观;二是激活了教师学习的主动性,改变了教师的学习观;三是促进了教师个体的知识管理能力。[8]

---

[1] 任英杰.知识管理视阈下的教师专业发展[M].长春:东北大学出版社,2009:132.
[2] 易凌峰,吴艳梅.教师知识管理能力维度研究[J].教育发展研究,2010(24):81.
[3] 陈美玉.教师个人知识管理与专业发展[M].台北:学富文化事业有限公司,2002:3.
[4] 郭元祥.教师教育智慧生成的三个基础[J].教育科学研究,2008(1):15—16.
[5] 岳亚平.融合中静悄悄成长:教师个人知识管理策略与自主专业发展研究[M].南京:江苏教育出版社,2009:21.
[6] 姜勇.教师知识管理新趋向:从个人知识到团队知识[J].外国中小学教育,2005(11):12—13.
[7] 郭元祥.教师教育智慧生成的三个基础[J].教育科学研究,2008(1):15—16.
[8] 吴卫东.教师共同体的知识管理[J].教育发展研究,2005(2):24—25.

(三)教师知识管理的内容

1. 教师个人知识管理

朱桂琴指出,教师要实现对个人知识的有效管理,就必须建立个人知识库,提升显性知识的价值;撰写"反思性札记",将隐性知识外化为显性知识;开展行动研究,将显性知识内化并创造新知识;将"社交资本"变成"智慧资本",使知识价值最大化。学校要建立学习型组织,为教师提供知识共享的平台。[①]沈俊慧认为教师个人知识管理中的新老结对法和教学档案法对新任教师具有重要作用。[②]吴振东以知识管理理论审视教师学习,认为教师学习过程就是教师个体(或群体)将所拥有的知识进行有目的地系统更新与优化的过程。[③]宋雅彬从知识管理视角透视了一位教师的专业发展阶段,阐述了如何从新手教师逐渐成长为成熟型教师,最后发展为专家型教师的全过程。[④]

2. 教师共同体知识管理

(1)教研组的知识管理

孙焱等指出,要以知识管理的理念进行教研组建设,逐步实现教研组管理模式、教研组长管理角色和教研价值观的转型,他认为解决教研组生存危机的有效方法是:建立共同愿景,实现教研组知识的战略管理;着眼于制度创新,实现教研组知识的制度管理;立足教师发展,实现教研组知识的过程管理。[⑤]王美玲通过对教研组基于知识管理促进教师专业发展的理论探讨和实证研究,提出了促进教师专业发展的策略:创新教研组活动内容;创建合作共享的教研文化;发挥教研组长知识主管作用;普及教师知识管理工具。[⑥]周丽丽以安徽省郎溪中学为例,调研了校本研修中教师知识管理问题,发现了不同年龄、教龄和学历的教师在知识沉淀、共享、学习、应用和创新上的差异。[⑦]

[①] 朱桂琴.教师个人知识管理的问题与策略[J].中小学管理,2006(5):41—42.
[②] 沈俊慧.教师个人知识管理在教师专业成长中的应用研究[D].南昌:江西师范大学,2006.
[③] 吴振东.论知识管理理论视阈下的幼儿教师学习[J].教育与教学研究,2010(2):3—6;25.
[④] 宋雅彬.知识管理视野下的张良杰老师专业发展阶段的实证研究[D].乌鲁木齐:新疆师范大学,2015.
[⑤] 孙焱,孙朝仁.教研组生存危机及知识管理:以数学教研组为例[J].教育科学研究,2011(12):38—41.
[⑥] 王美玲.中学教研组基于知识管理的教师专业发展研究[D].金华:浙江师范大学,2014.
[⑦] 周丽丽.校本研修中教师知识管理的问题研究与改进[D].太原:山西大学,2017.

（2）名师工作室的知识管理

朱广清基于知识管理视角，认为名师工作室对教师发展的促进功能是通过知识创生、转移和应用实现的。对江苏常州市3轮8年137个名师工作室进行研究发现，共同愿景、频密互动和自组织结构形成了名师工作室中知识转移的促进情境。[①] 吴支奎等认为，知识管理以其对知识的关注，与名师工作室建设有着较高的内在契合性。知识管理视角下的中小学名师工作室建设可通过有效实施名师工作室知识管理活动、完善名师工作室组织与管理、建设信息技术支持下的名师工作室交流平台、构建名师工作室的知识共享文化等策略来实现。[②]

（四）教师知识管理的能力

易凌峰等从知识管理流程角度入手，将教师的知识管理能力分为：一是教学知识取得能力，包括教师学习新知识的能力和识别有价值教学知识的能力等；二是教学知识转化能力，体现为教师将隐性教学知识显性化的能力；三是教学知识应用能力；四是教学知识保护能力。[③]（见表2-2）

表2-2 教师知识管理能力分析

能力维度	教师知识管理能力	对应知识管理流程
教学知识取得能力	识别有价值隐性教育知识的能力	教师多样化的教学知识获取过程
	在校内外学习新教学知识的能力	
教学知识转化能力	隐性教学知识显性化的能力	教师教学知识生产过程
	教学经验与案例的总结开发能力	
教学知识应用能力	将新知识整合于教学的能力	教师教学知识扩散过程
	与教师沟通协调能力	
	应用信息技术管理的能力	

[①] 朱广清.名师工作室效能提升：知识管理的视角[J].教育评论，2014（4）：52—54.
[②] 吴支奎，丁春梅.中小学名师工作室建设策略探究：基于知识管理的视角[J].教育科学，2017（4）：17—21.
[③] 易凌峰，吴艳梅.教师知识管理能力维度研究[J].教育发展研究，2010（24）：81.

续表

能力维度	教师知识管理能力	对应知识管理流程
教学知识保护能力	编辑、积累个人教学知识的能力	教师教学知识生产过程
	发布、出版个人教学知识的能力	

四、知识管理与教科研活动

（一）科学研究活动中的知识管理

李丹探讨了科学研究活动中的知识管理，针对科学研究活动的过程性特点，构建了一个由知识发现、知识整合、知识存储、知识分享、知识转化五个相互融合的阶段构成的知识管理流程与模式（见图2-7）。[①]

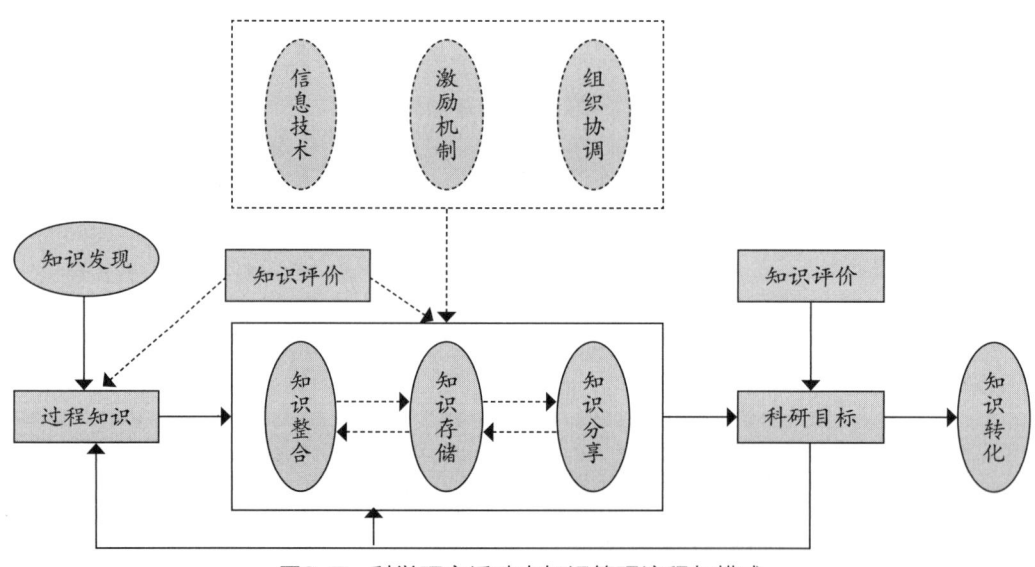

图2-7　科学研究活动中知识管理流程与模式

王明明指出知识创新是知识管理的核心，提出科研团队的知识创新系统包括技术创新、制度创新、组织创新和文化创新，并建构了基于知识创新的科研团队KM系统

---

① 李丹.科学研究活动中的知识管理研究[D].武汉：武汉大学，2005.

框架（见图2-8）。①

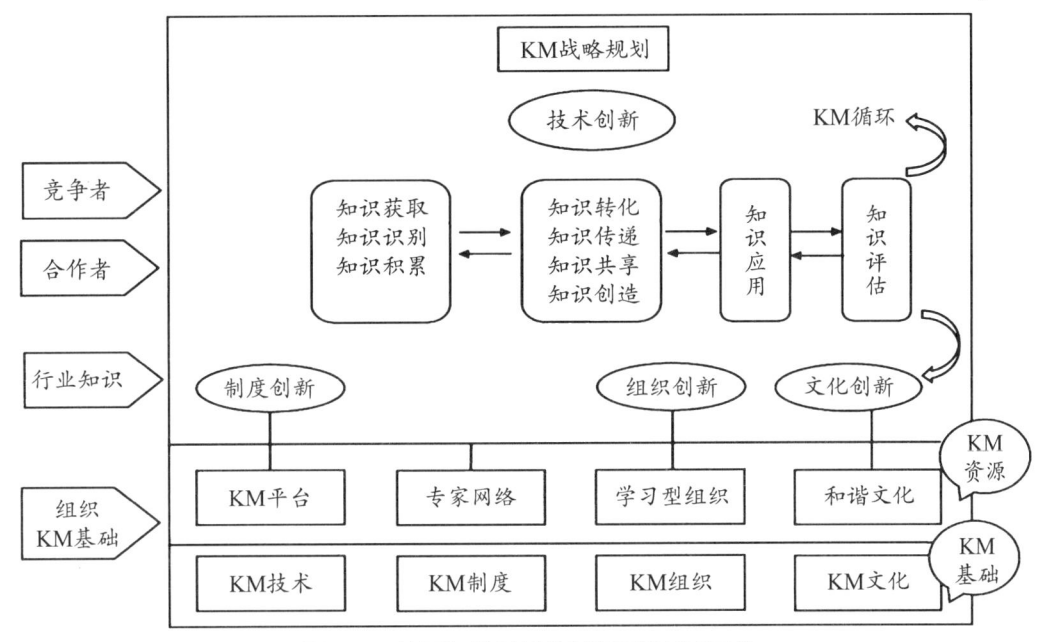

图2-8 基于知识创新的科研团队KM系统

（二）知识管理与学校科研管理变革

潘国青探讨了学校教育科研的知识管理，强调综合运用组织、文化、目标、流程、方法等手段，通过建立基于学校教育教学改革与教师专业发展的知识挖掘和知识共享体系，促进和保障学习型组织的建设，最终促进学校科研的可持续发展，强调从整体上对教师实践知识与智慧的获取、存储、学习、共享和创新的管理过程。融入知识管理的学校科研管理在管理目标上更关注学习型组织建设，关注在教育研究中促进教师专业成长；更注重管理职能的多元化，注重知识的挖掘、转化和共享；更注重管理策略的整合性，发挥科研管理促进学校可持续发展的最大功效（见表2-3）。②

---

① 王明明，李艳红，戴鸿轶. 基于知识创新的科研团队知识管理系统研究[J]. 情报杂志，2006（9）：61.
② 潘国青. 学校教育科研新论[M]. 上海：上海教育出版社，2005：142—148.

表2-3 原有科研管理与融入知识管理的科研管理的比较

项目	原有科研管理	融入知识管理的科研管理
管理目标	科研立项 成果获奖	关注学习型组织建设 关注在知识创造中的教师专业成长
管理对象（信息）	课题研究	正规的课题研究与非正规的专题研究 具有知识创新含量、正规的与非正规的研究活动
管理对象（人）	少数课题负责人	每一位教师潜能的开发
管理职能	课题前期申报立项 中期检查论证 后期成果鉴定评奖	知识挖掘采集—知识转化运用—知识共享积累
管理主体	科研室主任	学校科研领导团体
管理者职能	指导者、培训者、监控者、鉴定者等	研究者、组织引导者、服务支持者等

在此基础上，可以构建出学校科研管理的运行模式（见图2-9）：一是注重挖掘采集功能，在多元参与方式中聚集知识创新的源头；二是运用转化功能，在组织学习与反思实践中实现知识创新，主要途径和方法包括促进显性知识的内化、促进隐性知

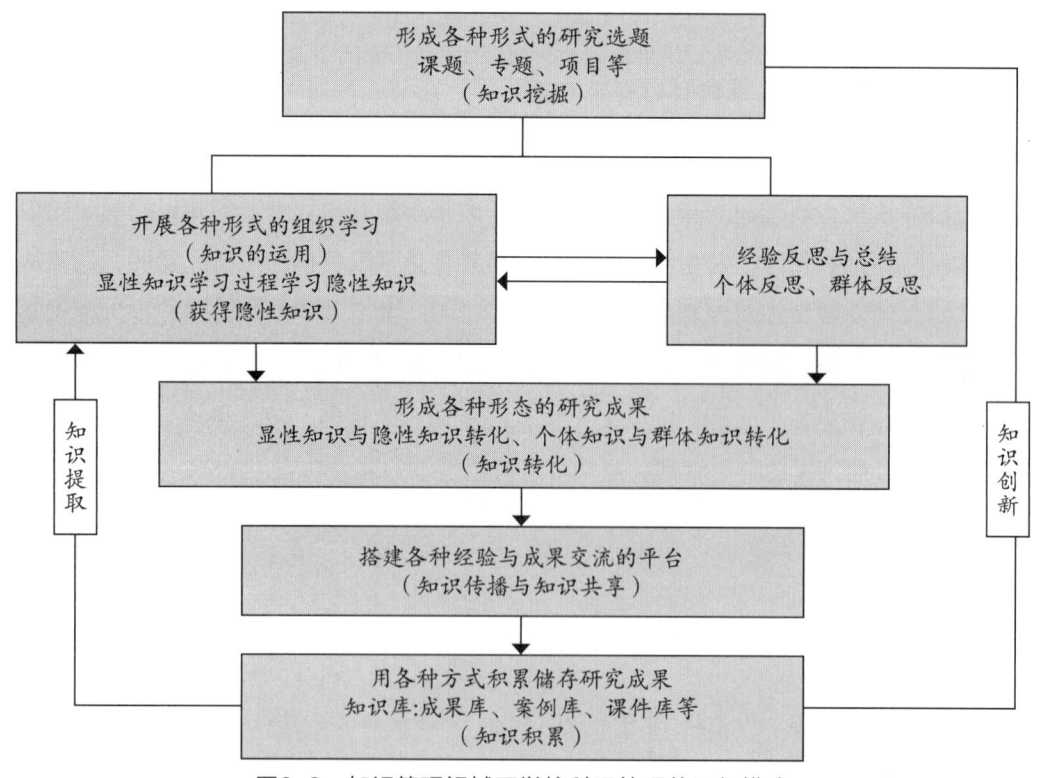

图2-9 知识管理视域下学校科研管理的运行模式

识显性化、促进显性知识的综合化；三是共享积累功能，在搭建交流平台中实现知识的分享与存储，包括搭建多种形式与内容的知识共享平台，建立多种载体与内容的知识积累存储方式。[1]

尹晓军探讨了中小学教育科研的知识管理问题，基于管理目标、管理主体、管理对象、管理方法、管理评价五个维度从操作层面阐释了中小学教育科研如何实施知识管理。[2] 余倩基于知识管理视角审视中学教育科研体系构建，提出了构建中小学教育科研管理体系的策略，期望以学校知识共享平台为载体，在观念体系上，重视知识管理，营造科研氛围；在组织体系上，规范流程，完善机构，提高人员素质；在制度体系上，建立完善学校科研制度，促进教师知识学习。[3] 部分学者将叙事研究、案例研究作为教师个人知识管理的重要途径。陈列指出，叙事研究有利于教师研究和审视自己，使其缄默的思想显性化；研究有利于提升教师个人的自我意识，建构教师管理个人教育经验的主体自觉。[4]

第三节 知识管理理论在教学成果推广中的应用价值

教学成果是学校组织或个人从实践经验中获得的可以有效改善教育行为方式的信息。教学成果推广本质是教育领域在地区和学校之间开展的一种知识管理活动[5]，侧重于知识运营推广与灵活运用、知识应用价值变现与创新。成果持有方或成果应用方通过对教育教学优质知识的获取、存储、共享、应用和创新的管理过程[6]，将最需要的知识在最需要的时间传递给最需要的人，以便使学校中的组织和个人能够做出最科学合理的决策，作为学校则提高了应变能力和创新能力，能获得更高育人质量和可持续发展能力。

本书将知识管理理论引入教学成果推广，在知识管理视域下认识教学成果的知识

---

[1] 潘国青.学校教育科研新论[M].上海：上海教育出版社，2005：153—161.
[2] 尹晓军.略论中小学教育科研的知识管理[J].上海教育科研，2008（2）：49—50.
[3] 余倩.中小学教育科研管理体系的构建：基于知识管理的视角[D].上海：华东师范大学，2009.
[4] 陈列.叙事研究：教师个人知识管理的重要途径[J].当代教育科学，2009（17）：30—32.
[5] 吴庆海.知识萃取：放大知识管理的价值[J].知识管理论坛，2020（4）：227—233.
[6] 郭娟.教育知识管理研究[D].济南：山东师范大学，2007.

特性，科学、完整地认识和把握教学成果的本质属性，从而为认识和分析教学成果这一知识的内涵、元素、结构和特征，建构和优化成果推广体系，提供了新视角，具有极其重要的应用价值。

一、知识管理与教学成果推广的联系

从对象来看，教学成果推广的对象当然是教学成果，知识管理的对象必然是知识。而教学成果就是知识，都是经过人的头脑加工的、对事物的规律性认识，具有知识的全部属性。从这个意义来讲，教学成果推广和知识管理非常相似。

从目的来看，教学成果推广是为了扩大成果的适用范围，让更多的需求者应用教育成果来解决自身的实际问题，提升教育教学质量，增强需求者的办学能力。知识管理也具有同样的目的，即应对组织面临的环境变化，通过知识创新提高组织的适应性和生存、竞争能力。

从本质来看，教学成果推广的本质是在新的教育场景中应用成果解决实际问题，是成果与实际情况相结合，实现再创新再变革。而知识管理的本质也是寻求信息处理能力与人的创造能力相结合，使知识实现创新和应用。

从实践活动来看，教学成果推广长期以来主要是在成果信息的发布和传播上着力，对后续的学习、转化、应用研究不多，实践经验缺乏。而知识管理则是以创造、收集、传播、利用等作为知识管理的基本活动，涵盖了从知识产生到传播，再到收集、利用的全过程。知识管理致力促进组织学习，实现知识与人的结合这一实践过程，正是教学成果推广活动所缺乏的。

从管理系统来看，当前教学成果推广还没有重视自身的系统建构，往往以单一的信息传播活动为主。而知识管理则强调运行系统的建构，是既包括信息识别、获取、存储等信息管理，又包括组织分享、交流、学习、创新的一套流程，形成了一个以提升组织竞争力为目的的目标管理系统。用这样的观点来看，知识管理并不仅仅局限于从不同领域的专家那里收集信息，创建组织内部的网络数据库，也不是简单地了解组织成员的知识需求，然后尽力收集、提供成员需求的相关知识，而是把重点放在促进组织学习、实现知识创新上。这对教学成果推广也具有重要启示，即不能仅关注成果信息发布传播这一端，更应该关注成果接受、学习、转化、应用这一端。

二、知识管理对教学成果推广的启示

（一）厘清知识内核与分类，为成果推广奠定基础

教育部基础教育司原司长吕玉刚指出，优秀教学成果推广应用的重要前提和基础是要充分展示其教育理念、教学方式和关键举措。要以问题为导向，深入挖掘、凝练优秀成果在实践中的基本规律、创新精神和应用价值，从而形成全方位、立体化的公众认知[1]。

知识管理视域下的教学成果推广将教学成果视为知识，在分析其特征、层次及类型的基础上，运用知识管理的理论和技术，探讨教学成果的知识特性，开展有关教学成果收集、存储、应用、创新等的系列活动，从而促进教学成果在一定范围内得到分享、整合、存取和转化、创造，实现教学成果效益的最大化。

知识管理视角的教学成果，有着不同的类型。不同区域、学校、教师处于不同的场域，因而有着不同的需要。推广教学成果，必须把握教学成果作为特定知识的"内核"究竟是什么。比如一项"教学成果"涉及的显性知识是什么、隐性知识是什么，"成果"作为陈述性的知识是什么，作为程序性和策略性的知识又是什么。"成果"作为"知识"是什么，其中有关"知识的知识"又是什么。一项"成果"作为"知识"用"经验、概念、方法、思想、价值"等"知识要素"去分析，又包括哪些具体元素；这些"知识"又该如何去"创生、储存和流动"，如何从"个体流向个体、个体流向群体、群体流向群体"等。同时，站在"教学成果"的持有方（供给端）和"教学成果"的应用方（需求端）来分析，"知识"创新和流动需要什么样的条件，"知识"的哪些内容是能够流动的，哪些是不能的。

也就是说，用"知识"与"知识管理"的理论去分析，有助于我们了解"教学成果"这种特定的知识"在什么情境中推广、推广什么、怎样推广、推广成什么样"，甚至"谁来推广、向谁推广"等问题。在知识观的视域下去研究教学成果的有效推广，有助于我们走出简单化、形式化、模式化开展教学成果推广的理论与实践误区。

（二）明确知识管理目标，引导成果推广走向深度

知识管理理论认为，组织的意图是知识螺旋发展的驱动要素。意图被明确定义为

---

[1] 吕玉刚. 扎实推广应用优秀教学成果，全面提升基础教育质量[J]. 中国教育学刊，2019(12)：1.

组织对其目标的渴望。知识管理强调要促进显性知识和隐性知识的转化，并由此实现组织内隐性知识分享，促进组织的知识创新。从知识管理的视角看，教学成果推广不能仅停留于知识学习和知识共享，更重要的是通过学习知识的内核，结合区域和学校实践，在推广实践中走向知识创生的深度。

教学成果推广应用中，参与者对教学成果及其推广应用的价值和意义的认知，直接影响着对成果推广的投入热情和工作效果。因此，必须重视知识管理，强化对教学成果推广应用重要性的认知，引导广大教师重视教学成果推广，发挥主观能动性，积极参与到教学成果推广活动中，并通过优秀教学成果的学习，反思自己的教学观念、教学方法、教学行为等，并不断改进成果推广参与行为，与自身实际相结合，找到优秀教学成果与本土实践问题的连接点，在成果推广中实现融合创生以及本土问题的解决。

教育部基础教育教学指导委员会副主任委员、中国教育学会副会长、上海教育学会会长尹后庆认为，成果推广不是简单复制，而是在学习和理解成果本质意义的基础之上，找准关键问题、结合自身实际的再创造，是借船出海、借箭矢的，实现自身突破和升华的目的。只有用先进的、正确的思想观念来武装成果推广参与者的头脑，使"忠于主体""回归本体""知识共享"的观念真正植根于广大学校和教师心中，才能使教学成果推广充分发挥功效，深化教育改革发展，促进教育高质量发展。

（三）构建知识管理体系，保障成果推广持续推进

教育知识管理是一个持续的工作过程。除了确认整体目标与计划，还包括组织结构设计、组织文化建设、管理系统的建立及教育知识管理绩效评价等环节。[①] 因此，着力营造协同友好的教学成果推广生态，积极构建互动共赢的知识共享场域，能够为成果推广持续发展提供必要保障。

一是建立优化组织结构。在整个成果推广应用的链条中，成果的持有方和应用方是核心主体。除此之外，还需建立领导小组和工作小组，协同协调管理方、成果方、应用方和指导方的关系。领导小组抓好推广工作规划和制度建设。工作小组具体部署推广应用工作。对成果持有方来说，优秀教学成果是长期教育教学改革实践经验的总结，具有鲜明的原创性、开放性和本土性，在推广应用过程中要根据示范区的实际情况实现"二次转化"；对成果应用方来说，优秀教学成果的选择和应用均应立足本土

---

① 郭娟.教育知识管理研究[D].济南：山东师范大学，2007.

教育实践需求，以促进区域教育内涵式发展。在工作过程中，双方通力协作，积极探索国家教学成果的"本土化"落地应用路径，让教学成果真正惠及每一位师生。

二是建设良好的组织文化。知识转化需要营造信任、和谐的氛围。激发成果持有方和应用方主动参与，建立友好平等的推广文化，有利于构建起知识共享的学习成长共同体，解决成果持有方和应用方"两张皮"的问题。

三是建立服务型成果推广管理系统。知识管理注重系统中的每一个主体都能充分发挥最大价值，注重支持、激励、协作，以促进成果持有方和应用方的教育质量提升。

（四）运用知识管理模型，引领成果推广过程

SECI知识管理模型认为，隐性知识与显性知识在交互过程中实现转化，并呈现出共同化、表出化、联结化、内在化四个特征，将个体与社会联结起来，实现了实践主体、实践客体以及实践媒介之间的沟通与交互作用，呈现为知识创生螺旋。

共同化要求做好团队建设，营造和谐共享的文化氛围；表出化强调对话和反思，促进隐性知识转化；联结化强化显性知识聚合，使知识更为系统化，并做好知识沟通与扩散；内在化倡导在做中学，着力于个体隐性知识转化为组织隐性知识的过程。同时，知识转化需要创造关联性的共享空间，即创造原始"场"、对话"场"、系统"场"和实践"场"。

教学成果推广是知识对接、知识学习、知识共享、知识整合和知识创新的过程与结果。教学成果推广应用活动参与主体以中小学教师为主，他们都是富有大量隐性知识的"知识人"，引导他们将隐性知识转化为显性知识，交流共享，融合创生以及共同进步是成果推广应用的重要任务。从知识的层面上来看，教学成果推广应用就是收集知识、创造知识和传播知识的过程，这与知识管理的核心内容有许多相通之处。

（五）促进成果增值，实现成果持续转化

成果推广的核心是转化。知识管理视域下的成果转化突出以下三个方面：一是对成果的理解和认同，这是一个内化的过程，是对成果有深度的认识、认同成果的价值、明确成果的意义、知晓成果的操作要义、对成果产生出积极应用的情感取向。二是对成果的选择与再造，这是一个创新的过程，是对成果有独立的判断，能够从成果的隐性知识中获取更多的意义，能批判性地接受与选择适宜本土生长的成果内容，能在原有成果的基础上产生新的认识和新的方法，并能较好地弥补原有知识体系中的

相关缺陷，形成成果推广应用的实践性方案。三是对成果的应用和实践，这是一个教育变革的过程，是将理论知识、他人知识、书本知识转化为实践知识，并化作改革实践的有效生产力，推进教育的改革与发展。

同时，知识管理视域下的教学成果推广过程是"发现知识—分享知识—螺旋上升—创造运用"的过程。这一过程可实现成果在纵向和横向两个方向上的增值。从纵向上看，成果经历内化生成、自我重组、自我更新，实现纵向上的自我提升。从横向上看，原有的成果相对而言是个别化的成果，产生于特定地方和特定背景，适用于特定人群和特定环境，仅在一定范围发挥价值和作用。知识管理视域下的教学成果推广通过成果再研究机制和应用示范机制，原有成果得以再造与转化，可以适用于不同环境，服务更多人群，在更大范围发挥价值和作用，实现更大的成果增值。

（六）建立良好组织关系，赋能学校教师发展

知识管理需要建立良好的组织关系，激发组织内所有成员对于知识创造、聚集、分享与转化的主观积极性，激发起共创知识、共谋转化、共享成果、共同提升的强烈意识。知识管理的一个核心思想是用知识成就个人及个人所在的组织，这也是推广教学成果的重要意义所在。在知识的创造、分享、转化、应用过程中，教学成果的创造方、应用方都是知识的获得者，共同指向以下几个方面：一是增进对教育前沿思想、前沿理论的认识；二是增进对现实问题及问题本质的认识；三是提高用知识去建构新的实践方略的能力；四是建构起属于个人的新的知识体系，包括知识数量、知识维度、知识层级、思维方式、思维结构、实践能力、创新能力等，从而有效助力教师个体发展，并通过个体发展，促进组织整体能力的提升。知识管理视域下的成果推广运行机制，既为教师个体发展提供支撑，也为组织发展提供可能，以知识共享共创赋能学校与教师发展。

第三章

知识管理视域下教学成果推广理论分析

从知识管理的视域，推广教学成果，必须把握教学成果作为特定知识的内核究竟是什么。分析这些知识该如何去储存、流动和创生，如何从个体流向个体、从个体流向群体、从群体流向群体，并实现显性知识和隐性知识的转化与创生。同时，站在教学成果的供给端和应用端，分析知识流动和创新需要什么样的条件，在什么情境中推广、推广什么、怎样推广、推广成什么样等问题。

第一节　知识管理视域下对教学成果的再认识

知识管理理论最早产生于美国，1959年美国著名管理学家彼得·德鲁克首先提出知识工作者和知识管理的概念。随后，国内外学者对知识管理的概念、理论展开了研究。基于已有知识管理理论可以看出，所有知识管理理论都始于对知识的基本认识。知识是知识管理的基本要素，是对教学成果的知识属性和特征的再认识，是成果推广、应用和创新的基础。

一、教学成果的知识属性

《当代汉语词典》对"成果"给出的定义是"工作或事业取得的成绩或成就"。本书所指教学成果是教育研究或者教育教学工作所取得的成绩、成就。知识管理研究者认为，知识就是对信息进行分析、归纳而形成的规律性认识；知识是经过个人头脑处理过的信息；知识就是用以决策的事实、模式、概念、思想和直觉的综合体。教学成果是对教育现象的本质揭示，是对教育实践活动的规律性认识，是解决教育实际问题的实践系统构建。因此，从知识管理角度看，教学成果就是知识，它具有知识的发展性、内隐性、复杂性和系统性。

（一）教学成果的发展性

教学成果具有发展性。具体来讲，教学成果通常具有一定的前瞻性、前沿性，揭示了教育教学改革发展的趋势，且提出了一些新观念、新方法、新技术。这些刚提出来的东西，正处于萌芽状态、发展初期，它预示了今后的发展趋势，但并未在现实中大规模应用。教学成果的这一特性十分明显。比如，2013年李希贵校长在北京市十一学校开展研究、实验，提出了"选课走班"教学管理改革观念和举措。"选课走班"预示着一种全新育人方式的产生，有利于实现学生全面而有个性的发展。但在当时，仅限于北京市十一学校等个别学校的试验探索。从2013年到今天，"选课走班"教学管理改革从试验到正式推广，经历了一个长期的探索、试点应用的过程。因此，可以说"选课走班"是典型的发展中知识。

（二）教学成果的内隐性

教学成果具有内隐性。知识的内隐性或外显性反映了知识的显性化或隐性化程度，二者相互对立，即知识的内隐性程度越高，则外显性程度越低，反之亦然。隐性知识是个人、团队、组织长期积累的经验和技能技巧，难以用文字和语言完整地表达出来。教学成果就包含着部分隐性知识，作为教育教学方案，它不仅包含可以言明的解决问题的方法，同时也包含着难以言明的经验和技能技巧。这就解释了有的教学成果虽然好，但是听了讲座、观摩了教学甚至阅读了书籍还是很难学会的原因，因为隐性知识的传递性差。

（三）教学成果的复杂性

教学成果具有复杂性。知识复杂性是通过可传递性来衡量的，越是复杂的知识，越难以借助语言符号等载体传递。较简单的知识只需要少量的信息就可以解释其意义，而较复杂的知识则需要大量的信息才能将它的意义解释清楚。复杂性知识内部结构、关系复杂，涉及大范围知识，包含若干的知识单元。教学成果属于复杂性知识，因为每一项成果都是大量知识的复杂集合体，都需要通过大量的信息才能将其意义解释清楚。知识复杂性越高，可传递性越低，沟通交流难度越大。这也解释了为什么教学成果并不容易得到广泛传播应用。

（四）教学成果的系统性

教学成果具有系统性。知识系统性体现了某项知识与背景知识的关联程度。当某项知识所牵涉的领域越多，此项知识的系统性就越高。知识越具有系统性特质，就越不容易明确地表达其核心意涵，因而限制了知识被学习、模仿的可能性。也就是说，知识的系统性程度，会影响知识接收者对新知识整体性的理解程度，并影响知识的可传递性。教学成果属于系统知识，因为每一项成果都是一个复杂的知识体系，需要学习者以大量的知识经验去解读它、理解它、建构它。

教学成果作为知识，是具有一定的内隐性、明显的复杂性和系统性的发展中知识，每一项教学成果都是一个复杂、系统的知识体系，背后包含教育学、教学论、课程论、心理学等庞大的理论背景。同时，教学成果的内隐性也值得重视，每一项教学成果都包含说得出的知识和说不出的知识。教学成果这种多元化的知识特性增加了其传播、转化、应用的难度。

二、教学成果的知识分类

按照分类标准的不同，可以将知识分为不同类型。如按照可呈现程度，可将知识分为显性知识和隐性知识；按照存储单位不同，可将知识分为员工个人知识和组织知识；按照知识的使用不同，可将知识分为有关事实与现象的知识（Know-What知识）、有关科学理论与规律方面的知识（Know-Why知识）、有关技能和诀窍方面的知识（Know-How知识），以及关于人力资源、人际关系及管理方面的知识（Know-Who知识）。

（一）教学成果的多重属性

教学成果是具有使用价值的知识，其实质是解决教育教学和学校管理问题的方案，其中包含着对教育现象的解释、测量，以及处理教育问题的价值取向、本质判断、方法建构，是事实知识、程序知识、原理知识和人力性知识的有机统一整体。因此，从知识使用的角度，可将教学成果形象地表述为关于What的知识（事实知识）、How的知识（程序知识）、Why的知识（原理知识）以及Who的知识（人力性知识）。此外，知识的可呈现程度直接决定了其传播难易程度和传播效果。因此，教学成果必须以可呈现程度分为显性知识和隐性知识。

根据显性知识和隐性知识的概念，教学成果通过报告、书籍、培训讲义、论文等象征物清楚表达出的知识即为显性知识；成果中所蕴含的理念、教育价值、教育模式等难以形式化记录或表述的知识则为隐性知识。显性知识是教学成果的结果性知识，是成果的主体部分，即主体知识。隐性知识是主体成果得以产生的条件，是成果生产者经年累月积累的直觉、经验、真理、判断、价值、信仰等，是条件知识。因此，判断教学成果知识的显性和隐性可以以主体知识和条件知识为依据（见图3-1）。

比如，窦桂梅老师的"主题教学"模式的灵魂是分析、挖掘每篇课文的育人价值，但很多教师最为欠缺的恰恰是分析解读文本、进行深度文学赏析的能力。"主题教学"模式就是成果的主体知识，文学赏析能力就是支撑"主题教学"运行的条件知识。学习者若缺乏相应的条件知识，掌握、转化主体知识就困难重重。正因为主体知

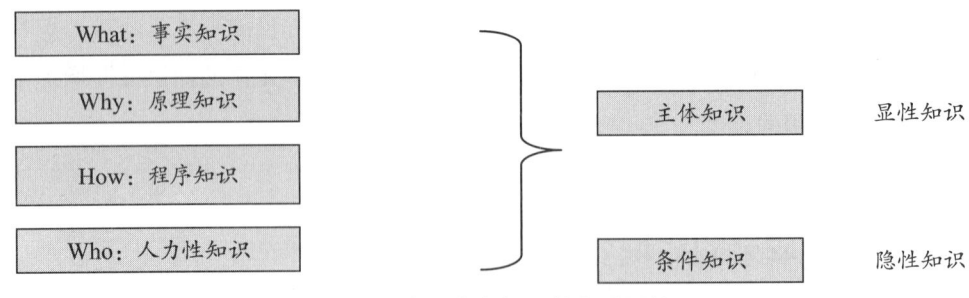

```
┌─────────────────┐
│ What: 事实知识   │──┐
├─────────────────┤  │
│ Why: 原理知识    │  │      ┌──────────┐
├─────────────────┤  ├─────▶│ 主体知识 │   显性知识
│ How: 程序知识    │  │      └──────────┘
├─────────────────┤  │      ┌──────────┐
│ Who: 人力性知识  │──┘      │ 条件知识 │   隐性知识
└─────────────────┘         └──────────┘
```

图3-1 成果作为知识的多重属性

识和条件知识混合在一起，教学成果（即知识）就具有显著的个体性、情境性。同样的方案由不同教师或在不同情境中实施，程度和效果都会具有显著差异。同时，教育方案不是静态知识，而是会随着教育主体、对象、条件的不同，产生"随机应变"的调整，是实践的、动态的知识，具有不可简单复制性。

（二）教学成果的4W分类

1. What的知识：事实性知识

事实性知识是由事实所构成的知识系统，包括日常生活中的事实性知识和专业的事实性知识。日常生活中的事实性知识较好理解，比如对"我是老师"，知道这个事实，那你就有了一个事实性知识。专业的事实性知识是对某一类知识的明确界定，具有三个特征：一是"前提规定"，即教学成果得以成立的前提条件，是教学成果中的变量，如核心概念的界定；二是"正确结论"，即教学成果中变量之间的关系，我们相信这个关系是成立的；三是"起点性知识"，即教学成果产生的基础条件和环境等。因此，教学成果作为专业的事实性知识，其最核心的要素是内涵、外延、特征，以及对变量相互关系的解读。事实性知识相匹配的学习方式是"记中学"，理解后记住，或者通过死记硬背记住。

2. Why的知识：原理性知识

原理性知识是回答"我知道为什么要这么做"的知识系统，包括为什么核心概念这样界定、为什么变量之间存在这样的关系、为什么采用该路径等。教学成果的产生必须基于一定的理论依据，理论依据是回答为什么这么做的关键，没有理论依据的成果是不科学的。

3. How的知识：技能性知识

技能性知识是回答"我知道怎么做"的知识系统，包括教学成果产生过程中研怎么开展，以及教学成果本身所涉及的教学方法、教学技巧等方面的技能、经验和诀窍等。教学成果的优劣以实践性、可操作性程度为重要判断标准，因此技能性知识是教学成果的关键部分，常被表述为操作性成果或实践成果，包括成果形成过程、推进机制与研究方法，以及具体的机制、步骤、方法、策略、工具等。技能性知识有些可以通过流程图、文字等形象地表达出来，而有些则难以表达，因此，技能性知识可能是隐性知识，也可能是显性知识。

4. Who的知识：人力性知识

人力性知识是与个人或组织直接相关的知识，包括个人或组织的洞察力、直觉、感悟、价值观、心智模式、团队的默契和组织文化等。一般而言，人力性知识是隐性知识，是存在于个人头脑中或存在于某个特定环境下的难以正规化、难以沟通的知识，它是高度个性化的，涉及每个人的经历、价值观和信念等。教学成果产生于教师的教学实践，教师个人的教学能力、经历、学习反思能力、研究能力乃至教师的价值观及教师所处学校的文化都是教学成果产生的重要因素。

（三）教学成果的知识形式

无论是知识的显性状态，还是4W知识，都包含了知识的形式，即信息、概念、方法、原则等。一般而言，事实性知识、原理性知识基本属于显性知识，人力性知识基本属于隐性知识，技能性知识可能属于显性知识，也可能属于隐性知识。事实性知识包括概念、要素及结构、特征与性质、原则与规律等；原理性知识包括成果背后的思想与原理；人力性知识包括价值观、感悟等；技能性知识包括方法与策略、工具等资源，还包括教师个人的经验、成果的目的与作用等。

分析教学成果的知识形式是教学成果推广的基础，即将教学成果相关的成果报告、论文、教案、视频、教材等提及的内容按照教学成果的知识形式进行分类并归入4W知识分类，最后明确其显性、隐性（见表3-1）。由于这些知识在成果中相互渗透、融为一体，这种复杂性就要求成果推广方式是综合的。

表3-1 教学成果的知识分类

显隐性知识	4W	知识形式	具体解释
显性知识	What的知识（事实性知识）	概念	相关概念的内涵界定
		要素及结构	核心概念的外延，即组成要素及要素之间的关系结构

续表

显隐性知识	4W	知识形式	具体解释
显性知识	What的知识（事实性知识）	特征与性质	核心概念具有的性质和特征
		原则与规律	变量或变量相互作用所遵循的原则或规律
	Why的知识（原理性知识）	思想与原理	变量之间相互作用的原理，以及背后的理论依据
	How的知识（技能性知识）	方法与策略	可用语言、图表等表达的教育教学技术路径
		工具等资源	可直接应用或校本化后使用的教育教学资源
隐性知识	How的知识（技能性知识）	经验	不可直接用语言、图表等表达的教育教学技术路径
		目的及作用	教学成果的育人价值、成果的作用等
	Who的知识（人力性知识）	价值观	教师和组织在成果产生过程中的价值观
		感悟	教师和组织在成果产生过程中的所思所想
		起源	教师和组织研究成果的起源

第二节　知识管理视域下对教学成果推广的再认识

梳理教学成果推广有关研究发现，教学成果推广的相关研究日益丰富，对成果本质的把握日益清晰，教学成果推广实践也更加系统化。从中可以辨析出一条清晰的演变路径，即教学成果推广正在从传统的推广观念和方式向现代的推广观念和方式演变。从观念来看，推广主体、推广实质都发生了很大变化：推广主体不再仅是成果持有方，而是成果持有方和应用方；推广的实质不再是成果信息的发布、传播，而是成果的传递、转化、利用和创新。传统推广方式主要依靠信息传播的模式，常见的有宣讲、出版图书和发表论文、参观考察，而现代的推广方式更注重构建多样化推广平台，注重培训、研讨、后续研究等深度学习、理解和转化。这一变化，呈现出从外部的、灌输的、浅层的、单一的转变为内部的、学习的、深层的、系统的特点，实现成果的实践应用和转化创新。简言之，教学成果推广更加注重从推广到转化再到创新利用的系统化实践。知识管理视域下的教学成果推广从"推广"跃升到"知识管理"，意味着观念、思维方式、技术手段等全面的转型升级。

要明晰教学成果推广的内涵和实践有哪些变化,教学成果推广的内涵是什么,就要从知识管理的视角予以重新审视。

一、知识管理视域下教学成果推广的价值取向

教学成果推广和知识管理起源于不同背景,是在不同场景进行的实践活动。但两者又有很多相同之处。从对象来看,教学成果推广的对象是知识,知识管理的对象也是知识;从目标来看,教学成果推广是为了在更大范围应用成果解决问题和提升质量,知识管理也是为了提高组织的适应性和竞争力;从本质来看,教学成果推广是在新场景中应用成果解决实际问题,将成果与实际情况相结合,实现再创新再变革,知识管理是寻求信息处理能力与人的创造能力相结合,使知识实现创新和应用。因此,知识管理理论与教学成果推广的高度契合,决定了其对成果推广的指导价值。

(一)教学成果推广的终极目标是促进人的发展

知识管理包括个人知识组织化、隐性知识与显性知识相互转化、知识创新等,这些都属于人的组织行为,属于人的智力活动。因此,知识管理视域下的教学成果推广的核心是人的发展问题。一方面,教师能够通过教学成果推广活动不断吸收新知识,为教育教学实践提供有效的知识支持,并在解决教育教学实践问题的过程中更新知识结构,拓宽工作视野,进一步提升教师的教育教学能力和教育智慧;另一方面,教学成果最终的受益者是学生,教学成果的推广、应用有利于提升教育教学质量,促进学生的全面发展。

(二)教学成果推广的高层目标是实现知识的创新

知识管理一方面包含"管理既存知识",它侧重的是如何有效和高效地学习、模仿、吸收、归纳及整理现有的知识;一方面更重要的是"创造新知识",它侧重的是在特定情境中、一定组织氛围中实质性地开展创造性活动,形成新认识、新思路、新方法、新流程等新知识。因此,知识管理的高层目标是实现知识的创新。知识管理视域下的教学成果推广的更高层目标也是促进成果的创生,并促进个人或组织知识的创造与积累。由于成果创生是在成果传播、应用的基础上达成的,因此,教学成果推广的中层目标是推行应用,其低层目标是知识传播、转移。

（三）教学成果推广要通过活动实现知识积累与个人发展的统一

知识管理有三个学派：技术学派、行为学派和综合学派。技术学派认为"知识管理就是对信息的管理"。行为学派认为"知识管理就是对人的管理"。综合学派认为"知识管理不仅要对信息和人进行管理，还要将信息和人连接起来进行管理；知识管理要将信息处理能力和人的创新能力相互结合，增强组织对环境的适应能力"。[①] 野中郁次郎认为，知识创造的核心在于隐性知识和显性知识在个体与组织之间的转化（SECI模型），因此，知识管理的关键是实现知识积累与个人发展的统一，这是知识管理理论和实践研究发展的必然结果，也是真正实现知识管理的效用和价值的关键。技术时代，教学成果的管理需要通过技术实现既存知识的管理，更需要成果持有方和应用方在实践现场的互动交流进而创造新知识。如利用某种教学成果开发的教师备课系统，应用方可以便捷获取与教材内容同步的、体现其教学理念的教案范例、课堂视频、课件、习题库等。成果持有方和应用方对蕴含于实践现场的知识进行挖掘、解释、讨论，促进应用方完成知识建构，达到转化、应用的目的。

（四）教学成果推广要促进组织学习

知识管理理论指出知识创新发生在个体和组织两个层面，并将能够创新的组织称为"不断学习的组织"。组织学习超越了一个组织内部个人学习的简单相加，它是一个社会过程，它需要组织成员拥有共同的规范，从而在面对环境变化和挑战时，共同观察、学习、交流，采取一致的变革行动。一所学校、一个组织接受和学习教学成果，首先必须建立一种支持从自身和别人的经验中学习的机制，并能产生知识创新。教学成果应用不可能是照搬照抄的模仿过程，必定是一个创造性的学习过程，这种学习过程的每一步都需要有源源不断的信息源和动力源，这一切都建立在组织已有文化的基础上。也就是说，接受、学习教学成果，并非仅仅依靠外部刺激就能启动，而是在组织的愿景和文化引导下展开的学习、创新过程。这也是一个自主调节的过程。外部力量很难逼迫组织学习某项知识。因此，教学成果推广势必要通过促进组织学习实现知识的传播、应用与创新。具体而言，教学成果推广不能仅仅通过持有方建立数据库资源，也不能单向地提供成果资料，而应该充分关注成果应用方，把重点放在促进组织学习、实现组织层面的知识创新上。

综上，知识管理视域下的教学成果推广的本质意义在于促进知识（教学成果）、

---

① 储节旺.国内外知识管理理论发展与流派研究[J].图书情报工作，2007（4）：51.

人、活动的高度结合。具体而言，就是通过实践活动实现成果知识在持有方和应用方之间的互动交流，进而实现成果的创生。具体联系到教学成果，就是教育教学实践基于有效知识的支持，知识管理是为了满足教育教学实践的需要，为教育者获取和应用有效解决问题的知识提供专业支持。

二、知识管理视域下教学成果推广的核心要素

知识管理把知识作为组织的战略资源，作为一种管理思想和方法体系，它以人为中心，以数据、信息为基础，以知识的创造、积累、共享及应用为目标。一旦组织围绕知识管理开展工作，知识活动便贯穿始终。知识管理视域下的教学成果推广就是人围绕教学成果知识的传播、应用、创新开展的系列活动。教学成果、人、活动、"场"是知识管理视域下教学成果推广的核心要素，具体而言，教学成果是推广的基础，人是推广的主体，活动是推广的载体（过程），"场"是推广的保障。

成都市教育科学研究院于2018年立项的四川省规划课题"知识管理视域下基础教育教学成果推广的理论与实践研究"试图从知识管理的视角研究基础教育教学成果推广情况。研究过程中，就一线教师对教育教学成果推广认识的调研结果，以及每次推广后的效果调研结果都很好地印证了教学成果推广的核心要素。

（一）教学成果：知识

作为教学成果推广得以开展的基础，教学成果本身具有价值。上文对教学成果已做详细介绍，不再赘述。聚焦教学成果的调查结果也显示教师对成果本身需求平均值为108.07，高于对推广过程需求平均值98.83，说明教师对成果本身的内容、成果所属领域、谁形成的成果、选题原因的关注度显著高于对成果推广过程中的推广方式、推广内容、推广单位、推广原因的关注度。可见，大家一致认为，成果本身是推广活动的最核心要素。

（二）推广主体：人

人是一切活动的实践主体，教学成果推广的目的也是促进人的发展。一般而言，成果推广主要有两个实践主体，一方是成果持有人，即推广方；另一方是成果应用方，即被推广方。成果持有方参加成果推广活动的目的一方面是宣传成果，另一方面更重要的是在推广活动中将个体成果向群体转换，通过群体的反馈以及自身对于成果

的再理解完成个体成果的进一步优化。成果应用方旨在通过参加推广活动,感受或经历成果产生的过程,通过新知识与原有知识经验之间双向、反复的相互作用,完成自身知识的建构。

此外,成果推广活动中还可能涉及两个群体:一个群体是主导成果推广活动的组织方,这个组织方可以是教育行政部门、教育科研管理部门、教育研究机构、教育学术团体等;另一个群体是指导专家,指导专家一般由应用方和持有方协商后邀请加入,在推广中起到理论解读与实践指导的作用,是教学成果推广达到成果创生目标的重要智力支撑。

无论是成果持有方还是应用方,教师群体都有其特殊性,其价值观、学段、教龄、性别、职位、是否做过研究、学科、所处区(市)县、所在学校等都会是影响教学成果推广效果的重要因素。聚焦推广主体的调查结果显示,对成果本身的需求度表现出三个特征:一是各区(市)县对成果的需求有明显差异;二是各学段需求差异明显,对技能性知识的需求度由高到低依次为幼儿园、职高、小学、高中、初中;三是对成果内容的需求度随教龄的增加而下降,对技能性知识的需求度随教龄的增加而下降;四是参加课题研究级别越高的教师对知识的需求度越高。对成果推广过程的需求表现出四个特征:一是各学段都希望由学校根据自身需求与成果持有方联系学习;二是教师教龄越长,越不关注推广主导单位或个人;三是由学校干部、教师主导的成果推广关注度最高;四是推广意愿强的单位学习意愿也更强。

(三)推广活动:学习

推广的实践过程通过推广活动或学习活动的科学高效开展得以实现。活动理论认为活动是主体为了满足自己特定需要而对客观世界施加影响的过程,即"主体与客观世界相互作用的过程"。[①] 具体来说,教学成果推广活动是区域、学校、教师为满足共同的需要而进行的交互过程,相对于一般的活动,教学成果推广活动具有一定的特殊性,主要体现在三个方面:一是活动的组织主体具有多元性,是多主体之间的合作;二是参与对象具有差异性,有着不同的需求;三是组织结构具有复杂性。一般而言,从知识管理来看,可以从知识管理目标深度和知识管理过程对活动进行分类。

---

① 李玉顺,谭律岐,公雪,等.基于活动理论的小学数学课堂教学活动模型建构[J].中国电化教育,2022(8):61—67.

1. 侧重知识管理目标深度的活动分类

教学成果推广活动根据推广目标的深入可以分为知识鉴别、知识获取、知识存储、知识共享、知识应用、知识创造。其中共享、应用和创造是核心活动。

知识鉴别，即成果鉴别，是推广组织（持有方、应用方或行政部门）为明确推广目标和所需知识而开展的第一个关键性步骤，主要是针对已有教学成果进行供需匹配。供需匹配要通过推广组织各方的深度交流、共同商讨，完成组织的推广目标和计划。

知识获取，是应用方通过网络检索、书籍购买等方式获取外部现有成果相关资源。知识获取的主动方应该是应用方，获取的知识类型应该是多样的，也就是尽量多地获取成果推广过程中所需要的一切事物，如成果集、报告、手册、PPT、视频、研讨会资料、讲座、论文、教案、教师感悟、展示课等。

知识存储，是对获取的知识进行过滤、分类、存储。存储一般与现代信息技术相关，是数据库、知识库的建立过程，如基础教育国家教学成果数据库等。教学成果推广应该依托技术，建立系统、全方位、可互动、持续更新的成果库。

知识共享，其核心是已有成果与其他不同组织及个人的分享。推广组织间、教师个人彼此间直接或间接相互交流经验和知识，是教学成果由个别组织经验扩散成多个组织经验，从个别组织拥有转变为群体组织拥有的过程。主要有研讨会、培训、导师制、名师工作室、跟岗研修等方式。教学成果的共享必须预先设定好原则，即设定好教学成果推广顺利进行的规定、政策、要求、惯例、标准、制度等。

知识应用，是教学成果推广在学校落地生根的关键，教学成果只有在应用中才能实现增值，才能真正提升育人质量。运用教学成果已有知识去解决教育教学中存在的相关问题，有助于教师对成果的理解和掌握，也是对已有成果的一种实践检验，是对所学理论知识的一种实践巩固。

知识创造，是在知识应用过程中实现的再造。一方面是针对已有成果的知识缺口，提出有价值的新知识，另一方面是针对本校、本班、本人的特殊情况进行校本化的知识创生。对成果推广组织而言，持有方、应用方全体成员都是知识的再创造者，只有达成了知识的创造，才能实现组织知识的螺旋上升，实现组织的增值。

2. 侧重知识推广过程的活动分类

从知识推广目标深度而言，知识的共享、知识的应用和知识的创造是知识推广的核心活动，其实质是实现显性知识和隐性知识在组织间的转化。野中郁次郎提出的知识动态转化SECI模型，正是知识在组织层面的转化。教学成果的本质是知识，其成果中包含了很多与教师个人经验相关的教学技能、教育领悟和理想等隐性知识，这些难以通过语言文字传播的知识，是更有价值的知识、更有利于学校和教师长远发展的知识，只有在个体与组织间将隐性知识转化为显性知识，才能发挥教学成果推广的最大效能。成果推广的过程就需要知识的传递与转化，需要显性知识与隐性知识在个体与组织间不断转化与螺旋上升。

知识的转化需要通过具体的活动来落实。鉴于此，本书根据知识推广过程，将教学成果推广活动划分为共同化推广活动、表出化推广活动、联结化推广活动及内在化推广活动。

（1）共同化推广活动。共同化（Socialization），即通过直接体验分享，实现个体隐性知识到个体隐性知识的转化。简言之，在教学成果推广的共同化活动中，教师、研究团队、学校等主体调动自己已有的隐性知识，并通过相互之间的交流沟通，交换或分享各自的隐性知识，实现知识的共享。在该过程中，推广主体要尽可能多维度思考、多方面发现、多视角分享，通过口语、书面、电子等途径转移或传播、分享知识。

（2）表出化推广活动。表出化（Externalization），即通过对话和反思，实现个体隐性知识到团组显性知识的转化。简言之，在教学成果推广的表出化活动中，持有方鼓励和引导应用方采用比喻、类比或模型等形式，将成果隐性知识用文字语言、数字符号等表述为明确的概念，成为更方便交流和共享的显性知识。在该过程中，应用方要借助具体事物认识隐性知识，依托具体事物对隐性知识进行全新理解，并在具体的教学中理解和内化。

（3）联结化推广活动。联结化（Combination），即将团组的显性知识及信息系统化，使其形成组织显性知识，是将各种概念综合为知识体系的过程。简言之，在教学成果推广的联结化活动中，推广主体运用文件、会议或网络等媒介，将不同的显性知识彼此结合加以整理、增添和分类等，进而重构既有信息，催生出新知识。该过程需要持有方和应用方之间知识和信息无障碍流动，推广组织之间密切协作、资源互补。

（4）内在化推广活动。内在化（Internalization），即在实践中实现组织显性知识向个体隐性知识的转化。简言之，在教学成果推广的内在化活动中，教师个体吸收、消化全新的知识，并将成果应用于新的情境、新的问题，在与新环境、新问题的交互中，实现对成果的再理解、再加工和再生产。在该过程中，教师依托真实教育情境，在"做中学"的过程中体悟成果知识，将其内化为全新的隐性知识。

（四）推广"场"：保障

知识创造取决于具体的时间和空间而以情境为转移。野中郁次郎指出，创造知识的过程一定是以情境为转移的，知识需要一个场所，在这个场所中信息通过解读被赋予含义，然后转变成知识。[①] 教学成果产生于具体的时间和具体的空间，因此，指向应用和创生的教学成果推广，需要一个实际的场所，在这个场所中通过解读已有成果并赋予成果含义，才能进而将其转变成个人的知识，创造出个人的知识，进一步实现组织知识的累积。

野中郁次郎将这个场所定义为"场"，并将其界定为分享、创造及运用知识的动态的共有情境。[②] 具体而言，"场"能为知识转化和创造提供能量、质量和场所，是一个动态共享的环境，既可以是实际物理空间（实际"场"），如办公室、会议室等；也可以是产生相互作用的虚拟空间（虚拟"场"），如工作小组、项目团队、制度、会议、交流活动等；还可以是有共同目标的精神空间（精神"场"），如共同的价值观、理想、信念等。为了实现知识的四种转化，就要形成与之匹配的"场"。

围绕促进教学成果推广环境所涉及要素的特征，可以将"场"分为制度类、活动类、团队类、目标价值类四种类型。

制度类的"场"指向成果推广制度的建设，旨在激发参与者的积极性。制度可以包括推广效果评价制度、推广过程激励制度、推广机制等。

活动类的"场"指向具体的成果推广活动，旨在促进成果的交流、表达和创生。活动包括跟岗研修、专题培训、教研活动、名师工作室等。

团队类的"场"指向研究的推广团队，包括持有方、应用方以及行政部门等，旨在通过项目团队、工作小组等组织，实现成果在组织间的累积和创新。团队形式包括研修小组、学习共同体、班级等。

目标价值类的"场"指向成果推广的价值追求，旨在为参与者提供可实现的目标追求。宏观上包括促成成果推广的行政部门的推广目标；中观上既包括成果持有方的推广目标，也包括成果应用方的学习目标；微观上指向参与推广教师的目标追求。

---

① 竹内弘高，野中郁次郎. 知识创造的螺旋：知识管理理论与案例研究[M]. 李萌，译. 北京：知识产权出版社，2006：95.
② 同上书。

第三节　知识管理视域下教学成果推广的条件

教学成果推广活动的基本目标是促进个人或组织既有知识在个人间、组织间传播，进而使更多人应用知识，以解决自身问题。推广的更高层次的目标是促进成果的创生，并促进个人或组织知识的创造与积累。由于成果创生是在成果传播、应用的基础上达成的，所以，组织教学成果推广的成功与否在于是否提供了促进知识创造螺旋的五个条件。

野中郁次郎和竹内弘高（Hirotaka Takeuchi）指出，在组织层次上促进知识螺旋的五个条件分别是意图、自主管理、波动与创造性混沌、冗余以及必要多样性法则。意图是组织对知识创造目标的渴望，即愿景。自主管理指向个体，只有通过个体的自主行动，知识的传播、应用才能实现，才存在知识创造的可能性。波动与创造性混沌能够促进组织与外部环境之间的互动，开放的环境可以促进知识的更新完善。冗余是指在工作中信息重复或过剩。必要多样性法则针对组织而非个人，外部环境是多变的，靠个人力量不足以应对随时可见的危机，掌握必要信息的多样化组织更能应对和处理危机。根据以上五个条件，可以归纳出教学成果推广的五个促进条件。

一、组织意图：教学成果推广的战略目标

在教学成果推广中，组织意图是组织推广活动的战略目标，战略目标是判断拟推广教学成果的价值标准。因此，战略目标的确定，必须依据推广该成果要达成的价值标准。价值标准一定程度上与推广组织者教育改革的方向一致，致力解决推广组织（尤其是成果应用方）存在的问题和不足。因此，成果推广意图的设定，要将教学成果本身的价值与应用方存在的问题相结合，并明确具体希望达成的理想愿景。

如南京市教育局推广"基于学科育人功能的课程综合化实施与评价"成果的意图为引导试点或应用学校渐进温和地推进学校综合改革，根据学校原有课程教学实际，对内容的贯通化、教学的项目化、评价的情境化进行分析和考察，确定实践路径。从"学科育人"思想出发，推进国家课程校本化实施，深化学校文化建设，带动学校管理机制、课程结构、教育内容、校本研修、课堂教学、评价体系等方面的改革，改进学科教学的育人功能，改善基层小学教育科研实践模式，构建德智体美劳全面培养的素质教育体系，改进

育人方式，提高育人质量。

二、自主管理：教学成果推广的管理思想

在教学成果推广中，自主管理是推广组织者对学校或教师充分授权，从而激励学校或教师个人推广应用成果的自觉性和创造性的管理方式，准确说是一种管理思想。自主管理指向学校或教师，注重学校或教师学习应用成果目标与组织者推广成果目标的一致。就推广组织者而言，需要通过一系列激励保障措施，满足学校或教师推广应用成果的需求，激励学校或教师围绕教学成果推广战略目标及要求，结合自身重难点问题，运用科学的自我管理和专业知识，主动完成成果学习、应用和创生。

如成都市锦江区针对"提升中小学作业设计质量的实践研究"成果推广，设立区级"作业设计"专项小专题，鼓励学校和教师针对自身情况设立课题，并设立"作业设计"专项小专题优秀成果评选，激励学校和教师主动学习成果、应用成果并创生成果。

三、波动与创造性混沌：教学成果推广的开放环境

在教学成果推广中，成果持有方和成果应用方直接互动，会形成成果推广环境的波动，进而促进成果的迁移、应用和创生。只有向应用方学校和教师输入能够打破其原有习惯和自在状态的信号，使其对自身产生怀疑，进而鼓励其对自己的习惯行为进行重新研讨，在行动中进行反思改进，才能产生对成果的新认识，创生出新的成果。就推广组织者而言，需要为成果持有方提供发布成果的开放环境，如网络学习社区等，该环境不能仅限于成果持有方对外发布成果，还应该能够让成果持有方和应用方对话交流。推广组织者还应该为有反思能力的学校或教师提供有意图的模糊目标，鼓励其在行动中反思。

四、冗余：教学成果推广的核心内容

在教学成果推广中，冗余是指重复表述和呈现的内容。简而言之，冗余就是成果推广中，有意图地重复强调的成果内容，一般指向推广成果的核心内容（关键要

素）。一定程度上，核心内容的重复有加速成果创造的作用。成果推广过程中，可以设置不同视角和不同推广活动，对成果核心内容进行多次解读和传播。

如成师附小华润分校2018年基础教育国家级优秀教学成果二等奖"基于学科核心问题的深度参与教学策略"的核心成果是学科核心问题，成都市锦江区在组织该成果的推广中，围绕学科核心问题先后组织了三类推广活动。先通过具体课例展示学科核心问题如何在教学中应用，再通过成果宣讲，总体介绍学科核心问题的设计原则、策略以及在教学中的应用策略，最后由不同学科的教师介绍学科核心问题设计的经验。通过不同视角对学科核心问题的解读，可以加深学习者的理解，为应用和创生创造条件。

五、必要多样性原则：教学成果推广的多样组织

在教学成果推广中，必要多样性原则要求成果应用方以组织的形式存在，该组织成员要掌握成果的必要信息，同时各成员还要有特殊性。根据必要多样性原则，为了使知识创造多样化达到最大化，成果推广组织者要设计成果推广最快的方式、最便捷的途径，使成果应用方获取最广泛的必要信息。

如成都市锦江区在小专题成果推广工作中将小专题一等奖成果汇编成册出版，并发给学校学习。此外，在针对教科室主任的科研培训中开展集中讲座推广。他们就采用了最便捷的途径、最快的方式将成果向一线教师传播。

第四章

知识管理视域下教学成果推广实践框架

知识管理视域下,教学成果推广的核心要素包括教学成果、人、活动和"场",其中:教学成果是推广的基础;人是成果推广的主体,包括成果持有人和成果应用方;活动是成果推广的载体;"场"是成果推广的保障,包括支持保障和动力保障,支持保障又包括学校、行政部门、专家团队等人力资源支持和成果数据库资源支持以及成果推广技术支持等,动力保障既包括外部动力如机制、政策制度等,也包括内部动力如学校、教师个人发展需要等。简言之,教学成果推广应该是成果(知识)、推广主体(人)、推广活动(实践)在"场"中的高度结合。

第一节 知识管理视域下教学成果推广的实践模型

知识管理视域下的教学成果推广不是单次的"推广"活动，而是一个整体的、制度化的行为体系。它将知识从产生、传播到应用的整个空间范围视为一个有机系统，通过技术支持、组织架构推广、制度和文化建设，使这个系统成为学习型组织，并保障和促进知识在学习型组织内的共享、应用、创造。从过程角度来看，教学成果推广包括知识共享、知识应用、知识创生三大阶段，每个阶段都包含有显性知识和隐性知识的转化，基于知识转化的共同化、表出化、联结化和内在化四个模式，以及成果推广最终指向的创造新成果这一最高层次目标，构建了教学成果推广的"三阶四化"模型（如图4-1所示）。

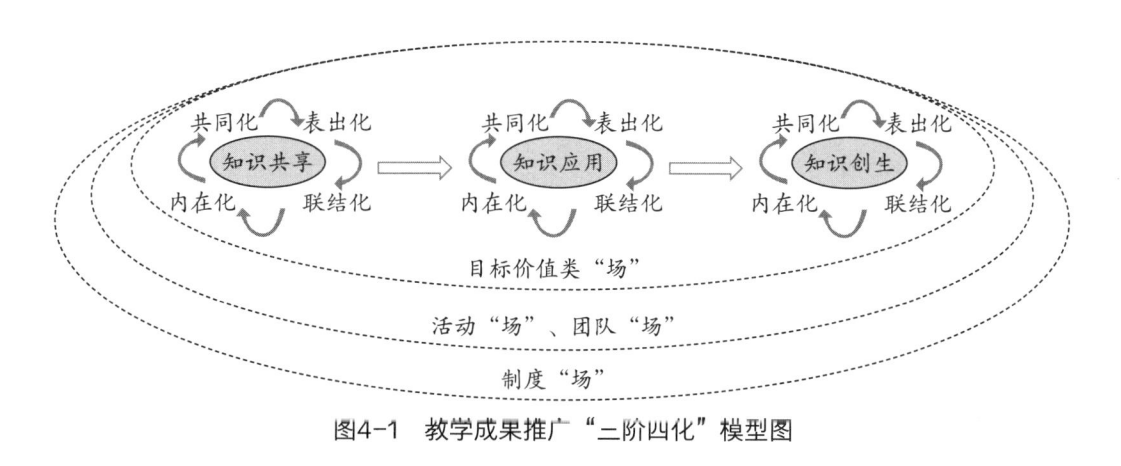

图4-1 教学成果推广"三阶四化"模型图

一、知识共享

知识共享作为成果推广的基础和初始环节，是成果持有方和成果应用方的互动和交流，既离不开成果持有方的分享意愿，也离不开成果应用方的知识需求。野中郁次郎和竹内弘高指出，知识共享是个人与个人之间隐性知识与显性知识互动的过程，在互动的过程中实现知识创新这一结果。知识共享阶段包括了知识的表出化、共同化、联结化和内在化。教学成果推广的知识共享模式包括显性知识的共享模式和隐性知识的共享模式。

显性知识的共享：一是持有方的显性知识向应用方的显性知识转化，即知识的联结化。持有方通过宣讲、讲座传播成果的显性知识，应用方通过学习相关报告、论文、书籍等形式获得成果的显性知识。在此过程中，应用方接收到成果的显性知识，并结合已有知识对新知识进行阐释和理解，最终形成系统化的知识。二是持有方的显性知识向应用方的隐性知识转化，即知识的内在化，应用方在获得成果显性知识后，在实践中应用获得新的隐性知识。一般而言，在知识共享阶段，知识的内在化程度较弱。

隐性知识的共享：一是持有方的隐性知识向应用方的显性知识转化，即知识的表出化，持有方通过与应用方成员进行讨论、对话，以及专家的对话，采用归纳的方式将持有方个人的经验和价值表达出来。在此过程中，持有方、应用方和专家一起创造出新的成果。二是持有方隐性知识向应用方隐性知识的转化，即知识的共同化，表征为持有方和应用方成员个人情绪、感情和理想等隐性知识的共享。一般而言，在知识共享阶段，知识的共同化程度较弱。

简而言之，成果共享阶段主要完成持有方的显性知识向应用方的显性知识转化（联结化），以及持有方的隐性知识向应用方的显性知识转化（表出化），而持有方的显性知识向应用方的隐性知识转化（内在化）和持有方的隐性知识向应用方的隐性知识转化（共同化）均建立在实践应用和真实体验层面，在成果共享阶段涉及程度较弱。

二、知识应用

知识应用是成果推广的中间环节，也是核心环节，知识应用的质量决定了成果应用的质量。同样，知识应用环节离不开成果应用方的实践意愿和实践行动，更离不开持有方的示范和指导。知识应用阶段可以理解为实践，是一种"做中学"的成果推广模式，该过程中应用方通过应用成果、检验成果，基于自身实践修正成果，并将其纳入个人知识结构。教学成果推广的知识应用阶段包括显性知识的应用、检验和修正，也包括隐性知识的内化和理解。

显性知识的应用：一是应用方将通过阅读相关报告、操作手册、持有方讲座等方式获得的显性知识直接应用于教学实践，经历长时间体验和应用，通过理解、反思等内化成果，形成具有个人特色的教学经验、价值等（内在化）；二是应用方在持有方指导下进行教学实践，并通过设计具体案例、研制工具等方式，将持有方显性知识向应用方显性知识转化（联结化）。

隐性知识的应用：一是持有方通过课例展示等方式分享教学经验等隐性知识，应用方在观摩学习中体会和吸收持有方隐性知识（共同化）；二是持有方和应用方在实践的基础上，围绕实际应用案例，通过对话和反思的方式将隐性知识以工具、优化后的案例、具体概念、策略等表达出来，进而产生出新的显性知识（表出化）。

简而言之，成果应用阶段主要是通过实际过程中的应用，完成对持有方成果的理解和内化，进而为成果的创造提供实践基础。因此，该阶段知识的内在化、联结化和共同化程度较高，知识的表出化程度较弱。

三、知识创造

知识创造是成果推广的最高层目标，既包括持有方对成果的创新，也包括应用方对成果的创造。野中郁次郎指出，知识创造是一个自我超越的过程，在这个过程中，无论是知识的共同化、表出化、联结化还是内在化都应该实现超越。教学成果推广的知识创造阶段也是持有方、应用方超越自我的过程，该阶段包括显性知识的创造和隐性知识的创造。

显性知识的创造：一是参与推广的个人超越自身认知、心理等方面的局限，投身于推广团队，并与团队融为一体，通过集体反思、对话等，在众多个体的不同角度或视角、不同意见和想法的交融中形成团队共识的新知识，并表述出来（表出化）；二是将团队中的显性知识进行收集和整合，使之系统化，形成新的团队知识（联结化）。

隐性知识的创造：一是持有方和应用方在直接体验中互相感受各自的情感、价值观和智慧，并达成共感和共鸣（共同化）；二是参与推广的个体经过反思，使自己置身于成果推广的情境和新知识应该被应用的环境，通过实践将成果内化形成自己的教育教学智慧（内在化）。

简而言之，成果创造阶段是在成果共享和应用的基础上，基于新的情境和实践，通过赋予原始成果以新理解，产生更符合教师个人特色、学生特色、学校特色的新成果。综合来看，教学成果推广的知识共享、知识应用及知识创造的三个阶段都经历了知识的"四化"，只是在程度上有所差别。

第二节　知识管理视域下教学成果推广活动的类型

推广教学成果，必须把握教学成果作为特定知识的内核究竟是什么，从知识类型的角度，可将教学成果推广活动划分为共同化推广活动、表出化推广活动、联结化推广活动及内在化推广活动。

一、共同化的推广活动

（一）实质内涵

何为共同化？它是从隐性知识到隐性知识，通过个体间分享体验并由此创造诸如共同心智模式和技能之类的过程。从知识管理的视域来看，所谓教师知识分享、知识共享或者学校层面的知识分享、知识共享都是共同化的教学成果推广活动的重要组成部分。因为它涉及教师、学校彼此之间知识的流通、转移、交流、沟通、协商[1]；从具体操作层面看，它表现为"教师与学习共同体等通过口语、书面、电子等途径转移或传播、分享知识的活动过程"[2]；从社会关系角度看，它是"教师知识的获得、交换、内化和重构过程中形成的以知识为基础的社会关系，并在知识共享过程中促进教师自我的专业发展和组织文化的更新"[3]；从主体状态角度看，它"既是一种个体活动也是一种共同体的活动"[4]。一言以蔽之，在共同化的教学成果推广活动中，教师、研究团队、学校等主体调动自己已有的隐性知识，并通过相互之间的交流沟通，交换或分享各自的隐性知识，实现知识的共享。

（二）内蕴特性

什么样的共同化教学成果推广才是优质的推广活动？这是开展效益最大化的教学成果推广活动必须认真思考和回答的一个问题。从教学成果推广活动与知识管理理论的关系视域加以审视，共同化的教学成果推广活动离不开知识的运用，但是教学成果推广活动并不必然带来知识的创造与生成。也就是说，以知识管理理论为根基的教学

---

[1] 邓志伟.知识分享与教师专业发展[J].教育科学，2006（4）：47—50.
[2] 张定强.教师知识共享的机制及实现策略[J].中国教育学刊，2018（2）：95—98.
[3] 石艳.教师知识共享过程中的信任与社会互动[J].教育研究，2016（8）：107—116.
[4] 赵钱森.基于扎根理论的教师知识共享实践逻辑研究[J].教育学报，2020（4）：72—81.

成果推广不仅为成果推广的发展样态和发展质量画像,而且还暗含着共同化的教学成果推广所需的特性。如何分析共同化的教学成果推广的内蕴特性?从共同化教学成果推广来看,共同化教学成果推广是指研究团队调动自己已有的隐性知识,并通过相互之间的交流沟通,交换和分享各自的隐性知识,实现知识的共享。由此可以看出,共同化教学成果推广活动特性可以从双重关系中揭示出来。从发生逻辑来看,共同化教学成果推广活动必然具有开放性;从发展逻辑来看,共同化教学成果推广活动必然具有交互性与建构性。

1. 开放性

共同化教学成果推广活动必然根植于创造"场"[①],即研究团队成员调动自己的隐性知识,在创造"场"中分享原有的隐性知识,从而实现相互之间的交流和沟通,以达到从隐性知识到隐性知识的转化。然而,目前教学成果推广活动中存在"同行是冤家"的狭隘竞争心理,地区间、学校间、专业与学科间要么不同程度地存在着不愿意共享成果的"技术封锁"现象,要么习惯于凭经验和感觉办事,不愿也不想推广应用已有的成果,点与面、提高与普及没有很好地结合,致使教学成果的推广应用出现点上热闹而面上冷淡的现象。也就是说,从发生逻辑上看,高质量的共同化教学成果推广活动尚未真正发生。

遵循共同化教学成果推广活动的这种发生逻辑,共同化教学成果推广活动必然具有开放性。即从成果推广活动内容来看,应包括先进的教育思想与先进的教育行为[②],其中,先进的教育思想是指为解决教育改革实践中不断出现的新问题,广大教育工作者迫切需要学习、掌握和遵循教学成果所解释和总结的科学规律和原则等;先进的教育行为是指先进的教育策略、方法和手段。从成果推广活动的过程来看,需要引导教师多维度思考、多方面发现、多视角分享。从活动空间来看,活动空间不仅仅局限于狭义理解的推广活动承办单位,需要结合线上与线下平台展开。从参与成员关系来看,在活动中,要建构相互尊重、互相学习的学习共同体等。

2. 建构性

共同化教学成果推广活动是一个持续建构的过程,是主体对教学成果进行探究、发现、建构和创造的过程。各主体在教学成果推广活动中对成果进行合目的性的自主

[①] 刘文娜. 促进知识创造的高校教师科研支持系统构建[J]. 现代教育管理,2019(8):61—65.
[②] 易海华. 教育科研成果推广应用的误区及对策思考[J]. 中国教育学刊,2007(4):16—20.

持续建构、积极探索、不断改造,通过知识的沟通、情感的交融和思想的交流,各主体在活动中进行思考,共同建构知识结构与意义。换言之,知识建构模式是一种从教学成果转化生成角度探究的一种模式,教育"科研成果作为一种知识,它首先作用于决策者(教育主体)的'工作知识'(Working Knowledge),而后通过改变此种工作知识间接对决策者(教育主体)的行为发生影响"。以美国《国家处于危机之中》的教育政策的转化过程为例,教学成果要作用于各类不同的主体,首先需要各类主体根据自身经验和认知偏好对教学成果进行知识解读,生成自己对成果的价值判断和意义。各类主体对教学成果最终建构生成的态度、认知、期待、价值意义以及可能产生的效益等,在很大程度上会与供应者的初衷不相一致。这一特征决定了教学成果转化作用于各类主体的过程不是直线的,而是动态的、建构的、具体的和人性化的。也就是说,由于知识构成的复杂性和丰富性,知识转移不像商品那样可以直接传递。[1] 在知识传递的过程中必然伴有重建行为,会不断地产生、形成和发展新的知识。[2]

(三)主要价值

共同化教学成果推广活动具有促进教师发展、学生发展和学校发展等多方面价值。首先,"现代教师的专业发展从本质上而言是基于社会参与网络中的一种知识共享过程"[3],教师知识分享能促进教师知识观的改变,激活教师学习的主动性,改变教师的学习观,唤醒专业发展过程中的教师主体感,使教师在专业发展中的主体地位得以落实和强化,并逐渐形成主动的发展意识与能力。其次,通过教师共同体,教师之间可以彼此分享关于课堂、班级和学生的各种信息、认知和理解,从而帮助教师更为全面、生动地了解学生的真实个性、学习现状和潜能状态,并采取相应的教育教学措施,进一步促进学生的全面发展。最后,教师个体和各类正式或非正式的教师共同体本身也都是学校组织的重要构成部分,通过开放、有效的教师知识分享,教师个体与共同体自身的知识底蕴、文化水平、思想智慧、生命活力得以彰显和提升,客观上使得整个学校组织的知识底蕴、文化水平、思想智慧、发展动力、生命活力等得以彰显和提升。

---

[1] 刘小峰.基于情境观点的情境知识运行机制探究[J].图书情报工作.2010(22):43—46.
[2] 任皓,邓三鸿.知识管理的重要步骤:知识整合[J].情报科学,2002(6):650—653.
[3] 石艳.在知识共享网络中促进教师专业发展[J].教育发展研究,2013(20):74—79.

二、表出化的推广活动

（一）实质内涵

什么是表出化？它是从隐性知识到显性知识，将隐性知识表述为明确概念的过程，主要采用比喻、类比或模型等形式将隐性知识显性化。诚如哈格里夫斯（Hargreaves）所言："教师经常忽视本身的专业知识，造成教师共同体成员间无法分享与应用这些知识；同样地，教师也往往不清楚自己所缺乏的知识，无法找出需要创造的新知识。学校内部的专业知识是一个复杂的社会分配，没有任何一个教师能够知道所有教师所蕴含的整体专业知识。"[1]教师知识分享是一个非常隐晦复杂的过程，而且该领域对其内部知识分享过程、机制的研究也不够深入，致使其总体处于一种"低清晰化""黑箱化"的状态。这种"低清晰化"的状态，也是由知识本身尤其是隐性知识的特性使然。知识自身的特性会影响或调节教师的知识共享行为，知识隐性程度越高，其蕴含的效用和价值潜力就越大，也就越难以被分享。隐性知识以一种非格式化、未编码的形式存在于人的脑海里或一定组织形态中，因此，共同体中的知识分享过程也非常隐晦，不容易清晰地显示出来。该阶段的主要任务是将隐性知识进行显性化表达，使旁人能够获取并很好地理解。隐性知识往往通过编码化，用文字语言、数字符号、理论模型等方式表达出来，成为更方便交流和共享的显性知识，这一阶段是知识的概念化阶段，是新知识直接生产的阶段。一言以蔽之，表出化的教学成果推广活动过程是"创造概念"的过程，是知识创造过程的精髓。

（二）内蕴特性

什么样的表出化教学成果推广活动才是优质的推广活动？从教学成果推广活动与知识管理理论的关系视域加以审视，表出化的教学成果推广活动离不开知识的生产，但是教学成果推广活动并不必然带来知识的概念化、系统化。也就是说，以知识管理理论为根基的教学成果不仅为成果推广活动所需的发展样态和发展质量画像，且蕴含着表出化的教学成果推广活动的特性。

1. 概念化

表出化的教学成果推广活动根植于对话"场"，即通过对话和反思使隐性知识得

---

[1] 朱桂琴. 论教师个人知识管理[J]. 教学与管理，2006（12）：18.

以语言化、概念化，积极地创生概念、传播概念，并将个人心智模式和技能等转换成公共术语和概念，其形成的是概念化知识资产。

2. 隐喻化

"表出化"过程中比喻性语言驱动着新形式概念的反思创造。隐喻或类比属于比喻性语言，其本身是一种独特的认识方式，"它是人类迄今所拥有的最高级的理性能力——抽象思维赖以进行的天然手段……它总是使人们在'抽象'中想象事物"[①]。隐喻"既不是对关联事物间共同性质的分析，也不是对它们进行综合"，而是"一种借助象征性地想象另外一个事物来认识或直觉地理解某个事物的方式"，能"让倾听者用将某个事物看作另外一个事物的方式创造新的全新解释"，并且"创造各种体验现实的新途径"，从而"创造革命性概念"。正如叶圣陶先生将教育隐喻为农业而不是工业一样入木三分。好的隐喻不仅有表层信息对应而且常有深层的扩展对应，扩展对应在字面上不出现，而存在于人的认知心理中[②]，深刻的隐喻和想象力可以引出共同体内部的隐性知识。

（三）价值

相比教育理论研究者善于利用概念性、分析性的方法生产显性知识而言，教师拥有更丰富的关于教育教学实践的隐性知识，他们更善于采用情境性、故事性和非分析性的方法生产显性知识。在共同体的教学成果推广活动中，每一个体都可以通过比喻，"将他们用新的方式理解的东西整理在一起，并开始表达他们所知但却没有表达出来的知识"，由此，引发"富有创造性的认知过程，随着对概念之间相似之处的深入思考以及更加强烈地感受到它们之间失衡、不一致和矛盾之处"，共同体成员经常会发现新的内涵乃至形成新的范式。因此，借助比喻、类比、故事等方法来展开表出化的教学成果推广活动，教师们的收获更大。

三、联结化的推广活动

（一）实质内涵

什么是联结化？它是从显性知识到显性知识，将各种概念综合为知识体系的过

---

① 苏珊·朗格.艺术问题[M].腾守尧，朱疆源，译.北京：中国社会科学出版社，1983：100.
② 陈海波.比喻的信息结构[J].武汉大学学报（人文科学版），2003（5）：613—617.

程。运用文件、电脑或网络等媒介，人们可以将不同的显性知识结合并加以整理、增添和分类等，进而重构既有信息，催生出新知识。联结化主要由新创造的知识与组织内已有成员的既有知识形成的"网络"激发。这一阶段的基本任务是将前两个阶段产生的零散的显性知识基于一定的规则和逻辑加以联结，使其系统化，形成较为完整的知识体系。知识联结化的过程中，形成了个体知识到团队知识的转化，为超越团队知识转化做准备。

（二）内蕴特性

知识的联结化发生在知识的整合"场"，即明言知识迁移、分享、编辑、建构的场域，其利用信息技术构建的协作环境能对孤立的显性知识成分的组合起到有效的支持作用，形成的是系统知识资产。简言之，在整合"场"中，是对已表出的零散的知识通过某种逻辑进行联结，形成全新的知识体系。

1. 整合性

联结化的教学成果推广活动是一个系统性、专业性的过程。遵循联结化的教学成果推广活动内蕴知识的整体性，教学成果推广活动中的知识并不是各种知识简单积累的结果，而是各种类型知识的交互整合，从而形成一个具有解释力、迁移力、生命力的知识成果。一言以蔽之，联结化的教学成果是不同类型知识之间的不同水平知识深入融合的结果。实际上，无论是单个的知识还是人类知识的整体，都是一个富有组织结构的整体性存在。离开知识的整体结构，任何知识都会失去它的完整意义和深层力量。

具体说来，经过社会化和表出化的作用，教师知识分享过后会浮现和形成许多显性知识，如果任由它们自发涌现和表现，其间就缺乏内在的逻辑关系和序列整理，显得非常杂乱，中间有大量的重叠、缺口、中断、矛盾等。这样的知识状态杂乱无章，既不利于工作记忆的理解和整理，也不利于团队内部的一致性。所以需要对这些形成的显性知识再次进行编码、排序、分类、重新划分知识单元等知识操作，重新构造出"系统知识"。此时，需要发挥"联结化"过程中"中程概念"与媒介的独特作用，将教师不同的显性知识彼此结合，互相联结在一起，对已形成的显性知识进行整理、增添、结合和分类等知识操作，对其进行重新构造，由此产生"新的显性知识"。这个过程也就是联结化的教学成果推广活动的实现过程。

2. 协同性

在知识增长、科学发展和技术不断创新的大数据时代，信息网络已将整个世界连成一个复杂的系统，联结化的教学成果的转化是集知识、技术、信息、资源、网络、人员、环境等协调运作的过程，从而衍生出新的转化模式——协同创新转化模式。该模式的核心理念包括两点：一是知识和信息在系统内无障碍流动；二是组织内部各个子系统之间以及组织与外部相关机构之间密切协作、资源互补。

（三）价值

联结化的教学成果推广活动使教师们不断丰富自己的"中程概念"，从而逐渐形成"大概念"。丰富自己大概念的内涵，更有利于教师对知识再次进行编码、排序、分类、重新划分知识单元等知识操作，重新构造出更系统的知识，形成更大的概念，从而使教学成果更具推广性、更具迁移力、更有生命力。

四、内在化的推广活动

（一）实质内涵

何谓内在化？它是从显性知识到隐性知识，使显性知识转化为隐性知识的过程。在该阶段，团队成员吸收、消化研究过程中形成的全新知识体系，将显性知识逐渐内化，形成团队成员共享的隐性知识。此时团队中个体所拥有的隐性知识是团队隐性知识的一部分，与最初个体所拥有的隐性知识相比，实现了自我知识的超越与创新。

（二）内蕴特征

内在化的教学成果推广活动根植于练习"场"，即通过实际训练和积极摸索，将系统化的显性知识内化为成员个人的常规性知识，同时为新一轮知识分享和转换奠定基础。鉴于此，本书认为内在化的教学成果推广活动具有实践性和情境性两大特征。

1. 实践性

教学成果特别是教学成果推广活动的生命力究竟在哪里？如何避免教学成果止于获奖、止于本校？如何避免教学成果在贴上一个个醒目的"标签"后被束之高阁？答案是：内嵌于实践之中。通常的推广形式，如会议推广、文本推广等，停留于"吹风"，虽有提升影响力的作用，但真正的转化效果不佳。而内在化的教学成果推广活动作为能够被检验的模型或理论的形式建构知识，其必然具有的特性便是实践性。即内在化的教学成果推广活动并不是简单移植，而是将成果运用于新的情境、新的问题之中,与新环境、新问题交互和生成,实现对成果的再理解、再加工和再生产。

从内在化的教学成果推广活动看,其必然根植于练习"场",即主体在"做中学"的过程中体悟知识,将其内化为全新的隐性知识。[①] 简单来说,当新的团体在熟悉推广活动中的成果时,只有将成果应用于实际,在边干边学过程中获得新的经验和体会,形成自己新的隐性知识,才算是完成了"内在化"的过程。

2. 情境性

不同于自然现象和其他社会现象,教育是一种有着自身发展规律的复杂的社会现象,因而教学成果的推广应用具有较强的特殊性。在其具体实施时,需要考虑许多具体情况,如教育情境、教育对象以及推广应用方的自身条件等。同样一个成果,甲在A校应用会成功,但乙在B班却未必能成功。同样,对于应用方来说,教学成果的推广应用是一个自主创新的复杂过程,只有"内化"为应用方自身的精神财富才能发挥作用。如果应用方不用心吃透研究成果的实质和背景,把握其精髓,不能在深入理念理解其基本概念的基础上及时进行理论反思,揭示研究规律,就可能步入"盲目模仿、目标模糊、问题不清、半途而废"的误区。

(三)价值

从学校来看,成果持有方和应用方在实践推进的过程中,扩大研究对象,深化研究内容,拓展应用,使项目成果的内涵得以丰富。双方学校校本化的衍生也有助于推进成果的深入与创新,形成新的研究与探索。从教师来看,项目组教师通过教、研、训等使得自己的专业能力得以发展。具体来说,成果的推广应用对持有方和应用方项目组教师在教育教学实践、教育科研、课程开发等多方面提出了更高的专业要求。教师在推广应用成果的过程中,既是实践者、研究者,也是学习者、培训者。从学生来看,优秀教学成果的推广应用落实到一线教师教育教学实践行为中,最终目的是惠及学生。成果的顺利落地,最根本在于激发学生的学习兴趣,提高学生的学习能力,促进学生的发展。

[①] 刘文娜. 促进知识创造的高校教师科研支持系统构建[J]. 现代教育管理, 2019 (8): 61—65.

第三节　知识管理视域下教学成果推广的路径重构

知识管理视域下的教学成果推广必须回归成果作为特定知识的内核，进一步分析成果应用者的现状与需求，完成成果的供需匹配，在此基础上分析成果从成果持有方个体流向应用方个体、群体，从应用方群体流向持有方个体、群体，进而实现知识创造的螺旋上升需要什么条件，再考虑通过什么具体的推广活动落实成果的转化应用。基于以上思考，结合教学成果推广的核心要素及实践模型，可以概括出成果的知识解构是推广的基础，供需匹配是推广的前提，场域是推广的条件，活动是推广的过程。聚焦以上四点，概括出教学成果推广路径构建的流程为解构成果—供需匹配—路径匹配—场域构建。

一、解构成果的知识要素

成果推广的起点是站在知识的角度对成果进行分析。对隐性知识价值的发掘，是野中郁次郎提出知识创造理论的基础。教学成果所展现出的报告、书籍、培训讲义为显性知识；成果中所蕴含的理念、教育价值、教育模式则为隐性知识，它是无法直接通过视听化的方式传达的。但是隐性程度越高的知识，其蕴含的效用和价值潜力就越大，因此，深度挖掘分析成果的知识属性是进行成果推广的基础环节。对成果持有方而言，解构成果旨在明晰成果可推广的具体内容及推广价值，即对推广成果可解决实际问题的认定。对成果应用方而言，解构成果旨在为现实问题的解决匹配需要学习的具体成果内容。

持有方和应用方对成果的知识解构都需要经历三步，且前两步操作一致。

（一）全方位收集相关成果

收集相关成果是指收集成果持有人在研究过程中形成的各种研究资料。可以分为以下三类：

（1）文献资料类，指研究过程中参与人员提炼概括出的对外发布的物化成果，包括发表的论文、形成的政策、出版的书籍、PPT讲义等。

（2）专题资料类，指研究过程中专题研究活动形成的资料，包括调查资料和实验资料，其中，调查资料包括问卷调查资料（问卷、调查数据、数据分析、调查报告）和访谈调查资料（访谈提纲、访谈记录、访谈报告），实验资料包括实验数据、实验报告等。

（3）实践资料类，指聚焦实践探索形成的系列支撑材料，包括教育教学设计、活动方案、活动案例、会议记录、反思笔记、学生作品、教学反馈、阶段论文、变化效果资料等。

（二）将相关成果作为"知识"用"知识要素"进行分析

围绕"是什么的知识""如何做的知识""为什么的知识""谁的知识"四个维度，可将报告、论文等提及的内容做进一步划分。"是什么的知识"指"事实"和"概念"知识；"如何做的知识"涉及研究本身及成果本身相关的程序、规则、步骤等；"为什么的知识"涉及原理、策略等；"谁的知识"即"人力性知识"，涉及情感、价值等。

聚焦到教学成果，具体可以从概念、方法、思想、价值、起源与历史、目的与作用、结构与关系、原因与关键驱动因素、经验等板块进行知识要素分析。概念指向成果涉及的核心概念或关键词的解读。方法包括两个方面，一是研究的方法，二是成果中包含的教育教学方法。思想指向研究的基本理论支撑。价值指向研究本身以及成果对教师、学生、教育发展等带来的正向作用。起源与历史指向研究的动因，是对成果能解决问题的聚焦。目的与作用聚焦成果本身，是对成果能够发挥直接功效的定位。结构与关系聚焦成果中核心要素之间的联系。原因与关键驱动因素是对成果解决问题及影响因素的分析。经验包括两个方面，一是研究经验即获得研究成果的经验，二是成果中包含的教育教学经验。

以下以2018年国家教学成果二等奖成师附小华润分校的"基于学科核心问题的深度参与教学策略"为例进行阐释说明，见表4-1。

表4-1　教学成果"基于学科核心问题的深度参与教学策略"的知识分类

显隐性知识	4W	教学成果知识形式	举例
显性知识	What的知识	概念	学科核心问题、深度参与概念界定
		要素及结构	学科核心问题与子问题群
		特征与性质	深度参与的观察点为学科、学生、学习 深度参与的基本特征：内源性、深刻性、交融性、层次性
		原则与规律	深度参与课堂的实践特质：问题驱动、情思涌动、意义建构

续表

显隐性知识	4W	教学成果知识形式	举例
显性知识	Why的知识	思想与原理	基于学科核心问题的深度参与教学实践框架：整合性教学、层次性教学、反思性教学
	How的知识	方法与策略	学科核心问题的生成设计策略 学科核心问题基础上子问题群的生成设计策略 基于学科核心问题的整合性教学策略 基于学科子问题群的层次性教学策略 基于学科核心问题的反思性教学策略
		工具等资源	教学前端分析框架、教学设计模板、评价标准、观察量表、新技术支持平台等
隐性知识	How的知识	经验	大小课题点面结合、全员参与分层推进、三阶七步课例研究经验 将研究的单一视角（学科）拓展到三重视角（学科、学生、学习）
	Who的知识	目的及作用	学生的学习与发展质量得到提升 教师教学及研究能力得以提升 学校品质提升，成果影响深广
		感悟	教师在实践过程中对教育教学、教师职业、师生关系等产生的感悟

（三）将各"知识要素"进行价值认定或问题匹配

对成果持有方而言，这是对具体成果的知识要素可解决的现实问题进行认定。对成果应用方而言，是基于要解决的现实问题，明晰要学习的具体知识要素。

如作为成果持有方，成师附小华润分校基于成果报告、课例、教案、已出版书籍等材料，对"基于学科核心问题的深度参与教学策略"进行了知识元素的解构。随后对各知识要素可解决现实问题进行了逐一认定，即对可推广价值的认定，见表4-2。

表4-2 教学成果"基于学科核心问题的深度参与教学策略"的推广价值认定表

知识形式	知识要素	可解决现实问题/推广价值
概念	学科核心问题、深度参与概念界定	指向解决教学设计零散、学习分散、浅层等问题的基于学科核心问题的深度参与教学的理论架构能够丰富教师对课堂教学的深入认识
要素及结构	学科核心问题与子问题群	
特征与性质	深度参与的观察点为学科、学生、学习 深度参与的基本特征：内源性、深刻性、交融性、层次性	
原则与规律	深度参与课堂的实践特质：问题驱动、情思涌动、意义建构	
思想与原理	基于学科核心问题的深度参与教学实践框架：整合性教学、层次性教学、反思性教学	
方法与策略	学科核心问题的生成设计策略 学科核心问题基础上子问题群的生成设计策略 基于学科核心问题的整合性教学策略 基于学科子问题群的层次性教学策略 基于学科核心问题的反思性教学策略	基于学科核心问题的深度参与教学设计的方法和策略，以及一系列教学设计和实施的工具，能够为教师的教学设计提供可参考的模板
工具等资源	教学前端分析框架、教学设计模板、评价标准、观察量表、新技术支持平台等	
经验	大小课题点面结合、全员参与分层推进、三阶七步课例研究经验 将研究的单一视角（学科）拓展到三重视角（学科、学生、学习）	以课题研究推进教学问题解决的思路和措施，可促进学校教科研融合、教师教学和研究的深度开展
目的及作用	学生的学习与发展质量得到提升 教师教学及研究能力得以提升 学校品质提升，成果影响深广	以课题研究和教学改革促进人（师、生）的发展，以及学校品质提升路径值得被借鉴学习
感悟	教师在实践过程中对教育教学、教师职业、师生关系等产生的感悟	教师的经验和感悟可以激发和促进同伴的学习兴趣、学习积极性，提升同伴的教育智慧和教育情怀

二、供需匹配

教学成果推广过程中知识管理和创生都是双向的，特别是在知识共同化和表出化的过程中。因此，供需匹配在成果推广中必不可少，需要通过需求问卷与访谈、实地考察、对话等方式进行诊断。聚焦推广的基本要素成果、主体、活动，推广需求匹配包括三个层面：一是推广主体匹配，即持有方与应用方推广意愿的匹配；二是推广内容匹配，即应用方现实问题与推广方知识之间的匹配；三是推广方式匹配，即推广成果及路径的匹配。

（一）持有方与应用方推广意愿的匹配

教学成果的隐性知识主要由价值观念和条件知识构成。教育改革往往都以教育价值变革为追求。比如，很多教学领域的改革，都不仅是学习方式的变革，更是从智育至上、单纯强调知识掌握向学科育人、立德树人的转变。因此，大量的教学成果尤其是实践研究成果的推广，往往都蕴含着新旧教育价值观念的碰撞、冲突。调查发现，教师对待教学成果的接受程度，存在五种基本的价值过滤现象：工作负担、现实任务、职业进阶、教育目的、专业兴趣。一项成果受不受欢迎，取决于教师使用哪个"价值筛子"来对成果进行筛选。而且上述五种价值过滤有着层级递进关系，会随着教师专业精神和专业知识、能力的提升而向上递进（见图4-2）。也就是说，当教师的专业精神和知识能力达到较高水平的时候，就会倾向于依据教育目的、专业兴趣这类价值做出选择。而新手教师、普通教师往往会用是否增加工作负担、能否有效完成现实任务以及是否有利于自身职业进阶等"价值筛子"来选择学什么、怎么学。

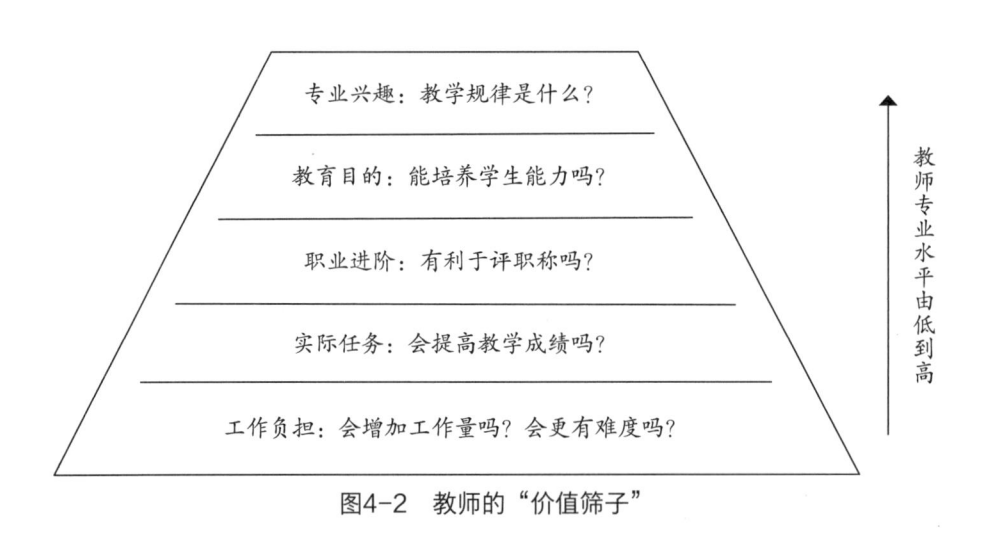

专业兴趣：教学规律是什么？

教育目的：能培养学生能力吗？

职业进阶：有利于评职称吗？

实际任务：会提高教学成绩吗？

工作负担：会增加工作量吗？会更有难度吗？

教师专业水平由低到高

图4-2　教师的"价值筛子"

因此，教学成果推广组织者首先要面向可能的应用方群体介绍成果对教师专业发展的价值以及对应用方的要求，可能的应用方群体结合自身进行价值判断，确定是否成为应用方。此即成果持有方与应用方双向选择。该环节的主导者一般是成果持有方。

结合教师对成果需求的调查结果，以下三个维度的分析必不可少。首先，成果可解决的教育教学实践问题。调查结果显示，教师需求最高的是可以解决实际问题的成果。

因此，在需求匹配中，针对成果可解决的实践问题的描述要具体、清晰。其次，成果可达成的效果。一方面要指向学生成长，另一方面要指向教师专业发展。调查结果显示，教师尤其关注成果是否能够提升教学成绩。最后，对成果应用方的要求。重点指向成果持有方和成果应用方的知识基础、经验、能力，是成果推广可落实的条件。因为知识的发展具有内源性、积累性、渐进性，也就是教学成果推广多数要建立在教师已有的知识基础之上，应用方自身的背景知识、经验、能力制约着对成果的接受、建构、转化、应用。基于此，可以通过教学成果推广价值分析表进行匹配（见表4-3）。

表4-3　教学成果推广价值分析表

成果价值分析		
成果持有方		
成果所处学段		
成果所属领域（教师发展、课程改革与创新、教学改革与创新等）		
成果所属学科		
成果可解决的教育教学实践问题		
成果可达成的效果	学生成长	
	教师成长	
成果推广可能的形式及所需时间		
成果应用者要求（设备要求、学科要求、教师能力要求、时间要求等）		

以成师附小华润分校"基于学科核心问题的深度参与教学策略"为例，如表4-4所示。

表4-4　教学成果"基于学科核心问题的深度参与教学策略"的价值分析表

成果价值分析	
成果持有方	成都师范附属小学华润分校
成果所处学段	小学1～6年级
成果所属领域（教师发展、课程改革与创新、教学改革与创新等）	教学改革
成果所属学科	全学科

续表

成果价值分析	
成果可解决的教育教学实践问题	问题1：从教材表层到学科本质。课堂教学有课程标准的统一要求，但落实到具体的课堂教学设计较随意，未能从学科本质的角度对课堂的目标要求进行准确定位，也未给学生提供深度参与课堂的机会 问题2：从分散学习到整体建构。课堂教学随意、学生学习分散 问题3：从主动参与到实践参与。课堂教学多围绕"听、说、读、写、演"等多种多样的活动开展，学生参与丰富的活动，但深度不够，主要表现为：有参与行为但情感体验不够深切；有参与行为但思维不够深入；有参与行为但理解不够深透
成果可达成的效果	学生成长：学生的学习与发展质量得到提升，学生的自主探究、合作交流、独立展演等能力大幅提升，课堂呈现主动积极、生机勃勃的状态
	教师成长：教师的课堂教学行为发生明显变化，教师们开始从"深度参与"的角度思考自己的教学设计，从"怎样才能让学生深度参与、深度学习"为出发点设计"如何教"
成果推广可能形式及所需时间	"一对一"结对工作坊跟岗研修 / 一年
成果应用方要求（设备要求、学科要求、教师能力要求、时间要求等）	学科要求：语文、数学、体育 教师能力要求：①愿意并能够接受新的教学思想；②具有三年以上教学经验，掌握课程内容结构；③具有一定的概括提炼能力 时间要求：①三个月跟岗研修；②每月一次研讨活动

（二）成果持有方问题与推广方知识之间的匹配

意愿匹配的核心在于形成成果持有方与应用方的组合，即初步形成推广主体。推广内容的匹配要求进一步分析应用方实际问题，并与推广成果的具体内容进行匹配，进而形成具体的推广知识清单。该环节在成果的知识解构基础上，通过双方交流沟通共同完成。

第一步，应用方通过对成果的初步感知，明确亟须通过该成果解决的实际问题，即应用方推广的目标。

第二步，应用方基于问题解决或目标达成，将问题或目标进行分解，进而明确对成果知识类型及元素的具体需求。知识类型包括成果的形成过程、推进机制与研究方法；核心概念内涵、特征的解读；核心概念的外延及相互关系的解读；成果的整体结构；机制、步骤、方法、策略等操作性成果；教材、文集、资源库等物化成果；教育教学的组织、观察、测评工具。

第三步，应用方主动与持有方沟通，通过座谈、研讨等方式，向持有方抛出拟解决的实际问题和对知识类型的具体需求，在互动对话中，形成与实际问题解决匹配的知识清单。此外，还可以激发成果持有方在原有成果本土的实践价值基础上，发掘知识的社会价值、经济价值，同时重新梳理成果推广知识类型中与应用方需求相对应的知识清单，达成供需匹配。

简单而言，推广内容的匹配需要回答：这项成果是解决什么问题的？与之匹配的应用方的实际问题是什么？实际问题具体包括哪些？解决应用方的问题需要哪些成果知识？持有方可以提供这些成果知识吗？基于此，应用方与持有方须共同完成应用方拟解决问题与教学成果知识要素的匹配表（见表4-5）。

表4-5　应用方拟解决问题与教学成果知识要素的匹配表

应用方拟解决的实际问题		
具体分解问题	所需成果的知识类型及元素	知识属性（显性/隐性）

以作业问题与教学成果"提升中小学作业设计质量的实践研究"为例，如表4-6所示。

表4-6　作业问题与教学成果"提升中小学作业设计质量的实践研究"的知识匹配表

应用方拟解决实际问题	小学作业量多、作业内容机械呆板、学生对作业感到厌烦和排斥、教师对作业感到无奈和头疼	
具体分解问题	所需成果的知识类型及元素	知识属性
作业设计随意性强：作业难度、功能、目标等思考不够	概念：作业的概念	显性
	思想：作业设计的基本理念	显性
	方法：作业设计的流程；作业目标设计的方法；作业质量的评价方法；作业完成情况的判断方法；等等	显性

续表

作业缺整体性：作业零散，以课时为主，提倡即时训练、即时获得	概念：单元作业设计的质量标准	显性
	结构与关系：单元作业设计的构成要素	显性
	工具等资源：单元作业细目表、单元目标设计表、单元试卷细目表、题目属性分析表……	显性
作业重布置缺反馈	结构与关系：作业设计、作业布置、作业批改、统计分析、讲评辅导等双向循环的作业系统	隐性

三、路径选择

教学成果在组织间的推广要"三阶四化"，根据各阶段采用方法和达成目标的不一致，可以将教学成果推广分为分享、学—用、典型转化、培育创生等路径。鉴于成果的知识属性及持有方和应用方的基础条件、价值观念等方面存在一定的差异，简单来说，差异越大，知识转化越难。因此，聚焦知识转化匹配成果的推广路径尤其关键。一般应从三个方面考虑路径选择。

（一）推广目标视角

教学成果推广应用的目标由低到高可以分为三层，分别是传播、推行、转化应用（见图4-3）。低层目标是成果的传播，重点是信息的交流，对成果持有方而言是宣传成果，对应用方而言是知道该成果，即实现显性知识从持有方到应用方的转移；中层目标是成果的推行，重点是推动成果的应用，对成果持有方而言是检验成果的科学性、可复制性，对应用方而言是用成果解决问题，即应用方在实践中应用并验证成

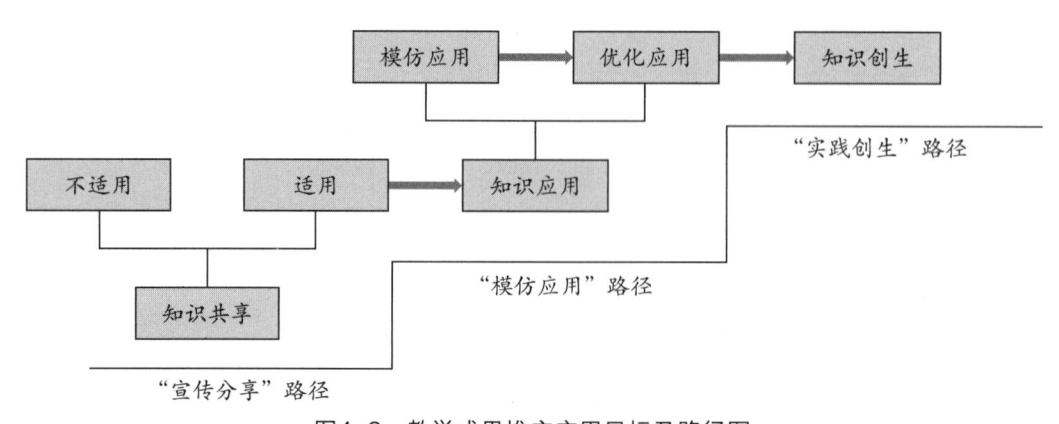

图4-3 教学成果推广应用目标及路径图

果；高层目标是转化应用，重点是成果在应用基础上的实践产出新的成果，即应用方创生新成果。根据推广的目标层次，可确定推广的具体路径。

（二）基础条件视角

在推广目标层次一致的情况下，持有方与应用方的基础条件差别越大，推广难度越大。当持有方与应用方基础条件相似度较高时，应用方自主性越强，知识的掌握、内化越顺畅，知识创生的可能性相对较小，可采用成果推广的"模仿应用"，实现应用方对成果的内化应用。当基础条件相似度较低时，应用方知识掌握、理解、内化和应用的难度越大，但是实现知识创生的可能性也越大，可以以"实践创生"为主要途径，采用专家引领的方式，为应用方提供背景知识、经验、能力方面的专业支持，促进对成果的理解内化。

> 成都市龙泉驿区教研员王富英老师在其"导讲评教学模式"成果推广时，由于应用方是边远的农村地区学校，其教师观念相对保守、教学方法陈旧，当地基础条件与龙泉驿区基础条件差别较大，王富英老师以"培育创生"为主要途径，在相关中学深入蹲点、常年深耕，采取带徒弟、搞试点、手把手教、下"深水"等多种方式，推动教师从不接受到接受、从不会到模仿再到仿创，用三年时间实现了成果推广效益和教师观念、专业知识、专业能力同步提升，学校改革和教师专业同步发展。

（三）教师的价值观念视角

一般而言，成果持有方与应用方的价值观念越相似，推广难度越小，应用方越能接受推广方的成果，观念相似可以采用"分享""模仿应用"推广路径；观念冲突大，则可以采用"实践创生"方式，即通过典型案例的打磨，或典型教师的培养来开展成果推广。

> 吴正宪老师"儿童数学"成果推广采用"1+10+N"团队研修形式，通过种子教师的培养，带动教师群体的专业发展，唤醒教师良好的职业状态和理想追求。

四、"场域"构建

（一）制度类"场"

制度类"场"的构建主体一般是行政组织。在教学成果推广中，自主管理是区域管理部门对学校或教师充分授权，从而激励学校或教师推广个人、应用成果的自觉性和创造性的管理方式，准确说是一种管理思想。自主管理指向学校或教师，注重学校或教师学习应用成果目标与区域推广成果目标的一致。就区域管理部门而言，需要通过一系列激励保障措施，满足学校或教师推广应用成果的需求，激励学校或教师围绕区域教学成果推广战略目标及要求，结合自身重难点问题，运用科学的管理方法和专业知识，主动完成成果学习、应用和创生。

（二）活动类"场"

活动类"场"的构建，首先要明确的是推广方式。值得注意的是，推广方式不仅仅是指具体的推广活动形式，更重要的是指成果推广的思路，如以课题研究促进成果推广应用，以资源共建促进成果迁移、以研促学、以用促学等。推广方式设计的依据是推广目标，以及成果应用方的需求。推广方式设计有两个原则：一是"做到最大限度地共享成果"，因此，面向全体范围的讲座形式的成果宣讲必不可少；二是"兼顾先行组织的高层次发展"，这就需要根据成果知识类别设计相关方式，如跟岗、课题研究等。

成都市锦江区针对国家级优秀教学成果"提升中小学作业设计质量的实践研究"设计推广路径。明确推广目标为：教师在学习成果的基础上，结合亲身实践设计出单元作业设计案例，并提炼创生出作业设计的成果。该目标属于成果推广的最高层目标，所以需要完成"三阶四化"。分析锦江区与上海市教师、教材版本等相关情况发现，上海市教师相较于锦江区教师更早落实单元作业设计，对课程视域下的作业研究有更好的基础，此外，对布卢姆目标分类学等理论掌握更熟练，部分学科教材不一样。基于以上条件，锦江区确定以"做中学"为核心理念，采取任务导向的参与式培训，设计"解构成果（学）—校内实践（做）—培训交流（推）—比赛评选（创）"的推广路径。解构成果（学）实现知识的联结化；校内实践（做）实现知识的内在化；培训交流（推）、比赛评选（创）实现知识的表出化；培训交流（推）还可以实现知识的共同化（见图4-4）。

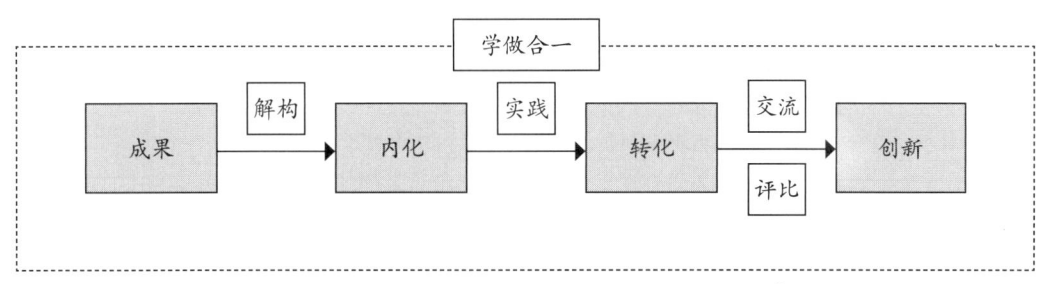

```
                    学做合一
   ┌─────────────────────────────────────────────┐
   │         解构        实践        交流        │
   │  成果 ──────→ 内化 ──────→ 转化 ──────→ 创新  │
   │                                  评比        │
   └─────────────────────────────────────────────┘
```

图4-4 锦江区对教学成果"提升中小学作业设计质量的实践研究"的推广应用路径图

（三）团队类"场"

在教学成果推广中，必要多样性原则要求成果应用方以组织的形式存在，该组织中成员要掌握成果的必要信息，同时各成员还要有特殊性。根据必要多样性原则，推广组织内成员要各有优势和特色，以使知识创造多样化达到最大。基于此思考，教学成果推广团队的搭建要思考以下问题。

首先，成果应用方是谁？需求是什么？

其次，为了达到成果应用方的需求，需要成果持有方哪些支持？具体需要哪些人？

最后，成果持有方和应用方可能遇到的问题是什么？解决问题需要什么人支持？

一般而言，教学成果推广的理想团队应该是包括成果持有方、高校专家、学科教研员、科研教研员组成的学术指导团队，负责成果推广过程中的具体问题。学科教研员重点指导成果在学科中的落实，如教学设计、教学实施等；高校专家重点解读成果并指导成果的创生和提炼；成果持有方重点指导应用方对成果的理解和应用；科研教研员重点指导成果再研究。

以成师附小华润分校"基于学科核心问题的深度参与教学策略"在金堂实验小学的成果推广为例，如表4-7所示。

表4-7 教学成果"基于学科核心问题的深度参与教学策略"
在金堂实验小学推广团队成员构建分析表

问题	回答
应用方是谁？	金堂实验小学
应用方的需求是什么？	学会如何设计学科核心问题 能根据学科核心问题开展深度参与教学 知道和掌握如何判断深度参与教学效果的方法等
持有方需提供哪些支持？	理论指导 教学设计中核心问题及关键环节设计指导 教学实施的指导
需要持有方哪些人支持？	语文、数学学科骨干教师指导教学 课题组核心成员解读理论
推广中可能遇到的问题？	应用方问题：理论理解不到位；无法将理论与实践相结合；无法校本化迁移、创新成果 持有方问题：无法在推广中科学诊断已有成果的不足、进行再研究，以进一步完善和创新成果；不能根据应用方的需求设计合适的推广活动；没有足够的时间进行推广活动的组织
解决问题需要哪些人员支持？	高校理论专家 学科教研员 科研教研员

解决策略：
由成都市教科院、锦江区教科院、金堂县教培中心选派教研员，与成师附小华润分校的骨干教师共同组成学术指导团队，赴金堂实验小学开展点对点推广活动。通过问题诊断、同课异构、教学观摩、主题研讨、专题讲座、跟岗实训等活动的开展，成师附小华润分校将教学设计的策略、教研的机制及教学改革的工具进行推广，金堂实验小学也在教研员的指导下深度学习、学以致用。在该推广活动中，成都市教科院负责总体协调与安排，锦江区教科院负责选派教研员全程跟进指导，金堂县教研员负责根据情况调整推广内容并落实策略运用，成果持有方成师附小华润分校负责根据金堂实验小学的需求组织并参与多种形式的成果推广活动，金堂实验小学负责将成果内容转化为实际行动以提升师生发展质量

（四）目标价值类"场"

在教学成果推广中，目标价值类"场"的构建，实质就是组织意图的明确。组织意图是组织推广活动的战略目标，战略目标是判断要推广教学成果的价值标准。战略目标的确定，必须依据区域推广该成果要达成的价值标准。价值标准一定程度上与区域推进教育改革的方向一致，致力解决区域教育存在的问题和不足。因此，成果推广意图的设定，要将教学成果本身的价值与区域存在问题相结合，并明确具体希望达成的理想愿景。

值得注意的是，成果推广中的"场"不是单一存在的，各类"场"服务于推广目标的实现，同时交互存在，共同推动知识的转化。

锦江区在推广"提升中小学作业设计质量的实践研究"成果时，以"通过作业设计、实施与推广的研究，提升区域教师作业设计能力、建构学校作业体系，实现学生的全面发展"为目标，立足区域科研线，以"解构成果（学）—校内实践（做）—培训交流（推广）—比赛评选（创新）"为基本路径，创设成果推广的"场"，分步、逐层推进成果在学校的分解与转化，推动成果在实践中创生。在该过程中形成的"场"具体包括以下内容：

制度类的"场"包括出台《锦江区关于加强学生作业管理的指导意见》《锦江区进一步提高义务教育阶段学校作业管理与设计质量的实施意见》《锦江区中小学作业设计与实施指南》等。

活动类"场"包括王月芬主任专题讲座、本土专家（王素月）对成果的解读会、学校"作业设计"研讨会、"作业设计"优秀案例分享交流会、"作业设计"优秀案例评选活动、"成果推广案例"评选活动、"作业设计、实施与管理"专项小专题成果评选活动等。

团队类的"场"包括小专题牵引的校内"作业设计"研究团队、教研员牵头示范校形成的"作业设计"研究团队、教育部基础教育司"学科作业案例编撰"团队等。

目标价值类的"场"包括"作业设计"优秀教学成果、"作业设计"优秀案例、"作业设计"骨干教师称号等。

第五章

知识管理视域下教学成果推广活动设计

教学成果推广活动的设计离不开活动理论，要考虑活动的要素和机理。相对于一般的活动，教学成果推广活动具有一定的特殊性，主要体现在三个方面：一是活动的组织主体具有多元性，是多主体之间的合作；二是参与对象具有差异性，有着不同的需求；三是组织结构具有复杂性。本章将从这些特殊性出发，围绕宣传分享、模仿应用、实践创生三类主要推广方式阐述活动的设计。

第一节　教学成果推广宣传分享类活动的设计

一、宣传分享类活动的内涵

宣传分享是将成果进行讲解说明，以达到不同的目的。比如，传播目的，使更多人了解、知道该成果；激励目的，成果推广范围的大小，获得认可的多少，是认定成果价值高低的一个指标；教育目的，向更多的学校和教师普及研究成果中的方法；召唤目的，引导大家行动起来，参与研究。

这一方式属于"广而告之"的推广活动，它的目的是将成果传播出去，让经验扩散，重点在于知识的获取、传递。它多是属于表出化的推广活动类型，通过沟通对话，实现教师个体或学校组织间隐性知识的流通，应用方将隐性知识转化为显性知识，让知识在语言文字层面得以分享交流。

宣传分享一般对应成果推广应用的初级阶段，即学习与理解。成果持有方以专题讲座、主题沙龙、鲜活的实践案例等方式展示成果的价值，促使应用方能够快速了解成果的概况，便于进一步消化和理解。

二、宣传分享的规则

教学成果推广初级阶段采用宣传分享的方式，可以有效扩大成果的受众面。为突出成果价值、保证推广效果，可使用相应流程进行优化。

（一）基本流程

这里需要强调"先行学习"。为了提高分享效果，成果持有方要进行充分的准备，成果应用方也要进行先期学习，对成果有基本的了解，掌握必要的原理性知识，结合自己的工作形成思考，产生疑问，更有利于后面的分享交流。总之，要打有准备的仗。"互动交流"环节，应用方提出问题和困惑，持有方通过分享理论、实例、细节、真实感悟等加以解答，推进知识的传递。（见图5-1）

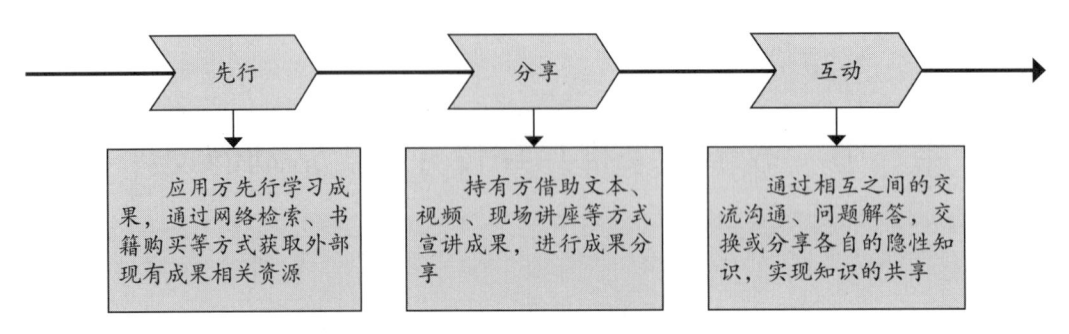

```
先行 → 分享 → 互动
```

先行	分享	互动
应用方先行学习成果，通过网络检索、书籍购买等方式获取外部现有成果相关资源	持有方借助文本、视频、现场讲座等方式宣讲成果，进行成果分享	通过相互之间的交流沟通、问题解答，交换或分享各自的隐性知识，实现知识的共享

图5-1 宣传分享类活动基本流程

（二）操作要领

宣传分享类成果推广活动的目的有三个层次：第一个层次是直接目标，即扩大已有成果的影响和应用范围；第二个层次是深层目标，即教师在成果推广活动中实现知识转化与重构，从而促进教师专业成长；第三个层次是拓展目标，即通过成果推广实现区域教学改革的集群发展、均衡发展。

1. 物化成果的先行分享

成果持有方需要在学校层面鼓励教师通过教学研究报告发表、教学研究成果公开、教学交流、讲演、教学示范、教研指导等多种途径将教学成果向校内或校外教师扩散，建立交流和学习平台，提升成果影响力。同时，在宣传活动正式开展之前，发布成果的主要内容与研讨主题，使学习者可以深入理解现有教学成果的形成过程与思想内核，并促进教学成果的再创造与再革新。

2. 主要成果的集中发布

持有方可从理念、操作策略、研究的过程方法等多方面进行宣传。先进教育理念源自经典的教育理论与前沿的教育探索，教育的理念与教育行为密切相关，理念的转变带来行动的改变，教育的落后首先是理念的落后。优秀教学成果体现了对前沿理念的理解与运用，对于成果应用方而言，可以在推广活动中打开视野，习得新的理念。教学成果是对提高教学水平和教育质量、实现培养目标产生明显效果的教育教学方案，不仅有认识性成果，也有实践性成果。教育教学改革中的具体操作策略是成果的主要组成部分。对于成果应用方而言，可以学习很多具体可操作的策略，直接改进具体实践。"研究的过程与方法"也是成果中的重要内容，应用方不仅可以了解成果持有方所取得的认识性成果与实践操作策略，还可以学习研究的思路与方法，如研究的推进流程、成果的形成过程、活动的开展机制等，这些都是未来开展研究可模仿学习的重要参照。

3. 围绕成果的主题研讨

教学成果的适用范围体现其普及程度，具有更高普及程度的成果具有更强的理论水平与实践价值。成果是否反映教育教学规律，是否能对提高教学水平和教育质量、实现培养目标产生明显效果，需要从多重视角加以验证。围绕成果的主题研讨，不仅可以促使应用方深度学习，还能集思广益，有助于持有方对成果内容进行修正，以确保可行性与科学性，提升适用性与普及性。

三、宣传分享类活动的实施方式

（一）资料式分享

资料式分享是通过制作和分发各类资料，将教学成果的亮点、价值及具体实践方法广泛传播给应用方。资料式分享主要包括制作宣传册和海报、编写教学案例集、制作视频资料、建立数字资源库等方式。基础教育国家级教学成果奖颁布后，《人民教育》杂志会出版一期专刊，对优秀成果进行集中介绍；四川省在每届教学成果评选结束后，都会将获奖成果汇编出版；成都市会将获奖成果转化为教师学习课程，公开发布在成都市中小学教师继续教育网上，供全市教师学习。

为提升学生课堂参与深度，实现情感、思维高阶介入，成师附小华润分校历经十余年，在不断学习和实践的过程中，形成"基于学科核心问题的深度参与教学策略"成果。该成果获四川省第六届普通教育优秀教学成果一等奖、2018年国家级基础教育教学成果二等奖。该成果形成了通过前置学习、问题驱动、活动推动促进学生情思参与的教学实践框架，生成学科核心问题及子问题群的设计策略，基于学科核心问题的深度参与教学模式及其策略，教学前端分析框架、教学设计模板、评价标准、观察量表等。成果持有方通过图书出版、课例拍摄等形成了一系列成果实物，通过资料宣传及网络推广等方式进行分享。

（二）报告式分享

报告式分享是通过精心编制的教学成果报告，系统地阐述成果的核心理念、实施过程、关键成效及推广价值，以会议演讲、研讨会交流或书面报告等形式，向应用方展示成果。如举办聚集型成果报告会、分散型主题讲座会、邀约型经验介绍会等对成果的内容进行集中汇报、展示。

成都市教科院为推广教研机构的实践变革经验，举行了教学成果推广报告会，推广青羊区教科院的"从传统走向现代：推动区（县）教科研机构转型的三大机制"和锦江区教科院的"区域新教师全景学习课程"。两项成果分别从中观层面和微观层面提供了区（县）教科研机构教育研究的视角，亮点突出，均获得四川省政府第六届普通教育优秀教学成果一等奖。

推广会上，青羊区教科院张航副院长在分享"从传统走向现代：推动区（县）教科研机构转型的三大机制"成果的过程中，从区（县）教科研机构面临的外在压力和内在问题入手，详细阐述了成果产生的过程、成果的主要内容和社会效应。青羊区教科院主动转型的改革之路引起了与会者的共鸣，会上会下均有区县教科研机构领导与该课题组作进一步的交流。

而锦江区教科院的成果"区域新教师全景学习课程"在推广会上则采取了"全面介绍＋案例解析"的方式，由陈瑾书记系统阐述"全景学习课程"着力解决的问题、顶层设计及四大具体行动，何浪老师对区域新教师培训实施策略做了细致分享。这种组合发言的方式各有侧重、互为补充，便于与会者快速了解成果的核心内容。

（三）观摩式分享

观摩式分享是通过组织现场观摩活动，让参与者亲身体验教学成果的实际应用效果，直观感受其创新点与教学价值，从而加深理解并促进成果的广泛传播与借鉴。较之于成果报告会，本方式增加了对成果实践情境的感知和体验。

以中国科学院光电技术研究所幼儿园成果"幼儿科学主题探究系列活动及实施策略"为例，该成果针对幼儿园普遍存在的科学教育资源严重不足、科学教育路径单一、科学教育培训薄弱等问题，秉持"一起玩科学"的科学教育理念，开展科学主题探究系列活动，旨在培养幼儿的创新精神、实践能力、合作意识、语言表达能力，形成了"幼儿科学主题探究系列活动及实施策略"成果，获四川省第六届普通教育优秀教学成果二等奖。

该园在推广中采取了半日现场会的形式，通过高度集中、节奏紧凑的现场活动，让成果得以全方面展示。与会者通过环境观摩、活动观摩、成果展板观摩、材料互动等方式获得成果相关知识与技能，实现隐性知识的显性化，加深对成果的理解。

（四）课程式分享

课程式分享是将获奖的教学成果转化为培训课程或教学模块，通过系统化的课程设计，向教师、学生或教育工作者传授成果的核心理念、实施策略及实践经验，以此推动教学成果的深入学习与广泛应用。本方式的关键是对成果的核心知识进行系统规划，通过系列化的课程对成果进行更为全面、具体的分享。

2015年以来，成都市金牛区以学生安全问题和社会安全需求为导向，着眼于培养学生生存适应力，立足安全教育方式的转变，整合安全教育资源，系统开发了区本课程，形成了"校园安全教育活动课程建设研究"等成果。依托成都市安全教育教研活动，成果持有方在分析参与人员活动需求的基础上，将成果进行系统规划，形成序列化的课程。推广活动采用了成果报告、课例展示、现场观摩、专题讲座等方式，从对成果的整体感知开始，到重难点内容的专题讲座，到最后的PBL情境化学习，对成果进行系列化推广，取得了良好的效果。

第二节 教学成果推广模仿应用类活动的设计

一、模仿应用类活动的内涵

模仿应用类活动的目的直接指向"应用"。这个过程不仅要完成知识的传递，还要通过知识的交换、转变、内化，将成果应用到其他学校、其他地区、其他环境，实现成果的增值。把成果运用到教育教学工作中，教师个体、群体、学校甚至区域能提高教育教学水平，解决教育实际问题，提升育人质量。同时，实现方法普及、成果移植甚至创新使用的目的。

一个成果中的技能性知识、关于研究的知识是最值得运用的部分。在完成了知识的共同化、表出化学习后，重点就是知识的联结化，在使用的过程中对已表出的零散的知识通过某种逻辑进行联结，并融入自身已有的知识体系。

模仿应用一般对应成果推广应用的中级阶段，即实践与转化，是建立在学习理解后价值认同的基础上，成果应用方在教育教学中对成果的主动应用。

二、模仿应用的规则

教学成果推广的中级阶段采用模仿应用的方式，是对教学成果的实践检验和拓展延伸，从应用方的角度来看可以取得更好的效果，从持有方的角度来看则可以进一步推动教学成果的发展，为后续研究提供方向。以下是模仿应用类推广的一般流程。

（一）基本流程

获取成果中的知识是应用的开端，与宣传分享类推广活动的流程、方法基本一致，以达到较有深度地了解成果的目的。但应用类推广不止步于此。通过使用成果的经验办法，解决应用方在教育教学实践中的具体问题，从"了解"走向"理解"这一更深层次，然后双方就立足成果的实践进行反思，调整理论认知，修正实践行为，将成果内化为隐性知识。（见图5-2）

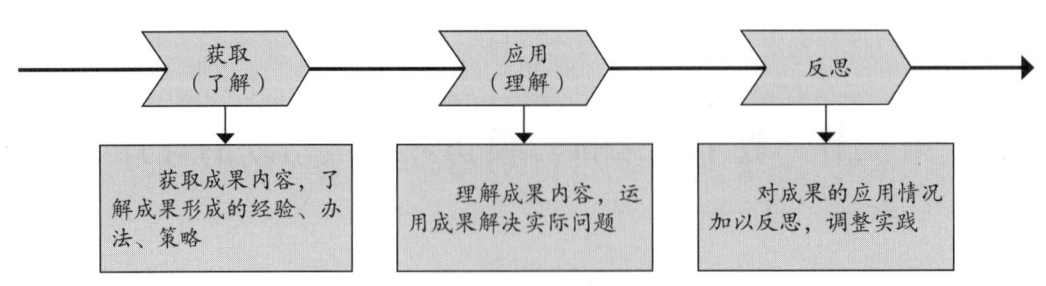

图5-2 模仿应用类活动基本流程

（二）操作要领

教学成果推广的最终目的在于将成果转化为教师的教育教学思想与行为，进而转化为学校办学文化与智慧。教师是成果推广最重要的对象，也是成果推广活动是否成功的关键。因此，可以从教师成长的角度对模仿应用类活动的操作要领进行分析。

1. 建设组织文化

教师情感态度是教师专业内容的重要方面，良好的情感态度在开展课堂教学、促进学生健康成长、促进教师身心健康、保持良好的工作状态及提升教师德行修养、促进教师专业成长等方面都具有十分关键的作用。[1]专业情感属于隐性知识，根据知识管理理论，隐性知识的推广主要通过共同化的方式完成。共同化即"潜移默化"，指隐性知识向隐性知识的转化，是一个通过共享经历建立隐性知识的过程。隐性知识的交流要通过公共的活动来进行。良好团队的建设，亲密、和谐、共享、相互关心的组织氛围和文化，是保证组织成员隐性知识得以交流的重要条件。

因此，从隐性知识到隐性知识的共同化活动，尤其强调组织文化的建设。组织文化建设成功与否是知识管理成功与否的关键。知识管理的实施要根据具体的组织情境，采用不同的知识管理战略和工具去适应组织文化，进而在实践过程中渐进地营造基于知识的组织文化。知识型组织文化具有信任、共享、开放、容错等特征。[2]在基于知识的组织文化中，强调通过学习来构建组织的持续竞争力。就成果推广而言，无论是要实现成果由主研教师到校内其他教师的推广还是向校外教师的推广，皆需要关注组织文化的建设，既要有正式团体的规定性要求，又要有非正式团体的情感共振，通过身处组织的感悟与体验实现不言而明的情感涵育。

2. 外显隐性经验

专业知识得以丰厚是成果推广活动的重要内容。通过成果推广，教师习得知识，而当这些知识通过语言、教学行为进行表出时，成果推广的效用便得以显现。根据知识管理理论，表出化即"外部明示"，指隐性知识向显性知识的转化，是一个通过对话和反思将隐性知识表述出来的过程。通过隐喻、类比、概念和模型等将隐性知识用显性化的概念和语言清晰表达，是知识创造过程中至关重要的环节。

教师通过观摩与体验形成了感性经验，实现了专业情感的共通化，也会有专业知

---
[1] 王平. 我国农村教师专业情感态度问题研究发展趋势[J]. 当代教育与文化，2014，6（3）：50—56.
[2] 野中郁次郎，竹内弘高. 创造知识的企业：日美企业持续创新的动力[M]. 李萌，高飞，译. 北京：知识产权出版社，2006：63—86.

识碎片的获取。这些碎片如不及时进行表达、显现，就易消散。因此需要将隐性知识表出为显性知识。表出化需要组织内部和外部的信息和知识，需要建立讨论小组，发动参与人员充分沟通和交流，邀请专家前来指导，最后完成新理论、新方法、新流程等的输出。如成果推广过程中常采用且受欢迎程度较高的课例展示方式可让教师获取感性经验，明确这一节课的上课思路与设计理念，但须在专家的指导下经历充分沟通和交流，实现从隐性知识到显性知识的表出化，才能促成已有知识的共享与习得及新知识的产生与创造。

3. 构建知识体系

教师的专业成长需要实现从专业知识到专业能力的转化，就知识管理视域而言，即需要一个联结化的过程。联结化即"汇总组合"，指显性知识和显性知识的组合，是一个通过各种媒体产生的语言或数字符号，将各种显性概念组合化和系统化并加以利用的过程。联结化需要对知识进行筛选、标识、索引、排序、关联、形式化、整合、分类和注释等，从创造和获取的知识中保留有价值的知识并以恰当的结构进行存储。

教师个人知识管理，是指教师个人运用知识管理的理论和技术，对校内外专业知识做持续有效的获取、储存、应用和创新。这一过程大致包括知识确认、知识采集、知识组织、知识分享、知识应用、知识创造基本阶段。[①] 从显性知识到显性知识的联结化需要经历过滤、分类、存储、索引、更新、维护等活动，如此形成一套有效的知识存储管理系统，为高速有效地存储、访问、更新知识提供基础。从显性知识到显性知识的联结化需要将成果中的知识进行分类及整合，以形成新的显性知识，并利用报告、讲座等方式将显性知识传播给组织成员，同时还需要进行重新汇整及处理，使之变成学校的计划、报告等物化资料，便于取用。以教师为主体的成果推广活动常采用讲座、报告等方式，便于教师直接习得知识。教师的工作性质决定了其仅有知识还不够，还需要将知识转化为行为，而知识要转化为行为还需要中介，如具体的量表、指标、流程等工具。

4. 基于成果的常态化实践

成果推广如果能推动高阶认识的形成，则会发挥更大作用。高阶认知的产生需要一个"内在化"的过程。内在化即"内部升华"，指显性知识向隐性知识的转化，在实践中学习和获取新的隐性知识。内在化将显性知识形象化和具体化，通过"汇总组

---

① 郭元祥. 教师教育智慧生成的三个基础[J]. 教育科学研究，2008（1）：14—17.

合"产生新的显性知识,被教师吸收、消化,并升华为自己的隐性知识。

从显性知识到隐性知识是一个在"做中学"的过程,须将显性知识变成具体策略付诸行动。个人经验在经历了共同化、表出化、联结化以后,再内化为个人的隐性知识,存在于人的大脑中,形成个人的心智模式,这时从外部获得的经验就变成个人的有价值的知识资本。教学成果推广是使优秀的教学成果为更多的学校和教师了解、认识、理解并结合自身的实践加以应用,从而提升自我专业水平、改进教育教学实践的活动。其最终目的在于将成果转化为教师的教育教学行为。从显性知识到隐性知识的内在化尤为重要,需要提供相应的环境、持续的动力,引导教师进行较长时间的思考并应用教学成果,进而形成一种内在的认同、主动的追求而非被动的模仿、消极的适应。因此,成果推广不是一时的,而是持续的;不是偶尔的闪光,而是常态的改进;不仅是教育教学的技术方法的更新,更是探索改进的内生动力的唤醒。

三、模仿应用类活动的实施方式

(一)师徒结对

师徒结对是教学成果推广的有效策略,通过资深教师与青年教师或新入职教师结成对子,以传帮带的形式,将优秀教学成果、教学方法与经验直接传授给后者,促进教学技能与理念的快速传承与创新,加速教学成果的广泛应用与持续优化。师徒结对分享包括成果持有方学校校内的结对,由参与课题研究程度较深的教师带动参与程度相对较浅的教师,也包括学校之间的师徒结对。

以成师附小华润分校的成果"基于学科核心问题的深度参与教学策略"为例,核心主研人员与校内教师结对,深度学习教学成果。同时,主研人员还与金堂实验小学教师根据学科、年段和教学需求,采取自愿与学校安排相结合的原则,通过"一对一"结对形式开展工作坊主题活动。两校结对教师定期开展线上、线下教学研讨活动,深入、及时交流成果转化方法和教学实践。

(二)跟岗研修

跟岗研修是通过组织教师进入优秀学校或教育机构进行实地跟岗学习,深入体验其教学管理和成果应用，促进教师间的交流分享，从而有效推广先进的教学理念和方法。成果应用方教师到持有方学校的相应岗位，在成果主研教师指导下参与实际辅助工作的活动，目的是更为深刻地理解成果、更为准确地运用成果。

以成都市教学成果一等奖"3C知识分类理论在数学教学中的转化运用"推广跟岗研修活动为例，推广将分散跟岗与集中研讨相结合，有利于成果的常态化实施和实践转化。

正式跟岗开始前，课题总负责人郑大明老师对成果及其推广运用情况进行了简要陈述，通过课例观摩、专题分享等，从不同的层面和角度让学员对教学成果有了初步认识。

跟岗中，学员分成三个学段五个组跟随两个学校的十名指导教师随堂听课、深度对话、集中研讨，话题涉及"3C知识内容""3C知识形成策略""3C知识形成效果""3C知识梳理""3C知识形成的教学策略"等。

跟岗结束，由三名学员就跟岗所学呈现了三节教学实践课。课后，大家就课中的"3C"知识、教师所采用的教学策略、学生"3C"知识的形成效果与思维发展进行了交流。

通过以上案例不难看出，跟岗研修这一方式有效推动了知识的传播与创新，教师在双方搭建的"练习场"中实现了深度交流。尤其是同课异构的方式可以很好地让应用方在模仿的基础上实践，产生真问题，融入新想法，提升教师的研究能力。

（三）名师工作室

教学成果推广中，名师工作室分享方式由成果持有名师领衔，利用其在教学方法、课程设计、教育科研、学科知识和教育管理等方面的创新成果和有效经验，进行广泛的交流与分享，从而促进教育教学水平的提升，提高获奖成果的影响力与应用价值。

以"李大勤名师工作室"的成果"基于问题驱动的高中化学阅读教学实践"推广为例。该成果在成果持有人李大勤老师领衔的省、市、区三级名师工作室成员所在学校进行试点和推广。推广过程中，学员通过专题报告和阅读学习观摩等获取碎片化的知识，重新构造、催生出新的知识，按照逻辑顺序将知识归类与组合，扩充自己的教学知识结构，并在实际教学中释放能量。同时，在组织学员说课、上化学阅读教学实践课、评课、交流跟岗学习体会的过程中，"师傅"的价值知识转化为"徒弟"的程序知识，双方在此过程中都不断创造新的隐性知识，达到对"基于问题驱动的高中化学阅读教学实践"成果的深入理解，提升跟岗教师的教学实践能力。

上述案例从模仿应用开始，但没有止步于模仿，跟岗教师在名师的指导下开展教学实践，在对成果进行实际运用的过程中实现了成果的实践创生。

第三节　教学成果推广实践创生类活动的设计

一、实践创生类活动的内涵

成果推广的目的不局限于传播、分享，更在于知识的迁移和创生，在应用中生成新的理论、技术。知识管理的核心是知识的累积增值，实现组织和个人知识的不断丰富、不断创新，最终转化为智力资本，促进其可持续发展。可见，知识管理视域改变了教育工作者对成果推广的传统认识，从已有成果的传播、分享，转变成了知识的迁移和创生。

实践创生一般对应成果推广应用的高级阶段，与前两类成果推广类型相比，实践创生类更加高位，它甚至不满足于成果的运用和转化，以及成果的学习，而着眼于成果的生长和新成果的产生。成果的拔节生长，甚或新成果的诞生，基础都是对原有成果的事实性知识、原理性知识、技能性知识、人力性知识和研究性知识的深度理解，对成果价值的高度认同，在真实情境中迁移运用，加之贯穿始终的实践和反思，最后产生新的理论认识和行动策略。

二、实践创生的规则

教学成果的推广应用要体现个性化特点，尊重差异，需要与应用方的实际情况、学生的学习能力、教师的发展水平相适应，才能在新的土壤中植根，获得新的生长点，实现融合与创生。

（一）基本流程

创生类推广活动需要经历获取—应用—反思—创生四个循环往复的步骤，以期实现成果的再创造。"获取"完成知识的共同化、表出化。"应用"和"反思"提供"整合场"实现知识的联结化。实践与反思不仅有前后关系，还紧密结合，在实践中反思，以反思推进实践。实践既是对成果的运用，也是对成果科学性、操作性的检验，更是成果创新的基础。上述过程与应用类推广基本一致，但成果的创生发展不能仅仅停留在行动感受和经验感悟层面，持有方和应用方都需要根据不同的情境、对象、环境、践行者等诸多要素进行调整、修正，并提炼出新的认识成果和操作策略，将其表达出来、固化下来，如此才能真正消化吸收，融合在已有的知识体系中，变成内化的隐性知识。（见图5-3）

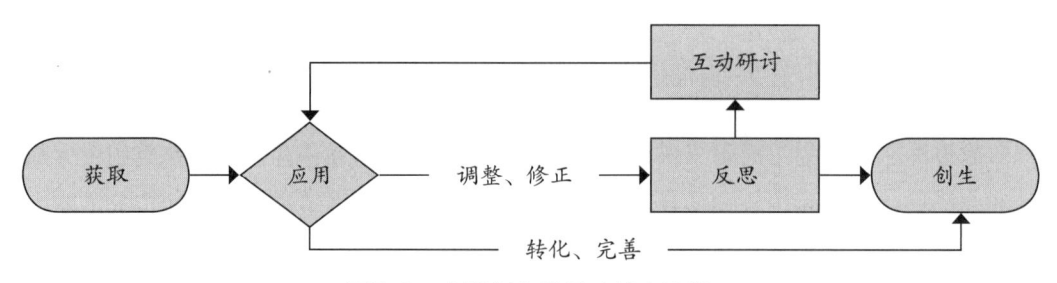

图5-3 实践创生类活动基本流程

（二）操作要领

1. 基于情境共享成果

任何教学成果的学习应用，都不能原样不动地照抄照搬，要学习成果背后的核心理念与改革思路，因地制宜地应用优秀的教学方法和模式，结合本地、本校的特点和实际，实现教学成果在本地本校的创生。就以学校为主体的成果推广而言，由隐性知识到隐性知识的共同化主要体现为理念的认同、精神的熏陶和思路的习得，需要双方学校有开放、共享的心态，营造信任、共享、开放、容错的组织文化，结成成长共同体。就形式而言，基于前沿理念的观摩交流与基于沉浸体验的跟岗实践等是可尝试的方式。基于前沿理念的观摩交流，通过实地观摩引导学员感受前沿的教育理念，触动思考，进而触发行动的改变；基于沉浸体验的跟岗实践，引导学员切身体验成果的具体运用和组织管理，在更新思路的同时感悟成果背后的理念、精神和思路。

2. 基于价值认同的主动行动

对知识本身的管理，包括知识在组织中的战略定位、总体规划、组织机构、沟通协调、实施和建设、评价和改进等工作。[1] 知识管理视域下的成果推广更强调知识的获取、创造、共享、存储、应用等知识活动的管理。通过对知识活动的管理可实现对知识的管理，而知识活动是通过人员来实现的，因此成果推广效用提升的核心在于参与人员的价值趋同。只有实现了从显性知识到隐性知识的内在化，推广活动成员学校及教师形成价值认同，成果知识的学习与运用才不再是外在驱使，而是内在驱动，与自己目标契合，才能进而克服困难，更好地实现知识活动管理与知识管理。如可采用基于项目推进的追踪调研，对于学校的问题以项目的方式加以推进，群策群力，合作跟进，解决问题，形成策略，助推成员学校发展，让成员切实感受成果推广的意义，认同价值进而主动学习、寻求变化。

3. 基于校情的成果应用

当前教学成果推广应用中存在着点上热闹而面上冷淡、被动应付而半途而废、问题不清且目标模糊等误区。要改变这种状况，需要转变急功近利的成果效益观，加强教学成果推广的"供需结合"，加快建立激励机制。[2] 由于相关知识经验的缺乏，就算被推广学校在成果报告会、现场观摩会、成果展示会和经验交流会等活动中有所感悟，隐性知识如果未及时转化为显性知识，也将转瞬即逝。因此，成果推广活动应既关注成果本身，又关注被推广学校的需要与特点，推广活动应更有针对性。同时，被推广学校参与成果推广活动后应有基于校情的文化表达，实现从隐性知识到显性知识的表出化，以此促进成果内容的内化与校本化应用。

4. 基于冲突的成果再创

对于成果推广方，也需要在学校层面鼓励教师通过教学研究报告发表、教学研究成果公开、教学交流、讲演、教学示范、教研指导等多种途径将教学成果向校内或校外教师扩散，建立可持续的交流和学习平台，使学习者深入理解现有教学成果的形成过程与思想内核，并促进教学成果的再创造与再革新。[3] 成果推广的意义还在于新知

---

[1] 野中郁次郎，竹内弘高. 创造知识的企业：日美企业持续创新的动力[M]. 李萌，高飞，译. 北京：知识产权出版社，2006：63—86.
[2] 易海华. 教育科研成果推广应用的误区及对策思考[J]. 中国教育学刊，2007（4）：16—20.
[3] 张海东. 对我国普通高等学校教学成果的内涵与培育探讨[J]. 四川师范大学学报（自然科学版），2015，38（5）：787—790.

识的产生，而新知识的产生一定是基于深度学习这一基础，同时与学校已有知识经验建立联结，形成机制，在学习、应用、反思的循环往复中实现从显性知识到显性知识的联结化。如采用基于问题解决的主题讨论等方式，引导学员在自主学习的基础上充分发表自己的看法，在分享、交流中形成对该话题的学术成果，可促成从显性知识到显性知识的联结化。

三、实践创生类活动的实施方式

实践创生类教学成果推广活动通过组织观摩课、研讨会、工作坊等形式，让参与者亲身体验并学习这些创新成果的应用方法，同时鼓励他们在实践中进行适应性调整与优化，以实现教学成果的本土化与个性化发展，并产生新成果。

（一）实践共同体

实践共同体这一推广方式通过构建共同体、实现资源共享与互补、促进协同合作与推广以及提供机制保障与支持等措施，推动教学成果的广泛应用与深入发展。从知识学习设计的角度出发，采用"为学习而设计"的理念，关注学习活动的设计和管理，强调学习者的积极性、参与性和创造性，强调学习者之间的深层次交互和知识共享，强调学习者在信任基础上的自主学习和协作学习。

> 成师附小华润分校基于其教学成果"基于学科核心问题的深度参与教学策略"，与金堂实验小学结成实践共同体，两校共研推广主题、内容，共商推广形式、策略，聚焦金堂实验小学的需求与成师附小华润分校实践检验的重点开展了工作坊交流、师徒结对、同课异构等多项活动，促进两校教师深层次的知识共享与协作学习。

共同体的建设具有主体多元性，即联合的各方是开放社会中不同来源的个体或组织。不同主体具有各自的经验、知识和视角，意味着不同主体可以提供各种资源和能力，包括资金、技术、人力资源等，能汇集各种经验和知识丰富共同体建设，提供更广泛的支持和合作机会，促进创新和问题解决。不同主体可以扮演不同的角色，履行不同的职责，主体多元性有助于促进跨领域的合作。共同体可以涵盖不同领域的专业知识，这有助于在多领域问题上寻求综合解决方案。共同体建设的主体多元性可以促进多样性和包容性，鼓励不同背景群体之间的相互理解和尊重。教学成果推广应用的共同体以教学成果的实践、转化和创生为核心，是一种基于共同成长愿景的多样化形态。（见图5-4）

图5-4　"基于学科核心问题的深度参与教学策略"教学成果推广应用的共同体建设多样化形态

从组织管理上看，优秀教学成果要实现有效的推广应用，需要借助各级教育教学组织管理机构的统筹领导、规划设计、组织管理与实践推动。因而，区域层面的教学组织管理机构应协同成果持有方与应用方构建相关共同体。

从成果宣讲来看，成果持有方和应用方自然形成了共同体，这是中观层面的共同体。通过成果持有方和应用方的相互协作，成果推广应用能有效促进学生学习和能力的发展；促进教师专业发展，优化教师队伍建设；提高学校教育教学质量，推进教育教学改革创新。

优秀教学成果无一不是来源于日常教学的灵感和构思，经过系统、长期培育，最终以极强的生长力成为认可度高、示范性强的科研项目，能够产生一定的社会效益，得到相关方面和部门的认可。任何学校的教学要走向高质量，都离不开科研的方向引领与具体指导。从这一层面来看，共同体呈现为具备科研天然功能的教科室、发展室等。

从实践层面来看，成果"基于学科核心问题的深度参与教学策略"以学科核心问题的甄别与确定为发展参与式教学的切入点，以课例研究为基本方式，关注学生课堂深度参与的方式与路径，探索学生、教师、学习内容在参与式教学中的深层次关系，总结出基于学科核心问题的深度参与教学策略。这一成果与教师所从事的教育教学工作紧密相连,必须有机融合于各教研组、备课组的活动。因此,从微观层面界定的共同体即成果持有方与应用方的学科组、备课组等。

在建设共同体的基础上,"基于学科核心问题的深度参与教学策略"教学成果推广应用形成了如下策略:

(1)价值认同,优化思路。教学成果"基于学科核心问题的深度参与教学策略"以课例研究为基本方式,关注学生课堂深度参与的方式与路径,探索学生、教师、学习内容在参与式教学中的深层次关系,总结出基于学科核心问题的深度参与教学策略。应用本成果,需要教师在前期学习理解的基础上,充分认同本成果的价值,从整体上优化教学设计思路,以学科、学生和学习作为学科课堂的三个基点,依据学生认知特点、发展水平及学习活动,分析并组织教材内容,在确定核心问题的基础上设计层层深入的问题群,根据子问题群设计层层深入的学习活动。

(2)教科研一体,主题明确。着眼于优秀教学成果的有效实践和落地转化,教学成果推广应用共同体要形成长效合作机制,定期围绕一个主题开展校际主题教研、学术研讨、专题论坛等,要在交流和碰撞中确保教学成果为教师所掌握,经过深度理解、内化、改造,进而转化为教学实践的自觉行动,促进教学问题解决。

应用方要开辟"教学成果推广应用"的教科研专题,以科研指导教研,结合学校实际情况,根据学段、学科的差异性,积极开发体现本土化与个性化的具体学习内容和资源。

(3)自我应用,完善成果。一项优秀教学成果在经历设计论证、实践探索、产出完成后,并非意味着终结与停滞,而应在现有基础与条件下,适时总结反思与持续改进,以实现更大进步与创新发展。在成果推广应用的过程中,面对不同的环境和条件,要对成果进行丰富、修正和完善。

同时,也要充分发挥学校和教师在推广应用中的主体作用,激发其创新动力,使其既有学习借鉴,又有创新提升。在一个完整的推广过程中,只有不断地揣摩、研究,形成观点,无数次更改、校正、检验、实践,应用才能更加完善,才会更加贴合实际,发挥巨大的教学效益。在将教学研究成果充分运用到本校教学工作时,其价值得到发挥,逐步完善,迭代升级。

汇聚多元主体力量,可形成协同合作与资源共享的紧密网络,加速创新教学成果的广泛传播与深度应用,共同推动教育质量的提升与教育的持续创新发展。从上述案例可以发现,实践共同体有共同的目标:研究深度学习,掌握深度学习技术,共同提高教学质量，促进学生全面整体发展；有共同的知识领域，即深度学习已有成果；有相互信任、相互协作的实践空间；更为重要的是实践共同体成员具有再生产的能力。

（二）集群孵化培育

实践创生类教学成果推广的集群孵化培育方式，是通过构建协作共享的平台与机制，将具有潜力的教学成果进行集中培育、优化与展示，促进成果间相互借鉴与融合，加速其成熟与普及，形成具有影响力的教学成果集群，从而推动教育创新与发展。

  锦江区成立深度学习项目组，在借鉴国外相关研究成果的基础上，针对我国课程教学改革的实际需要，研究开发相关教学改进项目。"深度学习"是指在教师引领下，学生围绕具有挑战性的学习主题，全身心积极参与、体验成功、获得发展的有意义的学习过程。在这个过程中，学生掌握学科的核心知识，理解学习过程，把握学科核心思想与方法，形成积极的内在学习动机，形成健康向上的情感、态度与价值观，成为既具独立性、批判性、创造性又有合作精神、扎实基础的优秀学习者。

  该项目实验每三学年为一个周期。从2014年开始，每年6月之前，申报一批拟开展实验的学校，每批实验学校从申报当年的9月份开始实验，现已覆盖区域内大部分学校与教师。项目通过组织教师研修学习、进行教学单元设计、开展课堂教学实践等途径集群孵化培育成果。一是组织实验教师通过为期一周的研修，学习深度学习项目的核心理念、实践模型，进行教学单元设计的练习；二是实验教师通过网络资源平台，在专家的指导下进行小组学习，并完成相关作业；三是实验教师在课堂开展深度学习项目的教学实践；四是实验教师通过教学实践，对教学单元设计进行反思，加深对深度学习项目的理解。

  深度学习项目是一个行动研究项目，强调参与项目研究的全体人员，针对课程教学改革中的重点和难点问题，边研究、边实验、边解决问题。参与项目研究的全体人员既是实践者，又是研究者。其一，基于课标，深度学习项目的实施要基于国家课程方案和各学科课程标准；其二，充分借鉴，在认真研究梳理已有理论与实践研究成果的基础上，充分借鉴其先进的教育教学理念，以及项目推进的方法与策略；其三，解决问题，通过深度学习项目的实施，解决当前我国在课堂教学中存在的重点和难点问题，提高课堂教学研究水平，推动课堂教学走向减负增效，使项目实施成为推动基础教育课程改革的重要工作载体；其四，持续发展，基于实践不断提炼和完善具有中国本土特色的理论成果和实践经验，并指导更广泛的实践。

通过项目的深入推进，一批又一批理念新、理论深、策略优的教师蓬勃成长，一批又一批学校取得教学成果。项目成员通过参加集中研修与校本化实践，掌握深度学习项目的理论框架和实践模型；通过项目研修和校本化实践，不断生成项目研究成果，如优秀教学单元设计案例、研究心得、单元教学视频等；通过研修评估和实践反馈信息，不断完善和创新研修方案，形成适切的、有特色的项目研修模式。

通过集群孵化培育，可以将具有潜力和创新性的教学成果汇聚在一起，实现资源的集中利用和优化配置。这种方式不仅有利于各教学成果之间的交流与借鉴，还能促进它们之间的融合与创新，从而生成更具价值的教学成果。这种迭代式的优化过程，能够加速教学成果的成熟，并通过广泛的推广活动，使其在短时间内得到普及和应用，形成一批具有鲜明特色和广泛影响力的教学成果集群。

（三）自主学习创新

自主学习创新推广方式通过应用方自主探索、创新应用教学成果，深化对知识的理解和掌握，促进教学成果的校本化实践与持续创新。

四川天府新区太平中学从2011年起进行了以学案为载体的课堂教学改革实践研究，取得了一定成效，但因缺乏理论指导与引领，研究难以继续深入。由于学校教师整体理论水平尚待提高，仅凭学校的力量难以突破瓶颈。在这种情况下，学校主动学习四川省特级教师王富英老师主持研究的"导学讲评式教学"研究成果。该成果获得首届基础教育国家级教学成果奖二等奖、四川省第五届普通教育教学成果一等奖。

学校聘请王富英老师作为学校课改首席专家对学校课堂改革进行指导；引入已有研究成果，开展了成都市级课题"'导学讲评式教学'在农村高完中的应用研究"；制订了种子教师培养计划，以王富英老师为导师，以课题为依托，成立了名师工作室，以DJP教学理念为指导，以实践为基础，开展课题研究，探索"导学讲评式教学"理念在各学科中的应用形式。

学校经过五年的探索研究与课堂实践，其"导学讲评式教学"有了很多收获和成果。学校形成了成果报告《教育科研成果推广应用的运行机制》，明确了教育科研成果应用的学术、技术、实践三种形态及三种形态间的相互关系，揭示了研究成果"是什么""为什么""可以解决何种问题"和"怎么做"的问题，并转变教育者观念，改变教育教学行为，提高教育教学效益。在推广过程中形成了"内化—转化—变化—深化"的运行方式，加上它们之间的结构、功能及相互关系，便形成了教育科研成果推广应用的运行机制。

　　在全校教师的共同努力下，"导学讲评式教学"理念深入人心，得到全校师生的认可，教学实践从高中发展到初中，从数学学科拓展到全校所有学科，从课堂教学运用到班级管理。课改推动着学校教学质量的节节攀升：学校本科升学率从2012年的7%到2019年的80%，呈现出年年有突破、届届有提升的良好态势。

　　自主学习创新强调教学成果的校本化实践和自主学习创造，应用方能够深入理解并灵活应用教学成果，实现教学成果的个性化、本土化与深度应用，逐步形成具有自身特色的教学成果。

　　总之，知识管理视域下成果的本质是"知识"，推广的过程即特定知识传递、共享、运用和创新的过程。当在知识管理视域下看待成果推广时，需要关注影响知识转化的各项要素，并遵循一定的原则。那么，影响知识转化的要素有哪些呢？主要有五大方面：知识的属性，知识传递的环境，知识提供方的意愿、转移能力等，知识应用方的意愿、吸收能力等，以及双方存在的文化、专业、背景的差异。延伸到成果推广领域，要关注的五个方面是成果的属性、成果推广的环境、成果持有方、成果应用方以及双方的差异。

　　在进行成果推广活动设计时，要重视三对重要的关系：第一，重视持有方和应用方之间的关系，因为推广活动方案的设计者或者组织者更易站在自己的立场思考成果推广，而容易忽略对方的接受水平和实际需求。第二，重视内容和形式之间的关系，避免因更注重推广形式的设计，而忽略了对推广内容的关注。第三，重视目标和结果之间的关系，避免因更看重推广的结果，而轻视了对目标的思考。内容是根本，目标是出发点，内容决定形式，目标指向结果，应依据推广的成果（内容）和目标，采用相匹配的方式（形式），观照双方需求。

第六章

知识管理视域下教学成果推广推进策略

知识创造是在一定的情境下进行的，组织需要提供共享情境的"场"，创造促进知识流动的条件。根据此观点，教学成果作为一种知识，其推广应用需兼顾"既有"知识和"创新"知识的管理；需要成果推广的组织者提供一定的推广情境，促进教学成果在一线组织和个人（学校、教师）间双向传播，并由中层组织负责实施。简单来说，若市级行政部门作为推广的最高层组织，区（市）县级行政部门是中层组织，那学校或教师就是一线组织。教学成果推广的最基本要素是人，包括成果持有方、成果应用方以及第三方推广组织方。本章讨论不同推广主体主导下的成果推广推进策略。

第一节　区域管理部门主导的推进策略

知识管理有两个主流模型，即"由上至下"式和"由下至上"式模型。这两种模型都不足以起到促进创造组织知识所必需的动态互动作用。传统的以区域为主导的成果推广属于"由上至下"式推广，这类推广通常不足以调动教师个体的自主管理动机，区域级别越高，越不能促进成果的模仿、应用和创生。应该重新审视教学成果的价值，由区域管理部门主导教学成果推广，形成"承上启下"式模型。

一、"承上启下"式成果推广模型

区域管理部门主导的"承上启下"式成果推广模型（如图6-1所示），有高层组织、中层组织、一线组织三个必备组织。高层组织指成果推广的最高行政组织，中层组织次之，一线组织最终指向教师个人。高层组织的核心任务在于进行顶层设计，明

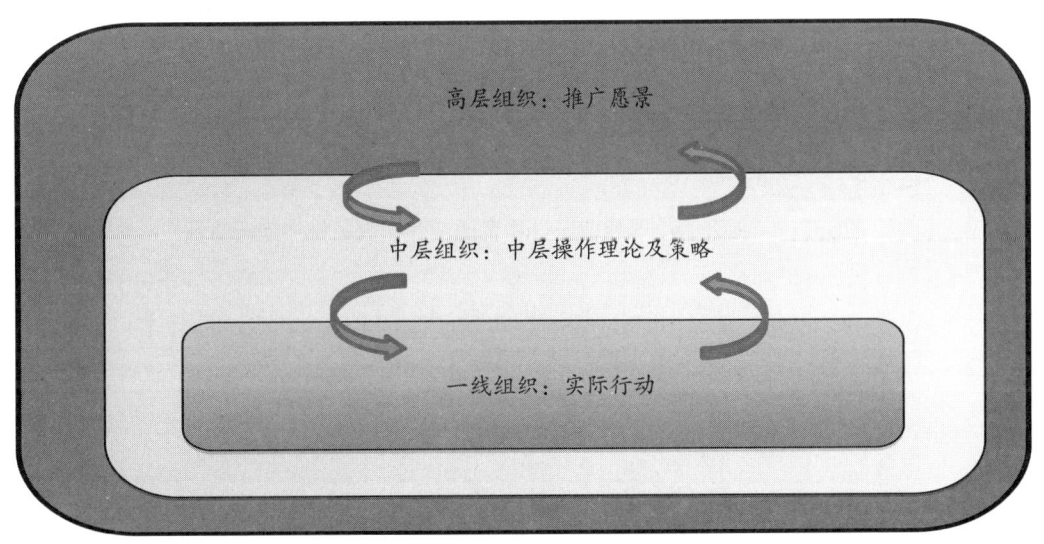

高层组织：推广愿景

中层组织：中层操作理论及策略

一线组织：实际行动

图6-1　"承上启下"式成果推广模型

确成果推广愿景，为成果推广提供平台，并通过一系列措施保障中层组织自主、科学地推广成果，进而促进一线组织学习、模仿、应用、创生成果。中层组织包括成果持有方和成果应用方，其任务是将高层组织的推广愿景根据一线组织的实际情况进行转化，形成中层推广操作理论或措施。一线组织的任务指向成果推广的最核心内容，即教学成果的学习、应用与创生。简言之，区域主导的成果推广组织应该是一个上下联动的研究共同体，该共同体内部目标一致、同向而行，使政府、行政、教研、学校切实形成工作合力。

如成都市针对国家级优秀教学成果"提升中小学作业设计质量的实践研究"的推广工作，以"和合共生、链接融通、智慧创生"为基本理念，建立了"行政主导—教研主推—学校主体—教师主动"的运行体系（如图6-2所示），组建了三级研究联动共同体（如图6-3所示）。可以看出，相对而言，该成果推广中高层组织是成都市教育局，中层组织是教科院，一线组织是学校和教师。一线组织又分为示范校和非示范校。

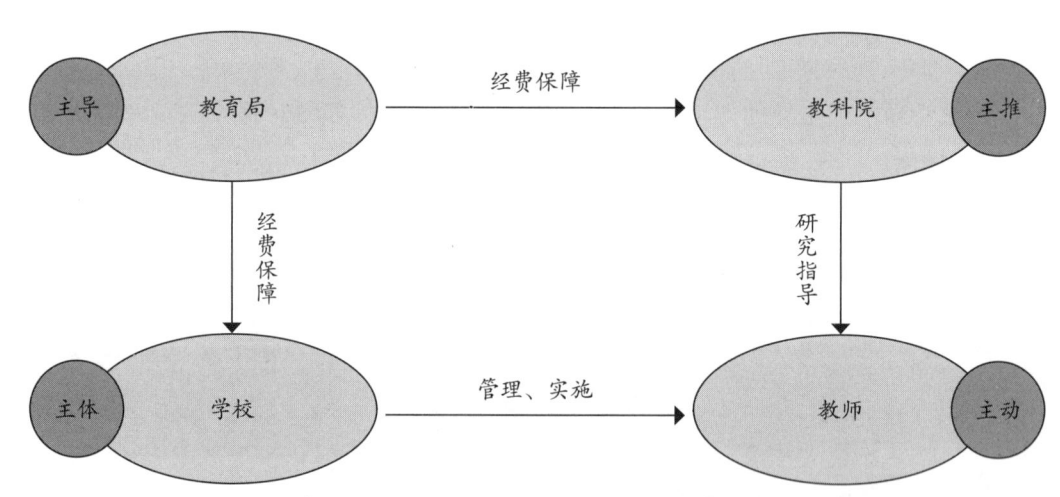

图6-2 "提升中小学作业设计质量的实践研究"推广运行体系

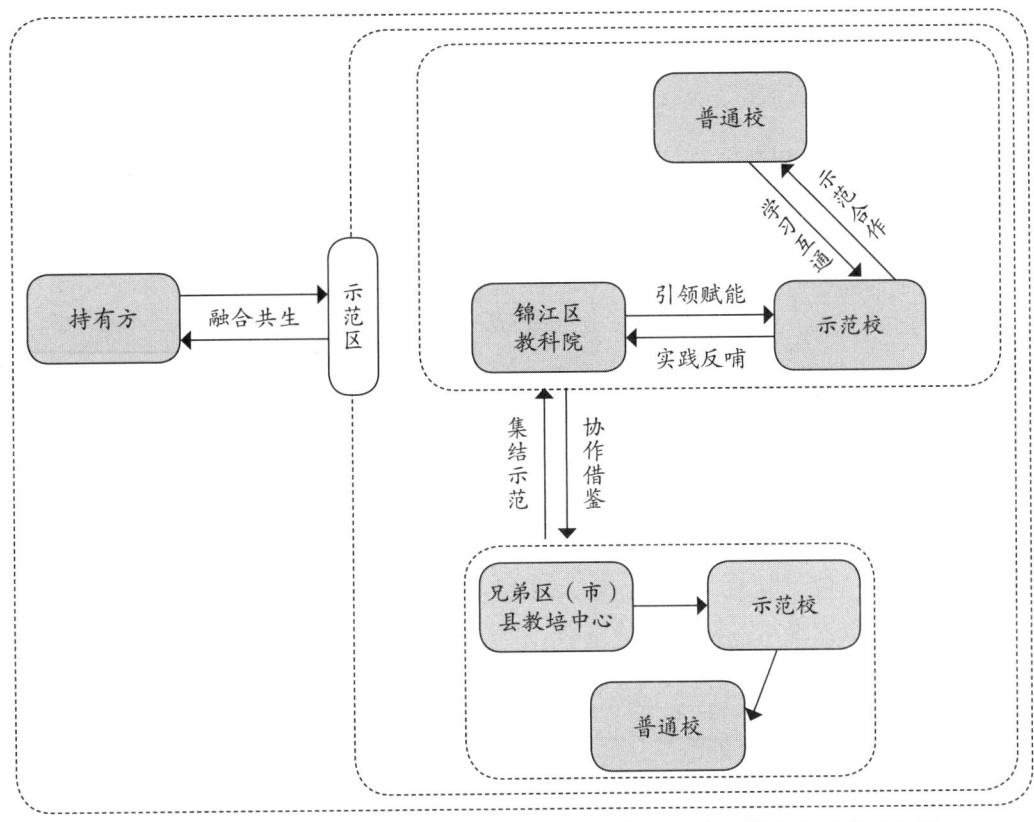

图6-3 "提升中小学作业设计质量的实践研究"三级应用推广共同体结构图

具体来说，以区域管理部门为主导的教学成果推广，区域管理部门需要完成三大任务：一是顶层设计区域成果推广愿景；二是指导中层组织将区域推广愿景目标化、任务化；三是指导和保障成果推广在中层组织和一线组织中的深入推进。详见表6-1。

表6-1 区域管理部门就成果推广需要完成的任务及目标

任务模块	目标任务
顶层设计区域成果推广愿景	1. 筛选出推广的成果
	2. 制订成果推广目标
	3. 筛选中层组织和一线组织
	4. 设计推广方式

续表

任务模块	目标任务
指导中层组织将区域推广愿景目标化、任务化	1. 指导成果持有方设计推广方案 2. 指导成果应用方设计学习方案
保障成果推广的开展	1. 指导成果应用方对成果进行理解、应用和创生 2. 激发持有方和应用方成果推广的自主性 3. 评估成果推广效果

二、"承上启下"式成果推广具体策略

（一）区域成果推广顶层设计策略

一般而言，由区域管理部门组织成果推广分为两类，一类面向全区，一类面向个别学校。对面向个别学校的推广，区域管理部门在中间起到牵线搭桥的作用。如成都市锦江区开展的教学成果"点对点"推广，就是由个别学校提出学习需求，并由成果持有方和成果应用方自主开展的推广活动。面向全区的成果推广，不仅限于满足成果持有方的推广需求和成果应用方的学习需求，其首要目的是解决全区学校存在的共性问题。这里重点介绍面向区域成果推广的顶层设计流程。

区域层面的成果推广要坚持问题导向、目标导向和结果导向。其顶层设计要综合研判成果与形势、应用方自主选择、统筹规划方案。设计流程为筛选成果—确定推广目标—筛选中层组织和一线组织—设计推广方式。

1. 筛选成果，确定成果的价值

第一步，区域管理部门对接国家教育改革方向，聚焦本区域改革方向，了解本区域学校存在的教育问题，从各级各类教学成果中筛选出多项拟推广成果。成果筛选标准是可复制性强、可操作性强、创新性强、与本区域问题匹配度高。

第二步，注重需求调研，将拟推广成果形成推广菜单，面向区域学校征集推广意愿，将选择学校最多的成果确定为推广成果。

第三步，组织专家、成果持有方、成果应用方共同深入研读成果，明确成果的价值、可推广点、推广核心内容等。

2. 确定推广目标

围绕推广成果与区域学校之间的冲突，提出推广成果可解决的最基本的区域学校教育问题。将问题解决的最终理想效果作为成果推广的总目标（效果目标），将问题解决过程中必须形成的成果作为成果推广的成果目标。简言之，成果推广目标的设置思路是"以终为始"。

如南京市将"基于学科育人功能的课程综合化实施与评价"成果推广的总目标定为引导试点或应用学校渐进温和地推进学校综合改革，根据学校原有课程教学实际，对内容的贯通化、教学的项目化、评价的情境化进行分析和考察，确定实践路径。从"学科育人"思想出发，推进国家课程校本化实施，深化学校文化建设，带动学校管理机制、课程结构、教育内容、校本研修、课堂教学、评价体系等方面的改革，改进学科教学的育人功能，改善基层小学教育科研实践模式，构建德智体美劳全面培养的素质教育体系，改进育人方式，提高育人质量。成果目标包括：①学科育人思想及目标的推广研究。形成学生特质、教师特质以及学科素养的校本表达。②学校课程综合化实施的应用研究。审视和规限"课程综合化"的基本概念，正确理解"课程综合化实施与评价"的科学内涵、本质特征和基本规律。有计划地实施一个或多个学科"课程内容重构""学科重新组合""课堂模型重建"。培育学校综合性生活化德育课程群、项目化学习课程、学科特色课程，基于课程和教学一体化优化课程综合化管理和教学实施。③评价改革引领学校发展的应用研究。构建校本评价体系，全面全程设计学生日常评价体系，构建学校学生评价体系和小学生综合素养评价体系，制订评价标准、工具和手册，开发评价资源包，研发"学生学习状态观察与评价观课平台"。建构教师成长模型，造就双向互动的协同管理。①

3. 筛选中层组织和一线组织

区域管理部门组织成果推广必须下放责任，以充分调动成果应用方的积极主动性，以便成果推广更有效地落地。中层组织是一线组织和最高层组织之间必不可少的

---

① 材料来源于《南京市基础教育优秀教学成果推广应用示范区推广应用计划（2020—2023年）》。

衔接者，所以，成果推广一定要明确中层组织的成果应用方是谁。根据成果推广的目标不同，还需要筛选确定出一线组织。在成果推广中涉及的示范区、示范校、研究共同体、骨干教师等就是筛选出的成果应用方的中层或一线组织。

"在探索儿童数学教育实践中促进教师专业发展"成果在推广中构建了"1＋11＋110＋1100＋N"的推广机制。"1"是一个专家组的保驾护航。以吴正宪老师为首席专家，聘请多位专家和特级教师作为顾问、专家指导推广工作，对课程设计、资源建设提供指导和帮助；"11"是成立11个示范区的专家指导团队，实施两级导师制——总项目指导专家和区域指导专家，负责项目组和11个示范区活动的设计、实施、指导、总结；"110"是每个示范区遴选10个基地校，一共110所基地校，作为重点推广的核心基地，形成以基地校为核心的推广辐射模式，带动本地区的发展，示范区成立核心团队，与基地校配合集中发力、重点推进；"1100"是每个示范区遴选100位种子教师，11个示范区一共1100位种子教师，种子教师作为成果推广的重要资源，要完成总项目设计的各项作业，使学员在任务驱动中成长，将优秀作品集结成教师研修资源。①

4. 设计推广方式

推广方式设计的依据是推广目标以及成果应用方的需求。由区域管理部门组织的成果推广，其推广方式设计有两个原则。一是"做到最大程度的共享成果"，因此，面向全区域范围的以讲座形式的成果宣讲必不可少。二是"兼顾先行组织的高层次发展"，这就需要根据成果知识类别设计相关方式，如跟岗、课题研究等。值得注意的是，推广方式不仅仅是指具体的推广活动形式，更重要的是指成果推广的思路，如以课题研究促进成果推广应用、以资源共建促进成果迁移、以研促学、以用促学等。

巴蜀小学"基于学科育人功能的课程综合化实施与评价"在成果推广中采用了持有方、应用方共建、共创、共享资源平台（巴蜀公开课、巴蜀课程博览馆、巴蜀官微公众号），推广应用经验与成果资源库，以及用课题研究

---

① 武维民，吴正宪. 在探索儿童数学教育实践中促进教师的进步与发展[J]. 中国教育学刊，2022（S1）：20—23.

优化成果推广的方式。

（二）指导中层组织将区域成果推广愿景目标化、任务化

中层组织对区域成果推广愿景的理解与落实情况，直接影响成果推广的效果，包括成果持有方和应用方的双向落实。因此，指导中层组织形成科学、可行的方案是成果推广的关键环节。

1. 指导成果持有方设计推广方案

成果持有方推广方案要考虑的核心要素包括推广内容和推广形式。首先，区域管理部门要告知成果持有方成果应用方的需求、特征以及区域要求；其次，成果持有方形成推广方案初稿；再次，区域管理部门审核通过；最后，区域管理部门与专家一起对推广活动涉及的内容进行指导。

由成都市教科院组织的2018年基础教育国家级优秀教学成果二等奖"回归课堂原点的深度教学协同探索与实践"在推广活动中设有成都七中育才学校水井坊校区、成师附小万科分校、成都市东光实验小学、成都市盐道街小学、成都市盐道街小学得胜分校、成都市娇子小学、成都七中育才学校汇源校区7个会场，通过不同学科的真实课堂教学内容展示各校在深度教学上的多样化探索。推广活动筹备阶段，7所学校根据成都市教科院、锦江区教科院成果推广的总要求，设置本校成果推广方案，随后锦江区教科院教育理论研究所牵头，联合四川师范大学李松林教授，对各学校展示课例进行指导。

2. 指导成果应用方设计学习方案

成果应用方学习方案要考虑的核心要素包括学习目标、任务及具体措施。首先，区域管理部门须以文本或讲座的方式将拟推广成果要解决的问题、主要成果等关键要素告知成果应用方；其次，应用方根据本校实际问题、已有基础、学校条件等确定其学习本成果具体的目标、任务、可能会采取的措施，以及成果持有方及区域管理部门需要提供的支持；最后，区域管理部门、成果持有方、成果应用方一起对学习方案进行审核。

金堂实验小学"基于学科核心问题的深度参与教学策略"成果的学习方案（部分）如下：

一、推广目标

通过学习"基于学科核心问题的深度参与教学策略"成果，转变学校课堂只重视学科知识传授、忽视学生主体探究的问题，促进学校深度学习课堂教学改革，提升课堂效率，发展学生高阶思维。具体而言，培养一批学科骨干教师，形成可供全校使用的校本化课堂教学设计工具，撰写和出版一批教学改革论文。

二、推广阶段任务及措施

阶段1：专题学习。通过自学成果报告、课例集和持有方讲座的方式，了解成果全貌，奠定实践基础。（时间：一个月）

阶段2：跟岗研修。遴选语文、数学、体育学科骨干教师到成师附小华润分校跟岗学习，通过示范课观摩、教学研讨等方式深入了解实践成果，深化对理论成果的认识和理解。（时间：三个月）

阶段3：定期研讨。学科骨干教师与成师附小华润分校的教师形成"一对一"结对关系，学科骨干教师在实践中应用成果，并积极与结对教师沟通交流，尝试成果的校本化应用。（时间：五个月）

阶段4：同课异构。在金堂实验小学开展同课异构活动，在比较中进一步提炼概括出成果的校本化转化策略。（时间：一个月）

阶段5：经验总结。针对成果在教学实践中的应用，聚焦本校实际分学科提炼出教学设计模板、教学设计与实施的策略。

（三）保障成果推广的开展

区域管理部门保障成果推广的开展，主要分为专业引领、管理制度、激励制度的保障。基于此，推广要抓住几个关键环节：初始环节，鼓励成果持有方和应用方保持热情；中期环节，推动成果推广的持续和深入开展；后期环节，评估成果推广效果。

1. 指导成果应用方理解、应用、创生成果

组建由成果持有方、高校专家、学科教研员、科研教研员组成的学术指导团队，负责成果推广过程中的具体问题。学科教研员重点指导成果在学科中的落实，如教学设计、教学实施等；高校专家重点解读成果并指导成果的创生和提炼；成果持有方重点指导成果应用方对成果的理解和应用；科研教研员重点指导成果再研究。

2. 激发持有方和应用方成果推广的自主性

成果持有方推广成果的自主性主要通过业务工作认定来促进，因此，区域管理部

门可以将成果推广纳入学校科研工作考核，为承担成果推广的教师发放证书，并将其作为区域评优评先的加分项目。

成都市锦江区将学校承担推广活动纳入教育科研基础目标考核（基础目标总分3分，成果推广占0.8分），承担一次省级以上推广活动加0.4分，省级成果推广活动加0.3分，市级成果推广活动加0.2分，区级成果推广活动加0.1分。此外，还将学校承担成果推广活动作为区（市）县优秀科研单位评选的加分项目。为在成果推广活动中提供讲座、展示课例的教师颁发证书，将其作为区域优秀教师评选的加分项。

成果应用方学习应用成果的自主性主要通过任务驱动和评优奖励来促进，因此区域管理部门必须将成果应用方置身于具体的任务中。任务应该是由应用方自己牵头负责，与其本身发展紧密相关的。具体的策略包括设置区域专项课题，鼓励学校申报立项；由学科教研员牵头区域学科骨干，重点攻克研究难题；针对专项课题设立专项奖项等。

2021年，成都市教育科学规划办组织开展"基础教育国家级优秀教学成果推广应用专项"课题立项。锦江区针对推广成果"提升中小学作业设计质量的实践研究"在小专题立项中设立"作业设计"专项课题，并设立"作业设计"专项小专题优秀成果评选。立项课题学校根据立项课题设置研究计划，将成果推广落实在本校研究中。

3. 评估成果推广效果，强化保障机制

成果推广效果的评估要与推广目标对标，分为过程性目标考核和终结性目标考核。过程性目标的考核根据具体的推广方式设计，落实在常态化的过程指导和督导工作中。终结性目标的考核以推广产生的效果和形成的成果为准，检验成果推广应用的转化成效。

成都市优秀教学成果推广工作机制：一是建立本轮成果推广的工作组织和工作机制，明确相关部门、单位和人员的职责和任务；二是完善推广项目遴选制度，包括项目遴选条件、需求调研方式等；三是建立推广过程指导和督导制度，主要是针对点对点这一时间跨度较长的推广方式所涉及的项目；四是建立推广效果评估制度，特别是针对跟岗学习、专题课程、点对点三种推广方式；五是建立市区校联动的工作方式，将成果推广工作纳入区（市）县科研工作考核范畴；六是建立科研管理部门、教师培训部门、相关教研主体及其他社会机构的合作推广机制，如将专题课程纳入教师培训管理系列，执行相应的政策和配套经费；七是保证成果推广工作经费。

第二节 成果持有方主导的成果推广设计与实施策略

成果持有方在一定时期内，投入各项资源并经过大量深入的研究，积淀显著成果。成果持有方希望通过成果推广和宣传，扩大成果的影响和应用范围，并得到各级单位以及社会的认可。同时，成果持有方也期望通过推广再次丰富已有的成果，让组织（特定人群）在成果推广活动中实现知识转化与重构。因此，成果持有方应立足党和国家大局对教育发展的高要求，具有通过成果推广推动兄弟学校发展的大局意识。同时，也应具有成果落地的实效意识，把握学校和教师的推广需求，为成果的推广深化提供精准的理论指导与技术支持，实现成果效益的最大化，在此过程中实现终极目标——促进人的专业成长。

一、定位成果推广原因匹配推广方式

成果持有方主导的成果推广一般由成果持有方发起，并以成果持有方推广目的为核心，兼顾成果应用方目标和教育行政部门的推广目标。因此，成果持有方首先要考虑的问题是为什么要推广、要推广什么、推广给谁、怎样推广、推广的效果怎样。一般而言，成果推广方式、对象、内容等的确定取决于推广的原因。

成果持有方主导的成果推广一般包括三方面的原因，也可称为价值和意义：一是立足成果保护；二是立足成果迁移；三是立足成果创新。

立足成果保护的推广是一种为成果打上学校的标签、为成果申请"专利"的推广。基于成果保护的视角，在推广过程中可以重点采用文本式推广，如编印、翻印或正式出版原成果的相关论著、论文、教案、课例、案例等。推广的呈现方式可以是：

宣传式推广，如利用各级专业性或大众性报刊，报道相关成果，或者利用以教育网为主的各类网络平台；报告式推广，包括举办聚集型成果报告会、分散型主题讲座会等；展示式推广，包括组织现场观摩、进校听课等。

立足成果迁移的推广是一种为成果寻找实验校，验证成果有效性，并拓宽成果可迁移性的推广。这种推广需要历经"知悉—探究—认同—熟练—创新"的过程，即经过从初步了解到深入细致的学习研究阶段，对成果的潜在价值达到心理认定的阶段，产生于实践中运用该项成果的欲望，尝试运用成果，总结提炼经验，并有所改进和创新。成果迁移的推广方式可以是指导式推广，如通过行政部门推行的"校际对口帮扶、教师对口交流"的机制予以迁移，区域（校级）联动，共享成果，也可以优秀成果持有单位公开招募成果应用学校，优秀成果的研究者招收学员，如成立名师工作室、工作坊等方式。

立足成果创新的推广是比成果迁移更具有优化和创新意识的推广，旨在对已有成果进行进一步深化创造。一般采用研讨式推广，包括交流、论证、答辩等，主要通过协作组、共同体进行。研讨式推广是推介、点评、质疑、比较、深化的复合型推广，对于成果推广本身和科研的可持续性研究具有重大意义。

成都市盐道街小学得胜分校的"深度学习导向的城区薄弱学校改进"成果在锦江区进行推广，其进行成果推广的目的主要是保护成果，稍带成果迁移。在与锦江区教科院沟通后，最终聚焦成果的特色和亮点、考虑面向推广的区内学校的特点，将成果推广目标确定为三点：一是介绍学校从薄弱学校一步步走向优质学校的办学经验；二是将学校在提升过程中的典型做法进行提炼，使之能为其他学校所借鉴；三是征集区内学校教师的评价和反馈，进一步优化成果。围绕推广目标，学校从整体到部分、从理论到实践等角度全方位考虑，最后确定围绕学校总体发展、研修改进（教研组建设）、课堂改进、课程推进四个方面展开成果推广。

二、筛选对接成果应用方

安达信管理咨询公司曾提出了一个非常著名的知识管理框架：$KM=(P+K)^S$。其中"KM"指知识管理；"P"代表人即知识载体；"K"是知识，包括数据、信息、知识与智慧；"+"是信息技术；"S"是共享。S与KM是幂指数的关系，由此可见知识共享在知识管理中的重要性。成果原创方寻找与本成果有"关系"的应用方进行成果共享。"关系"一般是同级、同目标、同背景的单位,除了基于成果的需求建立双方的共享,有时不同单位也会受政策的影响建立积极的成果共享。

对接"政策的要求"。从国家、省市、区域等层面来看,相应的政策会促成成果持有方与应用方之间建立直接或间接联系。如基于国家对成渝经济圈区域发展的总体规划,成都市锦江区与重庆市南岸区双方共建共享,分享其研究成果。

隐含"相似的校情"。校情包括所处的区域位置,学校的发展现状、师资、生源等情况。持有方和应用方面临相似的环境,也就具有共同的问题。

饱含"共同的目标"。持有方与应用方在教育教学发展的目标上有着共同的愿景,就教育教学中某一方面问题的解决具有相似迫切性,也认同原创方的成果能为本校的发展提供借鉴。如上海市教育委员会教学研究室的成果"高质量学校作业体系建构的价值与策略",刚好契合锦江区教科院对教师在作业设计能力上提升的需求,因此,该成果可推广到锦江区。持有方与应用方是统一在"教师作业设计能力提升"这一共同夙愿目标之下的。

三、借助"外力"落实成果推广

筛选成果应用方后,要成立专门的推广组织或共同体,组织内成员包括成果持有方、成果应用方和中间方,中间方负责提供成果对接的运行。借助外力是持有方有效落实推广的关键所在。成果推广常借助的外力包括以下四类:

(1)借力各级行政单位。成果持有方可主动向上级行政部门申请对区域层面重点推进的大型教学成果进行全面推广或者部分成果推广。如深度学习的相关成果,由锦江区教科院教育理论研究所组织系列推广活动,便是行政部门根据区域的整体规划与学校的特色成果,自上而下筛选相应成果,由点到面地进行推广应用。同时成果推广学校自下而上申请,并在推广的准备过程中积极向上级部门寻求帮助。

(2)借力学术组织等各级师培单位。借力教育学会、大学继续教育中心、各地教师教育培训单位等合力推广研究成果。教育学会等学术组织在教师心中享有很高的地位,每年都会举办各种评比、学术会议等,在教学成果推广上发挥着重要作用。大学的继续教育中心以及各地师培单位负责对学校校长以及骨干教师进行再培训,因此,成果持有方应与学会、大学师培单位等组织对接,积极对外交流,把研究成果对外发布。同时,要利用这一阵地开展内部交流,建立研究共同体,推广本校成果。

（3）借力专家及名师。专家以及各级各类名师会在各层面、各单位进行观摩指导，持有方请专家及名师资源进行观摩指导时让专家知晓持有方的成果，专家在指导的同时也会将所看到优秀的成果进行传播。

（4）借力报纸与杂志。报纸与杂志是公开发行的具有一定影响力的社会读物，成果如能通过它们进行发表，一可固化成果，二可扩大成果的影响力。因此，成果持有方在形成了成果后应争取发表，以获得成果的专属权。如锦江区每年会组织各学校将各自学校的原创成果进行系统梳理，并自上而下多渠道挖掘，将这些成果以成果集的形式结集出版，或者寻找各级各类期刊予以发表。

四、成果推广效果评估策略

成果推广的目的是寻求良好的实效。成果的实效一定是源于以下四点：一是立足应用方实际，选择有针对性的成果；二是基于应用方校情，设计推广方案；三是搭建适宜的平台，选择合适的方式推广应用；四是对成果推广进行实时监控、激励，确保成果推广的实效性。效果反馈的内容包括教师对成果本身的理解、应用范围、推广方式的接收程度等。"转化为教育事业发展活生生的实践应该是教学成果的出发点和归宿"，"研究绝不是把成果变成抽屉里、书橱里、记忆里的成果，而是要把它融入教育事业发展活生生的实践中，变成指导教学、服务决策、完善制度、引导舆论的实践成果"。[①]成都市盐道街小学得胜分校在2008年开展的"优质资源拓展中薄弱学校的三度教研模式的实践研究"就是基于成都市盐道街小学集体联盟开展的研究，其成果也在集团内外同类型学校中进行共享推广。值得推广的成果也需要适应想要转化的学校，即现状有相似性、操作具可行性、效益有可靠性。效果的反馈有助于持有方进一步完善自己的推广规划、推广策略及流程，并适时改进。

五、成果推广方案设计模板

成果推广方案设计模板如表6-2所示。

---

① 陈宝生.把握时代脉搏和教育规律促进教育事业科学发展[J].教育研究，2017（1）：5.

表6-2 持有方主导的成果推广方案设计模板

成果基本信息	
推广成果名称	
成果持有单位/人	
成果简介（成果解决问题、成果内容及取得效果）	
推广目的/原因	1. 成果保护　2. 成果迁移　3. 成果创新
成果应用方基本信息	
应用方	
应用方已有基础	
应用方预期学习目的	
推广时间	
推广成果分析	
显性知识	
隐性知识	

推广活动具体安排			
时间	活动名称及形式	达成效果	评价方式

推广保障	
制度	
经费	
人员	

第三节　成果应用方主导的成果推广设计与实施策略

成果应用方主导的成果推广注重迁移应用已有成果解决本校问题，强调成果在校本化应用策略和成果创生方面的运用。首先，成果应用方期望学习成熟的教育教学成果，并在一定程度上解决本校存在的实际问题。其次，成果应用方也希望能够通过成果推广学习课题研究的思路和方法，实现已有成果在本校的创生，在此过程中实现教师队伍的培养，提升学校教育教学质量和影响力，最终实现学生的全面发展。

一、聚焦现实问题筛选成果

成果应用方主导的成果推广是以成果应用方需求为导向的，以解决成果应用方实际问题为目标。因此，成果应用方需要考虑学校遇到的现实问题是什么、哪项成果能够解决遇到的问题、如何能够通过学习该成果解决现实问题。基于现实问题的诊断筛选成果是成果应用方的首要任务，也是最关键的环节。成果筛选的有效性和可操作性，直接影响着教学成果推广的效果，即现实问题的解决效果。

问题导向是筛选成果的前提。成果应用方在进行成果的筛选时，应以学校发展中的实际问题为导向，以解决问题为目的。因此，在筛选教学成果时，须完成以下三步：

第一步，诊断问题。首先，立足校本实际，通过调查或观察发现学校真实存在的普遍问题。其次，对具体问题进行本质思考，即对问题连续多次追问为什么，沿着因果关系链条，顺藤摸瓜找出导致问题发生的根本原因，明确导致问题发生的根本原因是属于相对中观的学校制度体系、学校管理、教育教学、课程的问题，还是教学活动过程、师生互动过程、班级组织管理、学生思想行为等微观问题。最后，聚焦问题和原因，依据已有教育教学理论，提出能解决问题的可能路径，明确几个关键词。

第二步，成果分析。首先，围绕问题诊断提出的关键词或相似问题，对有可能解决问题的成果进行搜索并进行初步筛选。其次，看成果本身解决的问题与应用方存在的问题是否相似或相同。最后，对具有相同或相似问题的成果相关资料进行进一步整理，完成成果的要素分析。

第三步，匹配成果。匹配成果主要围绕成果的可操作性从三个方面进行考虑：一是成果持有学校和应用学校办学水平差距较小；二是在现实问题相关的因素上持有方和应用方的校情和学情具有共性；三是应用方和持有方是否有足够的时间进行深入学习,应用方是否有足够的经费等保障持有方的指导等。

此外,借助外力是筛选成果的重要举措。成果应用单位在进行成果的筛选时,可以借助外力给予支持。成果应用方借助外力主要有三种方式:第一,求助上级。向上级部门反映学校需求,请求上级部门的帮助和指导。第二,校际合作。直接与成果持有学校合作,实现资源共享。第三,专家引领。与高校合作,借助专家力量。

二、分析成果确定目标

成果应用方成果分析的目的在于明晰成果作为"知识"的属性,即将成果分为显性知识和隐性知识,并明确要学习的具体知识和具体推广目标。成果应用方的推广目标,即学习该成果拟达成的学习目标。学习目标与可解决的学校实际问题一致,成果应用方将解决问题的最终理想效果作为成果推广的总目标,将解决问题过程中形成的成果作为推广的成果目标。成果目标主要体现为成果推广对于学校、教师以及学生发展的正向作用,成果目标包括理论成果、实践成果和物化成果。成果推广目标的设置思路是"以终为始"。因此,推广目标与评估标准一致,评估的标准及方式也可以在该环节设置(见表6-3)。

表6-3 成果推广目标设计表

成果推广总目标		
目标维度	目标阐述	评估标准及方式
学校发展		
教师发展		
学生发展		
成果推广成果目标		
目标维度	目标阐述	评估标准及方式
理论成果		
实践成果		
物化成果		

以成都师范附属小学应用国家级教学成果"提升中小学作业设计质量的实践研

究"为例,见表6-4。

表6-4 成都师范附属小学应用教学成果"提升中小学作业设计质量的实践研究"的目标

成果推广总目标		
目标维度	目标阐述	评估标准及方式
学校发展	通过作业改革,撬动学校教学质量提升	1. 作业负担减轻 2. 作业改革经验得到肯定和推广
教师发展	教师单元作业设计能力得到提升	1. 能够精准把握作业的目标 2. 能够选择重组、改编完善或自主开发等多种形式设计作业 3. 能够设计出以核心素养为导向,指向学生"运用""创造"能力,受学生喜欢的长周期作业、跨学科作业,教师单元作业整体设计能力大大提升
学生发展	学生作业时间短,作业效果好;学生素养得到提升	1. 学生完成作业时间不超过30分钟(学生自主记录作业时间) 2. 学业质量监测水平提升(全区统一监测) 3. 学生学科知识得到丰富,其他能力得到提升(教师观察、学生访谈等)
成果推广成果目标		
目标维度	目标阐述	评估标准及方式
理论成果	各学科作业、单元作业、单元教学、素养培养等关键词之间的关系;作业设计的基本理念和思路	撰写形成小论文
实践成果	单元作业设计的流程及具体策略;长周期作业设计与实施的策略;作业管理的策略等	1. 形成可视化的作业设计流程图,及作业设计相关工具 2. 探索出的设计和实施策略可供不同教师、不同单元作业迁移应用
物化成果	形成典型作业案例集	不同年级、不同学科至少形成两个较典型的作业案例

三、确定成果推广方式

成果应用方主导的成果推广活动可以根据推广目标以及持有方与应用方教师水平等校情差异、成果可迁移性的程度等确定推广方式。一般而言,成果推广应用可以分为模仿应用、迁移应用和创新应用。

模仿应用。在持有方和应用方校情差异小、成果要解决问题较相似的情况下,成果推广多采用模仿应用,相当于持有方直接应用教学成果。模仿应用是在熟悉原教学成果的操作内容基础上，模仿原成果的某一个设计、某一种解决问题的方法，移植某一种经验，在应用中学会联系实际教育教学情况进行适度调适，从而实现学校自创性的发展。这条路径的关键过程是"模仿＋调适"，模仿应用较适合新手教师。

迁移应用。在原成果能解决问题范围与应用方问题有差异，但究其根本属于应用同一原理，涉及相似元素的情况下，成果推广多采用迁移应用，即把某一领域的成果迁移运用到更大范围、更多领域。迁移应用是在实践中主动运用新观念、新理论，推动成果向纵深发展。对应用方来说，是将成果迁移到新的情境中的改造应用，对持有方来说，是对原成果内容的深化研究。这条路径的关键过程是"新理念＋重实践"，迁移应用适用于教学科研基础扎实的教师。

创新应用。在持有方与应用方校情差异较大，尤其是在教师专业水平、专业意识方面以及教师对成果所蕴含的理念和理论抱有怀疑和排斥心理的情况下，成果推广多采用创新应用，即是对原成果的外延和内涵进行拓展，把成果中内蕴的先进理念渗透到学校教育教学的整体工作之中，利用教师擅长的领域帮助教师理解和认同新理论，并应用新理论创造性地开展教育教学工作，随后再将新理论应用于原成果聚焦的领域。这条路径的关键过程是"原创＋创生"，创新应用适用于具有创新意识的教师。这要求教师在应用成果时，既要基于原成果，又要在应用中提炼出新理论、新模式、新方法，最终创生出新的教学成果。

四、落实成果推广

整体而言，成果应用方主导的推广以学校为单位，在学校内部推广的组织至少可分为核心群体和非核心群体，或者是学习的先行团队和非先行团队。先行团队系统学习应用成果，并辐射全校。成果应用方的先行团队是一个兼具教学、研究的组织，包括有一定教学研究基础且能够带领团队的教师，包括学校教学负责人、科研负责人以及学科骨干、学科带头人或学科组长/备课组长等。基于校情、师情的不同，教学成果的应用在校级层面采取两种不同的推进策略。

（一）成果推广的应用主体：梯次推进

由于成果应用方对成果认识和原有的水平有所不同，成果应用学校在推广应用教学成果时要避免"一刀切"。基于此，可以采取梯次推进的策略。

所谓梯次推进，指的是教学成果推广时，参与成果推广应用的主体范围由点到面，从小范围到全校教师，梯次加入。具体的推广模式如图6-4所示。

1. 散点尝试

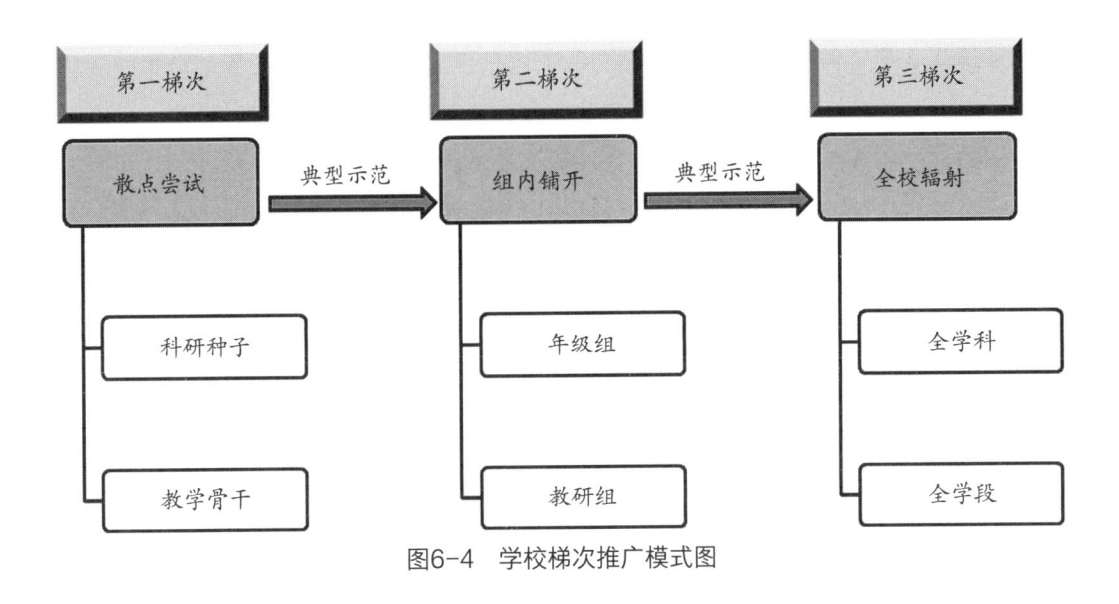

图6-4 学校梯次推广模式图

教学成果的推广是在学习的基础上进行应用研究。对于成果应用方个人而言，成果知识的获取需要经历从认同成果到学习内化再应用创新的过程。由于科研种子和教学骨干力量在理解和接受新的理念上更具优势，因此，成果应用学校要先安排学校科研种子教师或教学骨干力量，对教学成果进行学习，了解原教学成果的价值和功能，如果认同成果，产生兴趣，就开始尝试实践应用。

2. 组内铺开

当科研种子或教学骨干力量对成果充分理解，并在实践中有一定的正向效果时，学校从中挖掘典型，寻找成功经验，分享借鉴，再在年级组或教研组内推广。

在这个阶段，成果应用学校一方面要建立各种交流平台，将分散获取、习得的成果在团队中交流、传递和共享，另一方面要创设一种积极分享的文化氛围，还要激励科研种子教师或教学骨干力量把自己的应用实践经验分享出来，同时也鼓励年级组、教研组内的教师通过观察、体验、模仿等进行学习交流。这样的共享过程本身也是一个不断学习、应用、创新的过程。

3. 全校辐射

最后，让全校教师参与学习并把从优秀成果中所学到的一系列思想方法外化为具体操作行为，按计划开展各种形式的实践活动，对各种活动的展开情况以及效果做好观察和记录，最终实现全域推广。

成都市天涯石小学逸景分校在落实国家级优秀教学成果"提升中小学作业设计质量的实践研究"的推广应用工作时，采用的是梯次推进策略。第一梯次，由科研小种子教师散点尝试。学校选派科研小种子教师参与学习，并结合自己的教学实际开展作业设计。第二梯次，挖掘典型，组内铺开。从这些种子教师中选择一些应用效果较好的教师，让他们把自己应用成果进行作业设计的经验在备课组、教研组内分享，同时也把他们在实践中存在的疑惑提出来讨论，拟订解决问题的方案，同时带动备课组进行作业设计。第三梯次，以备课组为单位进行展示交流，全校辐射推广。学校组织开展语文、数学备课组作业设计展示交流活动，让备课组把本组进行作业设计的经验分享出来，同时也提出自己在实践中的困惑，大家集思广益，一起解决。这样把语文、数学备课组进行作业设计的实践经验推广出来，影响带动全校其他学科都参与进来。

（二）推广应用的成果内容：分步推广

由于成果持有方和成果应用方存在校情差异，推广应用要从实际出发，不能简单照搬、盲目克隆，对于成果内容的应用也要有所取舍。因此，可以分步推广。

所谓分步推广，指的是推广应用的成果内容由部分到整体。成果应用学校在进行成果的推广应用时，可以先对成果内容模块进行分解，找到实践操作的切入口，从成果内容的某一模块开始尝试应用，再把推广应用这部分成果内容的经验方法进行迁移，逐步对整个成果内容进行推广应用，最终达到对整个教学成果的应用和创新。具体推广模式如图6-5所示。

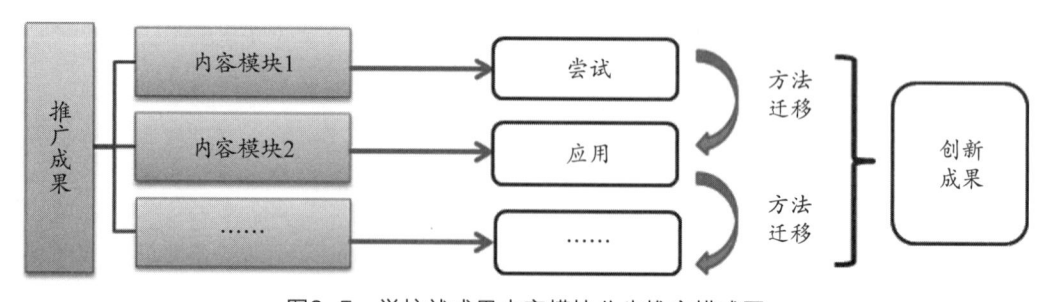

图6-5 学校就成果内容模块分步推广模式图

如成都市锦江区祝国寺小学（以下简称"祝小"）引进特色成果"绵竹年画"，并开发了具有祝小特色的"快乐年画"系列课程，所采用的便是分步推广的策略。具体推进过程如图6-6所示。

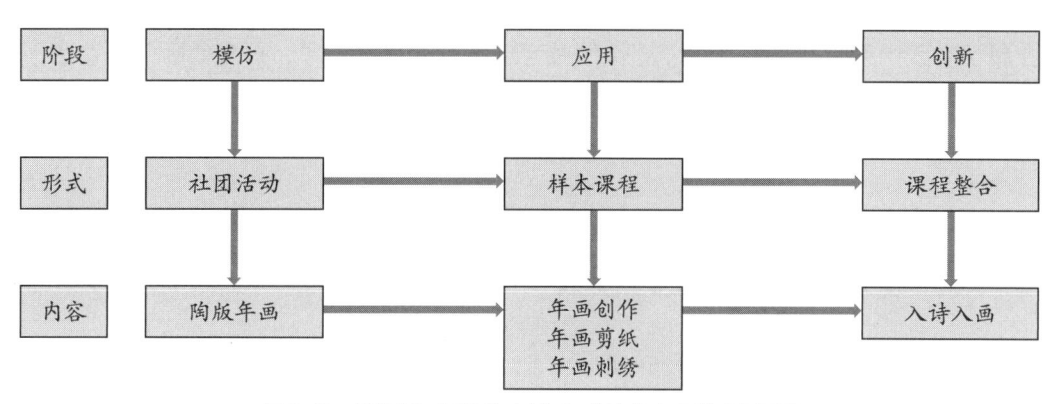

阶段	模仿	→	应用	→	创新
形式	社团活动	→	样本课程	→	课程整合
内容	陶版年画	→	年画创作 年画剪纸 年画刺绣	→	入诗入画

图6-6　祝国寺小学分步推广"绵竹年画"过程图

第一步，学校选派美术骨干教师到绵竹年画村学习，首先以社团活动的形式引进了陶版年画，这个阶段主要培养学生年画的上色技巧。

第二步，学校把开设陶版年画社团活动的经验进行总结，逐步引进了年画创作、年画剪纸、年画刺绣等，并将系列年画成果以特长培训课程的形式落地，这一阶段主要培养学生年画的绘画技能。

第三步，学校自主创新。经过前两个阶段的推广应用，年画逐步成为祝小的一张亮丽名片，但年画特色项目似乎到了瓶颈期，需要创新。于是，学校通过与学科课程和德育课程整合，形成"入诗入画"项目式成果。这一阶段主要是通过系列活动引导传承年画中蕴含的传统文化。

五、评估改进

成果应用方推广的核心目的是解决实际问题，因此评估的核心也围绕问题解决，此外还可以就推广本身促成对教师、学校多方面的发展进行评估。效果反馈的内容包括教师对成果本身的理解、应用范围、推广方式的接收程度等。效果的反馈有助于应用方进一步反思自己的推广规划、推广策略及流程，并适时改进。

成果推广对于成果应用方而言是一个"认识—实践—再认识"的不断深化研究的过程。教学成果推广能有效地推动教师的专业成长，提升教师教育科研能力。在推广应用教学成果中，一方面教师会查询、检索相关研究成果，有的放矢地理解他人的观点，吸收更多的新教育教学理念，掌握更新的教育教学手段，潜移默化地提高自己的理论水平，拓展自己的思维空间。另一方面教师通过教学成果的推广应用，不仅可以有针对性地解决教育教学实践中的难题，帮助自己改进教育教学行为，还可以对自己在教学实践中积累起来的直观、感性的教育经验进行理性升华，提高教师的专业水平和专业能力。因此，将优秀的教学成果进行推广应用是教师"弯道超车"的重要途径。

六、成果推广方案设计模板

成果推广方案设计模板如表6-5所示。

表6-5 应用方主导的成果推广方案设计模板

成果应用方基本信息	
应用方	
应用方拟解决问题	
应用方核心团队	
应用方预期学习目的	
学习时间	
应用方学习需求	
应用成果基本信息	
应用成果名称	
成果持有单位/人	
对成果的基本认识（成果解决问题、成果内容及取得效果）	

续表

拟学习成果具体内容	
显性知识	
隐性知识	

学习活动具体安排			
时间	活动名称及形式	达成效果	评价方式

学习保障	
制度	
经费	
人员	

第七章

知识管理视域下教学成果推广评价

评价具有导向、激励、调控、改进的作用。对于教学成果推广而言，评价是帮助推广方"知得失，找差距，明方向，谋未来"的重要抓手和有效支撑。它对于实时监控教学成果推广活动的实施状态，诊断活动中存在的不足与问题，探明改进措施，进而激发教学成果推广团队的积极性和创造力，提升教学成果推广活动绩效，促进教学成果知识的流动、创生都具有重要实践意义。本章针对教学成果推广中评价弱化甚至缺位的问题，提出建立以促进知识转化为核心目标，以评价理念、内容标准、模型方法、结果运用为核心要素的评价体系。

第一节　教学成果推广评价的基本理念

评价理念是评价实践的先导。评价活动一定要基于评价对象的本质属性，结合评价基本原则，构建出具有价值规约性、理论指导性的评价理念体系，方能引领评价实践走向正确的方向，进而生成评价活动的意义和价值。本节内容主要围绕知识管理视域下基础教育教学成果的知识特性，明确评价成果推广要重点遵循的几大基本理念，阐述其内容要点和具体要求。

一、教学成果推广评价要以知识为基

教学成果推广评价以教学成果及其转化为评价重点。那么，何为教学成果？根据《教学成果奖励条例》的定义，教学成果是指"反映教育教学规律，具有独创性、新颖性、实用性，对提高教学水平和教育质量、实现培养目标产生明显效果的教育教学方案"[①]。简言之，教学成果就是教师（教学成果持有方）思考、解决教育教学问题的个人知识体系，它可以指向教师对教育教学、学生管理、课程建设、家校共育、教师发展等多方面的理性认识，同时也可以指向教师在具体教育情境、具体教学任务中经受实践检验而不断生成、完善的模式、策略、方法、技巧、机制等，此外还可以指向教师的教育价值观念、教育信条、态度、情感、直觉等难以外显表征的情感价值体系。

从知识管理的理论视域来看，教学成果本质上就是教师知识，且存在显性与隐性之分，其中显性知识是教师可以用概念、符号、图表等表示的教育教学模式、策略、方法以及外化于物的论文、专著、专利等；隐性知识则是教师难以用语言文字或其他

[①] 国务院. 教学成果奖励条例[EB/OL]. http://www.gov.cn/zhengce/2020-12/26/content_5575073.htm. (1994-03-14) [2022-10-17]

方式描述表达的，也不易被别人进行模仿和编码，具有高度个人化与不规范性的知识体系，它又可以细分为技能性知识和思想性知识。前者是教师在实践中默会生成的，内嵌于教师头脑中的教学艺术、管理经验等，后者则是教师的个人价值观念以及对教育现象、教育问题的直觉、观察、判断、想象和思维认知等。

基于教学成果本质上是教师知识这一逻辑起点和基本立场，教学成果推广评价体系的构建就要围绕"知识的基本特性"这一中心点来确定。这也意味着在成果推广评价中，评价指标的设计、评价工具的研发、评价方法的选择以及评价流程的制订都要具体根据某项教学成果所包含的知识类型、所承载的知识转化任务来进行有针对性的理论构建和实践测评，否则就无法准确衡量教学成果推广的成效，更遑论以评价促进教学成果推广质量的提升。

二、教学成果推广评价要着力系统设计

教学成果推广评价是一项系统工程，涉及的评价要素众多，评价内容多维，评价过程多环。因此，教学成果推广评价体系的构建要建立在系统思考的基础上，要基本能反映教学成果推广的各个环节、各个方面，不存在重大遗漏或偏颇。

从评价要素来看，评价体系必须包含评价理念原则、评价内容标准、评价方法工具、评价结果运用等核心要素，否则评价体系便无法构成一个完整的逻辑闭环。

从评价内容上来看，教学成果推广是"投入—过程—产出"等多维连贯的完整过程，因此教学成果推广评价就不只是基于成果推广绩效的结果评价，还应该充分考量成果推广活动的起点评价与过程评价，即将成果推广的顶层设计、组织实施等维度纳入其中，如此方能形成较为完整的评价体系。

从评价过程来看，基于知识特性的教学成果推广评价不仅要关注教师知识的不同类型（显性知识与隐性知识），而且要关注不同类型知识在推广过程中的转化阶段——传播、应用、创生。具体而言，要针对成果推广中的不同知识样态，围绕评价对象职能定位和关注重心，设计相应的评价标准，研制可行的评价工具，比如显性知识推广主要通过客观、量化方式予以评价（如问卷调查），但隐性知识的推广则要更多考虑质性评价方法（如个案评价）。

三、教学成果推广评价要操作可行

教学成果推广评价既需要理论构建，又涉及实践操作。因此，教学成果推广评价体系要落地实施就必然要充分考虑操作可行这一现实问题，这就需要评价指标的数据获取、评价方法与模型具有可操作性，计算过程简洁清晰，对评价人员的操作能力和数学水平没有非常高的要求。

但正如前文所分析的，教学成果本质上是教师知识，而且有不同的存在样态，成果推广评价就是关注教师知识的转化过程，相关的评价指标就需要根据实际情况来设定，不能片面地强调定量评价或定性评价。实践证明，离开定量的定性评价，容易使认识停留在模糊阶段，过多地依赖以往的经验和一时的印象，主观随意性大；离开定性的定量评价，又容易导致机械追求分数的倾向。因此，教学成果推广评价需要将两者紧密结合，确保评价工作操作可行、实用好用。

四、教学成果推广评价的突破点在成果创生

基础教育教学成果是实践性和情境化、"隐性知识"和"显性知识"相结合的复杂知识，因此，教学成果的推广就不只是静态知识的单向流动。事实上，基础教育教学成果的传播更多具有知识"原型启发"的特点，即受众在参与教学成果推广活动时，不仅仅在感受所推广成果的知识魅力，还以这些知识为基本参照，唤醒自我的教育教学经验，反思重构自我的知识体系，从而实现知识的生产、成果的创生。

2018年12月课题组在一项成果推广活动中对参与教师进行无记名调研，结果显示，高达56.67%的参与者认为"实现先进教育教学知识的流动与分享，促进参与者相互启发，创生各自的新教育经验与知识"是教学成果推广最有价值的地方（如表7-1所示）。

表7-1 受访者对教学成果推广的价值认识

选项	占比
1. 普及有关教育问题的教育科学知识或新认识	14%
2. 推广解决教育有关问题的改革路径或技术	19%
3. 移植有关问题的教育教学具体方法与策略	10%

续表

选项	占比
4. 实现先进教育教学知识的流动与分享，促进参与者相互启发，创生各自的新教育经验与知识	56.67%
5. 其他	0.33%

这表明，从受众角度来看，教学成果推广不是传播"正确的知识"，而是通过"知识传播"启发教师生产属于教师"自己的知识"，即教学成果推广活动的重要价值和意义在于引领广大教师的"知识重构"或者"成果创生"；相应地，教学成果推广评价的价值定位也不应只是停留于受众到底了解了多少成果知识、记住了多少成果知识或者说在实践中运用了多少成果知识，更关键的应该是受众是否对成果进行了创生，这可以作为成果推广评价的终极追求。

第二节　教学成果推广评价内容

教学成果推广是一个系统工程[1]，也是一项长期工作，需要教学成果持有方、应用方及推广活动组织方等相关主体的共同参与、密切协作。在推广过程中，教学成果持有方要精准找到成果应用的连接点、操作点，发挥示范辐射功能；教学成果应用方要基于对成果的充分了解和本校实际，理性务实地找到生长点、发力点；推广活动组织方则要敏锐找到成果推广应用的堵点、断点、难点，发挥组织、研究、指导、服务功能[2]。三者有机联结、相互支撑，共同参与教学成果推广活动的全流程（即知识输入、活动实施、成果输出、反思评价），并共同促成教学成果推广从知识鉴别、知识获取、知识共享向知识存储、知识应用、知识创造的历史性转化。与此同时，由于三类主体身份角色、职能定位等方面的差异，其在教学成果推广活动——共同化推广活动、表出化推广活动、联结化推广活动及内在化推广活动中有着不同的关注点，因此对于不同主体评价的具体内容应该有所区别、有所侧重。基于上述分析，本部分将以

---

[1] 吕玉刚. 扎实推广应用优秀教学成果全面提升基础教育质量[J]. 中国教育学刊，2019（12）：5.

[2] 优化与再生：优秀教学成果推广区域路径与策略[J]. 中国教育学刊，2022（S1）：81—82.

准备度、投入度、达成度、满意度四大评价维度为纲，结合三大主体的来源构成及其在知识转化中的关注重点、成果推广的职能发挥，细化、梳理具体评价内容要点，进而形成针对三大主体的评价内容标准。

一、指向教学成果持有方的评价内容

作为教育理论创新与实践改革的有机结合者，教学成果持有方以深厚的专业知识为根基，以创新的教学理念为引领，精心培育并发展了具有实践价值的教学成果。通过不断地研究与实践，教学成果持有方为成果的应用提供了坚实的理论基础和实证支持。在此基础上，教学成果持有方与推广活动组织方紧密协作，确保了教学成果的创新性和实用性能够被有效地识别和传播，同时促进了教学成果在应用方的落地应用和成果创新，致力实现显性知识和隐性知识的交互转化以及个人知识和组织知识的迭代生成。

综上，指向教学成果持有方的评价内容需要重点关注以下两点：一是在教学成果推广活动设计之际，推广方是否分析了教学成果知识的结构与特性，研究了成果推广的目标定位和成果推广的对象特点，选择了适宜的推广内容，确定了适宜的推广形式，研制了系统完备、操作可行的规划方案，切实准备好了有关培训资源等；二是在推广过程中是否建立了流畅的沟通机制，开展了适宜的培训指导活动，并能根据成果应用方需求和推广进程，及时调整完善专业服务方式方法。

（一）教学成果持有方的来源构成与职能定位

教学成果持有方又称成果持有人、推广方。教学成果持有方主要是那些在教育教学领域进行改革实践并取得显著成效的个体或组织（如学校一线教师、教科研机构教研员、高等院校的专家学者）。他们拥有经过验证的优秀教学成果，这些成果往往具有原创性、开放性和本土性。在成果推广过程中，教学成果持有方在对其教学成果进行实践验证、确保其有效性和可行性的基础上，与成果推广活动组织方合作，将个体成果向群体转换，通过群体的反馈以及自身对于成果的再理解，完成个体成果的进一步优化，实现教学成果的"二次转化""再生成""再创造"。

（二）对教学成果持有方的评价内容

围绕教学成果推广应用的知识转化样态——共同化推广活动、表出化推广活动、联结化推广活动及内在化推广活动，结合教学成果持有人职能定位与关注重心，课题组在参考基础教育国家级优秀教学成果推广应用评估工作指标的基础上，从准备度、投入度、达成度、满意度四大评价维度出发，拟定具体评价观测点，形成针对教学成果持有方的评价指标体系，具体内容见表7-2。

1. 准备度

对于教学成果持有方而言，准备度评价的侧重点在于确保教学成果的示范引领作用和推广活动的前期准备情况，主要包括以下几个方面的内容：①顶层设计，即成果推广目标是否明确、任务是否清晰、年度工作重点是否有进阶、工作内容是否具体、措施是否可行、时间安排是否合理等；②机制构建，即推广团队成员结构是否合理，分工是否明确，职责是否清晰，相关制度是否健全，运行机制是否流畅等；③资源准备，即是否准备了成果推广实施操作指南、主题报告、课例或样例、案例、测评工具以及相关书籍、资料等多种培训资源，以便成果应用方能够更好理解和应用这些成果。

2. 投入度

教学成果推广投入度是教学成果推广过程的重要表征，更是影响教学成果推广应用效果的核心指标。投入度评价的侧重点在于教学成果推广的专业服务与具体举措，具体表现在以下几个方面：①成果持有方开展结对、研讨、项目合作、展示交流等活动，提高成果应用方参与积极性，推动成果在学校落地应用；②根据成果应用方的特点和需求，成果持有方采用集体培训学习与个别指导结合、观摩与研讨结合、原理学习与实操结合、精神引领与专业指导结合等多种方式开展工作；③持有方将推广理念、技术、方法等有机融合，并及时根据成果应用方（被推广方）的需求和进展调整完善专业服务方式方法。

3. 达成度

教学成果推广达成度是检验教学成果推广应用成效的关键指标，主要包括目标达成度、任务完成度、问题解决度和工作影响力四个方面，其中：①目标达成度即达成推广工作规划（含年度工作计划）目标的程度；②任务完成度是指推广工作方案中的任务完成情况；③问题解决度是指成果持有方基于教学成果推广帮助成果应用方切实解决相关教育教学改革难题，推动其教育质量提升的情况；④工作影响力则是指成果持有方在活动过程中基于经验总结、批判反思、成果再提炼等，通过工作动态展示（微信公众号、活动简报）、媒体报道、成果发布等方式扩大其教学成果以及成果推广影响力的情况。

4. 满意度

满意度能够反映成果应用方对教学成果推广活动的接受程度和满意程度以及推广活动内容和形式是否符合他们的需求和期望及其程度，从而从侧面验证成果推广活动的成效。在指向成果持有方的教学成果推广评价指标中，满意度评价包括专业服务满意度、成果应用满意度两个要素，前者指向成果应用方对成果持有方的培训、指导、咨询、研讨、资源提供等专业服务质量的满意度，后者指向成果持有方对成果应用方应用、创生成果的效果及活动参与情况的满意度，两者有机互补，共同构成了针对成果持有方教学成果推广满意度他评和自评的内容体系和基本标准。

表7-2　指向教学成果持有方的教学成果推广评价指标

一级指标	二级指标	主要观测点
A1. 准备度	B1. 顶层设计	1. 制订了教学成果推广工作规划（或教学成果推广年度工作计划），与推广活动组织方沟通并达成一致； 2. 教学成果推广工作规划（或计划）目标明确，任务清晰，年度工作侧重点有进阶； 3. 制订了教学成果推广工作方案，充分考量了成果应用方的个性化需求，体现了分类指导原则，达到了供需适配的标准； 4. 教学成果推广工作方案目的明确，内容具体，措施可行，能精准反映成果的操作点、应用点，制订了教学成果应用效果检测标准
	B2. 机制构建	1. 组建了教学成果推广团队； 2. 团队成员结构合理，分工明确，职责清晰，工作认真； 3. 设立了完善的教学成果推广工作基本制度和运行机制，成果持有方团队与推广活动组织方、应用方在推广管理、实践、技术等方面沟通渠道明确，互动顺畅；成果持有方推广团队联络人能定期与活动组织方、成果应用方联系对接，对有关需求能做到及时响应，相关研讨、培训、咨询或指导活动平均每两个月不少于1次； 4. 有工作例会机制，定期开展研修，对工作推进过程进行反思与调整，有过程记录； 5. 严格按照相关财务规定，合理规范使用成果推广应用专项经费，做到专款专用
	B3. 资源准备	1. 编制了教学成果推广实施指南或操作手册，指南或手册设计简洁、便于使用； 2. 根据成果应用方特点，准备了与本成果相关的主题报告、课例或样例、案例、测评工具以及相关书籍、资料等多种培训资源，完善了推广应用培训课程，能较好满足成果应用方的需求； 3. 成果应用方可以获取的资源和途径十分明确、便捷

续表

一级指标	二级指标	主要观测点
A2. 投入度	B4. 专业服务	1. 注重线上线下充分结合,搭建多种平台,开展结对、研讨、项目合作、展示交流等活动,有效提高成果应用方参与积极性,推动成果在学校落地应用; 2. 能根据成果应用方的特点和需求,采用集体培训学习与个别指导结合、观摩与研讨结合、原理与实操结合、精神引领与专业指导结合等多种方式开展工作,过程管理规范; 3. 能将推广理念、技术、方法等有机融合,并及时根据成果应用方需求和进展调整完善专业服务方式方法
A3. 达成度	B5. 目标达成度	达成教学成果推广工作规划(含年度工作计划)目标
	B6. 任务完成度	完成教学成果推广工作方案中的既定任务,各项举措落实到位,分年度工作总结和三年推广工作整体总结
	B7. 问题解决度	切实解决应用方相关领域的问题,对其教育教学改革发展和实践创新发挥了显著作用
	B8. 工作影响力	凝练经验,并通过工作简报、微信公众号、媒体报道、成果发表等方式广泛宣传,其教学成果以及教学成果推广的社会影响力增强且反响良好
A4. 满意度	B9. 专业服务满意度	成果应用方对成果持有方的培训、指导、咨询、研讨、资源提供等专业服务质量满意度达80%及以上
	B10. 成果应用满意度	成果持有方对成果应用方学习应用、探索创生教学成果的效果及活动参与情况的满意度达80%及以上

二、指向教学成果推广活动组织方的评价内容

作为成果持有方与教学成果应用方之间的沟通枢纽,成果推广活动组织方以策略和智慧为经,以协调和合作为纬,巧妙地将成果持有方的创新理念与成果应用方的实际需求紧密相连。通过精心策划和周到执行,成果推广活动组织方为双方创建了一个共同交流、协作创生的平台,让创新的思想得以自由流动,让实践的智慧得以充分传播,促使教学成果跨越理论和实践的界限,转化为提升教学质量和育人成效的强大动力。因此,指向成果推广活动组织方的评价内容要聚焦于教学成果知识的有效传播和真实流动,也就是说教学成果推广活动要能真正促进教学成果在个体之间、群体之间、学校之间、区域之间的分享、交流、创新,而不只是停留于文字符号或荣誉方面。

(一)推广活动组织方的来源构成与职能定位

教学成果推广活动组织方即主导成果推广活动的组织者,主要包括教育行政部

门、教育科研管理部门、教育研究机构、教育学术团体等。在成果推广过程中，成果推广活动组织方拥有较强的资源整合能力、组织推广能力，承担着活动规划与设计、沟通与协调、执行与管理、培训与支持、评估与反馈、宣传与推广等众多职能，以确保教学成果能够有效地被更广泛的教育群体所了解、接受和应用，具有较高的专业性、权威性。

（二）对成果推广活动组织方的评价内容

围绕教学成果推广应用的知识转化样态——共同化推广活动、表出化推广活动、联结化推广活动及内在化推广活动，结合推广活动组织方的职能定位与关注重心，课题组从准备度、投入度、达成度、满意度四大评价维度出发，拟定具体评价观测点，形成针对成果推广活动组织方的评价指标体系，具体内容见表7-3。

1. 准备度

对于成果推广活动组织方而言，准备度评价的侧重点在于分析目标受众，完善顶层设计，强化机制建设。具体而言，评价内容包括以下几个方面：①成果投放，即教学成果推广对象的选择与成本的预算，供需是否适配、成本是否合理；②顶层设计，即工作规划（或计划）、工作方案目标是否明确，任务是否清晰，年度工作是否有侧重点，方案是否能够动态调整；③机制构建，即推广团队成员结构是否合理，分工是否明确，职责是否清晰，相关制度是否健全，运行机制是否流畅等。

2. 投入度

对于成果推广活动组织方而言，投入度评价重点关注组织方的工作路径和实施过程，具体而言，组织方是否定期组织持有方和应用方开展研讨、交流活动，是否定期举行阶段总结和区域推介活动，此外，是否能根据实际情况及时调整、优化成果应用工作推进策略与方法，切实加强工作保障（经费、激励机制），确保成果推广过程持续、活动连贯。

3. 达成度

对于成果推广活动组织方而言，教学成果推广达成度评价主要包括目标达成度、任务完成度、工作受益面和工作影响力四个方面，其中：①目标达成度即达成推广工作规划（含年度工作计划）目标的程度；②任务完成度是指推广工作方案中的任务完成情况；③工作受益面即组织方协助持有方有效实现了成果的落地，帮助应用方切实解决了有关领域的问题，助推其在教育教学改革深化、质量提升和实践创新方面取得了显著成绩；④工作影响力即组织方通过在线展示、媒体报道、文章刊发、成果出版和网络推介等多种方式提高了活动影响力。

4. 满意度

对成果推广活动组织方的满意度评价主要包括沟通协调满意度以及活动组织满意度两大维度，其中前者是成果持有方对活动组织方在沟通、协调、配合等方面的满意度，后者则是成果应用方（被推广方）对活动组织方在活动策划、活动组织、活动效果等方面的满意度。

表7-3 指向推广活动组织方的教学成果推广评价指标

一级指标	二级指标	主要观测点
A1. 准备度	B1. 成果投放	1. 推广活动定位准确，能较好满足应用方需求，实现供需匹配； 2. 推广活动充分考虑人力、物力和财力成本以及成果应用方（被推广方）的时间、精力、智慧和风险担当，确保成本在可承受的范围之内
	B2. 顶层设计	1. 在与持有方充分沟通基础上，制订了推广工作规划（或年度工作计划），且工作规划（或计划）目标明确、任务清晰，年度工作侧重点有进阶； 2. 结合工作规划和实际情况，制订了推广工作方案，且方案目的明确、内容具体、措施可行，体现连续性和递进性，制订了推广效果检测标准； 3. 方案能根据实际情况进行动态调整
	B3. 机制构建	1. 组建了推广活动工作团队，且团队组织架构完整，层次划分合理，人员配置有力； 2. 制订了成果推广工作基本制度，团队成员有明确的任务分工，责任到位，能力适配； 3. 建立了与持有方、应用方线上线下相结合的多方定期沟通机制，相关人员沟通渠道明确，对接顺畅
A2. 投入度	B4. 工作路径	1. 主动邀请持有方指导工作，积极参加由持有方组织的各种研修培训活动，定期组织持有方和应用方研讨、交流，形成双方良性互动的实施局面； 2. 自主开展成果应用研修系列活动，每学期召开阶段性推进、总结会（不少于2次），注重深入总结成果推广应用中的典型做法和有效经验，进行区域内、项目间乃至全国性的交流推介，有过程记录，有反思调整
	B5. 实施过程	1. 开展调研，并与持有方沟通协商，根据应用方特点及时调整、优化成果应用工作推进策略与方法； 2. 成果推广活动有较强的工作保障（经费、激励机制），确保成果推广过程持续，活动连贯
A3. 达成度	B6. 目标达成度	达成工作规划（含年度工作计划）目标
	B7. 任务完成度	完成推广应用工作方案中的既定任务，各项举措落实到位，分年度工作总结和三年应用工作整体总结

续表

一级指标	二级指标	主要观测点
A3. 达成度	B8. 工作受益面	1. 应用方师生参与积极性较高，且参与人数较多； 2. 有效实现了成果的落地应用和本土化创新，并生成了适应成果应用方本地发展的新成果，相关领域的问题得到切实解决，在教育教学改革深化、质量提升和实践创新方面取得了显著成绩
	B9. 工作影响力	通过在线展示、媒体报道、文章刊发、成果出版和网络推介等多种方式提高了活动影响力
A4. 满意度	B10. 沟通协调满意度	持有方对活动组织方在沟通、协调、配合等方面的满意度达80%及以上
	B11. 活动组织满意度	应用方对活动组织方在活动策划、活动组织、活动效果等方面的满意度达80%及以上

三、指向教学成果应用方的评价内容

野中郁次郎在论述组织知识的形成过程时谈到，知识重构需要通过强化意图、自主管理、波动与创造性混沌、冗余、必要多样性原则等要素的刺激，经历共享隐性知识、创造概念、验证概念、建造原型、转移知识五个阶段。[①]优秀教学成果的推广恰恰能够促进教师经历这样的知识创生过程。客观地讲，绝大多数教师并非不能改变拥有的教师知识，而是不愿改变。越是在学术活动频繁、活动品质较高、教师参与广泛的学校和地区，教师就越愿意改变自己，不断追求知识重构的可能性，发展空间也就更大。

概而言之，指向教学成果应用方的评价内容要聚焦于成果推广应用是否关注了应用主体的认知准备和情感态度，充分分析了其面临的教育教学困境，掌握了学习应用成果的策略方法，促进了教师知识的重构与创生，这也是成果推广应用评价的根本要义所在。

（一）教学成果应用方的来源构成与角色定位

教学成果应用方又称教学成果被推广方。成果应用方主要是指那些直接应用教学成果的教育机构或个人，他们可能是学校、教师、教育行政部门或地方教育研究机构。在成果推广应用过程中，成果应用方旨在通过参加推广活动，感受或经历成果产

---

① 野中郁次郎，竹内弘高. 创造知识的企业：日美企业持续创新的动力[M]. 李萌，高飞，译. 北京：知识产权出版社，2006：86—107.

生的过程，通过新知识与原有知识经验之间双向、反复的相互作用而完成知识的内化与建构，实现成果的落地应用和实践创生。

（二）对教学成果应用方的评价内容

围绕教学成果推广应用的知识转化样态——共同化推广活动、表出化推广活动、联结化推广活动及内在化推广活动，结合教学成果应用方的角色定位和关注重心，课题组在参考基础教育国家级优秀教学成果推广应用评估工作指标的基础上，从准备度、投入度、达成度、满意度四大评价维度出发，拟定具体评价观测点，形成针对教学成果应用方的评价指标体系，具体内容见表7-4。

表7-4 指向教学成果应用方的教学成果推广评价指标

一级指标	二级指标	主要观测点
A1. 准备度	B1. 认知情感	1. 对于教学成果的理解和认知情况； 2. 对于应用教学成果的动机与态度
	B2. 顶层设计	1. 在与成果持有方、活动组织方充分沟通基础上，制订了教学成果应用工作规划（或年度工作计划），且工作规划（或计划）目标明确、任务清晰，年度工作侧重点有进阶； 2. 结合工作规划和实际情况，制订了教学成果应用工作方案，且方案目的明确、内容具体、措施可行，体现连续性和递进性，制订了应用效果检测标准； 3. 方案能根据实际情况进行动态调整
	B3. 运行机制	1. 组建了教学成果应用工作领导小组和专项工作小组，且团队组织架构完整，层次划分合理，人员配置有力，分工合理，责任到位，能力适配； 2. 建立了与成果持有方、活动组织方线上线下相结合的多方定期沟通机制，相关人员沟通渠道明确，对接顺畅
	B4. 资源准备	应用教学成果所需的人力资源（师资）、经费保障、物质资源（如教学设施设备）充足
A2. 投入度	B5. 工作路径	1. 主动邀请成果持有方指导工作，积极参加由成果持有方组织的各种研修培训活动，形成双方良性互动的实施局面； 2. 自主开展成果应用研修系列活动，每学期召开阶段性推进、总结会（不少于2次），注重深入总结成果应用中的典型做法和有效经验，进行区域内、项目间乃至全国性的交流推介，有过程记录，有反思调整； 3. 建立了完善的激励机制，对成果学习应用工作中表现优异的学校部门和教师个人给予物质和精神激励
	B6. 过程参与	1. 在成果学习应用过程中，投入了大量时间、精力； 2. 在成果学习应用过程中，展现出持续学习和自我提升的意愿； 3. 专项工作小组在成果学习应用过程中，协调配合，相互支持，高质量完成每一次活动

续表

一级指标	二级指标	主要观测点
A3. 达成度	B7. 目标达成度	1. 达成成果学习应用工作规划（含年度工作计划）目标； 2. 完成应用工作方案中的既定任务，各项举措落实到位，有年度工作总结和三年学习应用工作整体总结
	B8. 工作受益面	1. 有效实现了成果的落地应用，相关领域的问题得到切实解决； 2. 对成果进行了本土化创新，并生成了适应本校（地）发展的新成果； 3. 在学生学业表现、教学质量提升、教师专业发展和实践创新方面取得了显著成绩
	B9. 社会影响力	通过在线展示、媒体报道、文章刊发、成果出版和网络推介等多种方式提高了影响力
A4. 满意度	B10. 成果持有方满意度	成果应用的效果及参与情况得到成果持有方的肯定，满意度达80%及以上
	B11. 活动组织方满意度	成果应用的效果及参与情况得到活动组织方的肯定，满意度达80%及以上
	B12. 教师满意度	教师对教学成果实施过程和结果的满意度达80%及以上
	B13. 学生满意度	学生对新教学方法和学习体验的满意度达80%及以上
	B14. 家长满意度	家长对学校教育教学成果和课堂教学改进的满意度达80%及以上

第三节　教学成果推广评价模式与评价方法

在教学成果推广评价中，评价模式和评价方法相辅相成，评价模式为评价方法提供了应用的背景和目标，而评价方法则使评价模式具体化、可操作化。两者为评价内容的落实、评价过程的推进提供了保障。正确选择和应用评价模式和评价方法，对于提高教学成果推广的有效性、促进教育质量的提升具有重要意义。

一、教学成果推广评价模式

教育评价自19世纪末20世纪初流行于欧美国家的标准化、常模参照的成就测验和心理测量运动，此后经历了从测量描述向判断协商的范式转换，实现了从第一代评价到第四代评价的迭代发展。在此过程中，也诞生了众多教育评价模式，比较有代表性的有泰勒目标评价模式、系统分析模式、行为目标模式、CIPP评价模式、目的游离模式、文艺评论模式、鉴定模式、反对者模式、相互作用模式[①]。结合教学成果推广评价实际运用情况和上述教育评价模式的内容分析，课题组认为教学成果推广评价模式主要可以分为三大类型，即达标评价模式、改进评价模式和协商评价模式。

（一）达标评价模式

达标评价模式的基本理念是"不求最好，但求及格"[②]，它是一种以结果为导向的评价模式，主要用于判断教育活动、教育成果是否达到了既定的标准或要求。这种评价模式常见于教育质量保证和认证过程，它强调的是符合性，即教育活动过程、成果必须满足一定的质量标准。达标评价通常包括明确的评估指标和标准，达到标准就是合格，达不到标准就是不合格，评价结果主要用于判断是否给予认证或资格。

在教学成果推广应用评价中，无论是对成果持有方，还是成果应用方，又或者是活动组织方，达成度评价都是一大维度，而达成度评价维度下所规定的目标达成度、任务完成度、工作受益面、社会影响力等具体指标的评价就是采用达标评价模式，并且达标的标准就是相关主体所研制的教学成果推广应用规划、计划或工作方案中对教学成果推广应用目标、任务的量化规定和具体要求。

（二）改进评价模式

正如美国学者斯塔弗尔比姆（Stufflebeam D. L.）所言，评价目的不在于证明而在于改进，改进评价模式关注问题的诊断和改进，聚焦教育实践的持续发展。它不仅仅关注当前的成就水平，更侧重于通过评价发现问题和不足，提出改进建议。这种评价模式鼓励教育工作者进行自我反思和自我评估，以促进个人和组织的成长与进步。改进评价通常包括对教育过程的深入分析以及对未来改进方向的指导。

在教学成果推广应用评价中，有关成果持有方、成果应用方、成果推广组织方的准备度、投入度评价都可以采用改进评价模式，比如成果持有方培训资源的准备情况、成果应用方的认知准备和情感态度的诊断以及教学成果推广应用过程，三方主体在团队构建、组织领导、机制运行、工作推进等方面存在哪些问题，牵涉哪些原因，可采用哪些改进措施等，以更加有效调动多元主体的参与积极性。

[①] 戚业国，杜瑛. 教育价值的多元与教育评价范式的转变[J]. 华东师范大学学报（教育科学版），2011（2）：12.

[②] 臧铁军. 教育考试与评价[M]. 北京：中国青年出版社，2020：239.

（三）协商评价模式

协商评价是一种参与性的评价方式，它主张评价过程中各方面利益相关者应参与和协商。在这种模式下，评价标准和目标是多方共同确定的，评价过程更加透明和民主。协商评价有助于确保评价结果更加全面和公正，因为它考虑了不同群体的观点和需求。这种评价模式适用于需要多方共识和合作的复杂教育项目或政策评估，其评价反馈指导效果最为明显，评价的正向作用也最大。

在教学成果推广应用评价中，成果持有方、成果应用方、活动组织方不仅可以通过互动协商对教学成果推广应用规划、工作方案达成共识，还可以在评价内容、评价结果的认识上找到共同点，比如满意度评价其实是三者共同"卷入"一项评价指标，因此在构建评价具体内容以及满意度标准时都可以采用该评价模式。

二、教学成果推广评价方法

评价方法是教育领域中用于评估教育活动效果、学生学习成果和教师教学表现的一系列技术和工具，它既是评价模式的核心要素和关键表征，又是评价内容的有力支撑。在教学成果推广评价中，评价方法主要包括问卷调查、档案袋评价、观察、访谈、个案评价等。各种方法都有其优点和局限性，应根据具体评价对象、评价目的和内容选择合适的评价方法。

（一）问卷调查

问卷调查是一种常用的教育评价方法，它通过精心设计一系列问题，采取纸质问卷或在线调查的形式，高效地收集大量受访者的意见、态度、感受和行为等信息。这些问题可以是封闭式的，提供有限的选项供受访者选择，如是非题、多项选择题等，便于快速统计和量化分析；也可以是开放式的，允许受访者以自由文本的形式表达自己的观点和感受，有助于获取更深入的质性数据。

在教学成果推广评价中，针对不同推广应用主体的评价指标都可以采用问卷调查进行评价，比如指向教学成果持有方的顶层设计、机制构建、资源准备、专业服务、满意度等指标，或者是指向教学成果应用方的认知情感、顶层设计、机制构建、条件保障、满意度（教师满意度、学生满意度、家长满意度等）等指标，又如指向推广活动组织方的成果投放、顶层设计、机制构建、工作路径、实施过程、满意度评价等指标，都比较适合选择问卷调查进行客观评价。

课题组也曾多次利用在线问卷调查平台开展有关教学成果推广应用的调研评价。在本研究开始之际，课题组在2018—2020年每次推广活动后，均基于问卷星在线问卷调查平台，以无记名的方式收集了参与教师关于教学成果推广活动的基础、期望、经验、收获、感受、满意度、建议等方面的有关信息。整体而言，该项调查结果客观、真实，为本课题组认识教学成果推广活动作为一种"知识管理"活动的特殊性质提供了不少重要启示。2019年下半年，课题组研制了更完善、更符合成果推广作为"知识管理"活动特性的问卷，并且参与对象更为广泛，对成果推广对象的分类也更为精准，得出了更多有意义的调查结论。为进一步说明问卷调查作为教学成果推广应用的一种高效评价方法，在此以推广活动组织方评价指标中的活动组织满意度评价为例，呈现具体的工具示例（见表7-5）。

表7-5 成果应用方对教学成果推广活动满意度调查问卷

序号	问题	选项（请在对应选项下打√）				
		非常满意	满意	一般	不满意	非常不满意
1	您对本次教学成果推广活动的总体满意度如何？					
2	您对本次教学成果推广活动组织工作的满意度如何？					
3	您对本次教学成果推广活动内容的满意度如何？					
4	您对本次教学成果推广活动时间安排的满意度如何？					
5	您对本次教学成果推广活动形式的满意度如何？					
6	您对本次教学成果推广活动宣传的满意度如何？					
7	您对本次教学成果推广活动环节安排的满意度如何？					

（二）档案袋评价

档案袋评价（Portfolio Assessment），也叫成长记录袋评价、卷宗评价、历程档案评价，是教育评价特别是学生学业评价领域最受关注的评价方法之一。档案袋评价要求学生在一段时间内收集和反映自己学习过程和成果的资料，如作业、作品、自我反思记录等，并将这些资料整理成一个系统化的档案袋。这种评价方式不仅关注学生的最终学习成果，而且重视学生学习过程中的进步、学生的自我认知以及批判性思维能力的培养。档案袋评价鼓励学生进行自我选择、自我反思和自我表达，有助于教师全面了解学生的学习历程，同时也促进学生提高自我评价能力。此外，档案袋可以作为学生学习成长的宝贵记录，为家长、教师和未来的教育阶段提供直观的学习成效展示。

在教学成果推广评价中，档案袋评价主要用于收集教学成果应用方的笔记、博客内容、文章等材料，并加以合理分析与解释，以反映其对优秀教学成果的记忆、感知、理解、认同的情况、程度。课题组根据查普伊斯等对档案袋评价关注目的的分析，结合教学成果推广应用的实际情况，将档案袋评价分为成长档案袋、项目档案袋、成果档案袋三大类型[①]。具体划分及其目的见表7-6。

表7-6　教学成果推广应用评价档案袋类型

档案袋类型	评价目的	所收集的资料（作品）
成长档案袋	展示应用方教师在学习、应用教学成果目标上的进展	应用方教师在参与教学成果推广应用整个过程中的相关学习记录
项目档案袋	记录应用方教师的项目开展轨迹	应用方教师在参与教学成果推广应用整个过程中所撰写的学习反思、心得
成果档案袋	展示应用方教师最好的作业或作品	应用方教师所发表的文章、新闻报道、讲座资料、教学成果等

除了上述用于评价成果应用方目标进展、学习路径、成长发展的三类档案袋评价，课题组还为成果应用方提供了自我评价、自我反思的机会，即成果学习应用反思档案袋，以便其重新审视自己的学习历程，回顾一系列的证据，陈述自己学到了什么、有哪些需要改进的地方等，具体内容见表7-7。

---

① 查普伊斯.促进学习的课堂评价：做得对 用得好[M]. 2版. 赵士果，译. 上海：华东师范大学出版社，2020：293—294.

表7-7　成果学习应用反思档案袋

姓名：_____　日期：_____

（一）参加教学成果推广应用的主要目标是什么？

（二）本阶段，主要学习了什么内容？

（三）通过学习，知道了什么？理解了什么？会做什么？

（四）如何将所学内容在自己的教育教学实践中应用或者创生？

（五）下一阶段需要努力学习的重点内容有哪些？

（三）观察

在教育评价领域，观察常用于捕捉课堂教学动态、学生互动模式以及教与学的行为特征，揭示教学过程中的非言语信息和隐性互动，为教育决策提供丰富的情境背景和行为证据。

在教学成果推广应用评价中，观察是一种直接、实时收集数据的方法，它主要通过观察受众的情绪情感表现和行为反应来评价成果推广活动的直接效益。例如，在一次薄弱学校教学质量提高成果推广活动中，尽管本课题组设计的活动很多，但推广对象始终对本次成果推广活动表现出浓厚的兴趣，学校教师争先恐后地与现场专家和成果持有方对话，并在对话中实现了有关本教学成果知识的辨析、分享与再组织（在通常的教研、学术活动中，许多参与者往往到了一定时间就会表现出眼神呆滞、反应迟钝等行为和被动聆听、不愿参与的消极情绪）。通过观察推广对象的参与状态与参与质量，课题组一致评判本次成果推广活动在较高水平上达成了目标设计、内容选择与组织形式等方面的预期目标。

为了减少观察者偏见，观察通常需要结合预先设定的评价标准或观察工具进行，以确保观察评价结果的综合性和客观性。为此，课题组也设计了基于教学成果推广应用活动的观察评价量表，具体内容如表7-8所示。

表7-8　教学成果推广应用活动观察评价量表

观察者姓名：_____　　观察日期：_____　　观察对象：_____

观察项目	等级评定（请在对应选项下打√）				
	5——优秀	4——良好	3——一般	2——较差	1——差
学习态度					
情感投入					
参与积极性					
互动质量					
现场氛围					
学习效果					

（四）访谈

访谈通过与参与者（如教师、学生、家长或教育管理者）进行一对一或小组访谈，深入了解受众的个人体验、态度和建议。这种方法依赖灵活的提问技巧，能够提供丰富的第一手资料，揭示个体或集体的内在动机和态度。

在教学成果推广应用评价中，访谈评价主要是指采用正式访谈、非正式访谈、个别访谈、焦点小组访谈等多种方式，对成果应用方就教学成果推广的认识、感受、理解、实践应用等方面做整体评价的一种方式。访谈可以是结构化的、半结构化的或非结构化的。

1. 结构化访谈

提前设计好固定的问题清单，对所有参与者使用相同的问题和顺序，以便于数据的比较和量化。

2. 半结构化访谈

基于一个灵活的问题框架进行访谈，可以根据实际情况调整问题的深度和顺序，同时保持一定的灵活性和开放性。

3. 非结构化访谈

没有严格的预设问题，主要依靠访谈者的判断和访谈过程的自然流动来进行，适合对特定主题进行深入讨论。

在这里，我们提供一份适用于个别访谈的结构化访谈工具（即访谈提纲），以便读者更好地了解该方法,见表7-9。

表7-9 教学成果推广应用活动访谈提纲(适用于个别访谈)

一、基本信息
(一)受访者姓名(或编号,如有匿名需求):   (二)教龄: (三)职务(如教师、行政等):   (四)性别:
二、对教学成果推广活动的总体印象
(一)您对本次活动的整体安排有何看法?   (二)您认为本次活动的目标和意图是否明确?   (三)您觉得本次活动的内容与您的需要或期望相符吗?
三、受众参与度
(一)在活动中,您有怎样的参与感(积极参与、被动旁观、难以参与等)?   (二)您是否认为有足够的机会表达自己的观点和想法?   (三)您在活动中的互动是否令自己满意?
四、活动内容和材料
(一)您对活动提供的教学材料和内容有何评价?   (二)是否有任何内容或材料特别吸引您的注意?   (三)您认为有哪些内容可以改进或增加?
五、个人收获与改进建议
(一)您从活动中获得了哪些有价值的信息或知识?   (二)您对活动提供的学习资源或指导满意吗?   (三)您如何描述这次活动的"亮点"?   (四)对于未来的教学成果推广活动,您有哪些建议或期望?

成都市教育科学研究院针对"导学讲评式教学"教学模式改革成果推广应用效果,对多名参与的教师进行深度访谈,具体了解教师如何"走近"又"走进"优秀教学成果,并且切实根据优秀教学成果反思和改进自我教学、取得自我专业成长与教学效益提升"双丰收"成果的完整过程。

(五)个案评价

基础教育教学成果知识是一项"复杂性"知识,成果推广活动引发教师"知识重构"也是一项基于个体、基于情境、基于实践的复杂过程。因此,在教学成果推广评价中,个案评价可以作为一种重要的评价手段。

个案评价作为质性评价的一种代表性方式,侧重于对单个案例或者少数几个案例进行深入分析和评价。它通过对个案进行深描,引导推广对象全面系统地回顾其参加成果推广过程的起因，回忆参与过程中的情感变化、认知变化以及教育教学行为变化，再到后来的个案反思、总结，从而完整、深刻地呈现出该个案对教学成果推广的整体感知和评价，以展示教学成果在特定情境下的应用效果和影响。在课题组的实践运用中，个案评价包括以下几个步骤：

1. 案例选择

选择具有代表性的个案，这些个案能够体现教学成果的核心价值和应用效果，个案可以是某一位教师个人、某一个具有代表性的学校或区县组织，还可以是某一节课。

2. 数据收集

通过观察、访谈、文档分析等方法收集与个案相关的详细信息。

3. 深入分析

对收集到的数据进行深入分析，探讨教学成果的应用是如何影响该教师、该学校、某一节课、某个教学片段的教育教学改进的。

4. 评价和反思

基于分析结果，评价教学成果的应用效果，并提出可能的改进建议。

值得一提的是，课题组曾多次对成都市锦江区、金牛区、龙泉驿区、金堂县以及天府新区太平中学的成果推广对象进行个案评价。在评价实践中，我们发现个案评价除了可以用作成果推广成效的整体反馈，还可以用作引导成果推广对象开展自传式的叙事，从而帮助其更清楚地认识到自己的所感、所想、所获和所变。可以说个案评价对促进教学成果再推广也具有非常积极的作用。

第四节　教学成果推广评价结果运用

评价体系的科学、成熟与否决定着体系效能的大小[①]。理论上而言，一个完整的评价体系应是一个包含评价理念、评价主体、评价标准、评价方法、评价结果运用等诸要素的完整系统。因此，在教学成果推广评价体系中，评价结果运用是其中的重要一环，它既是成果推广活动的"终点"，也是开展下一轮成果推广活动的"起点"，综合发挥

---

① 孟现录，尹忠根，李采丰.监测与干预：学生体质健康发展性评价体系构建[J].中国教育学刊，2021（10）：26.

着服务教学成果推广规划的顶层设计、服务具体推广活动项目的方案制订、服务具体推广活动项目的过程监管以及服务教学成果推广活动的整体反馈等多项功能和作用。

一、服务教学成果推广规划的顶层设计

"顶层设计"原本是一个工程学术语，现已成为一个被各行各业广泛使用的概念，并在国家"十二五"规划中首次出现[①]，其本义是统筹考虑项目各层次和各要素，追根溯源，统揽全局，在最高层次上寻求问题的解决之道。在本研究中，教学成果推广规划的顶层设计就是在国家政策指导下，在知识管理理论视域的统领下，自上而下地对成果推广的各层次、各环节、各方面和各要素进行统筹规划，使其相互融合和优化组合而产生聚集效应，以最大限度地提升教学成果推广质量和成效。

基于以上分析，在开展新一轮教学成果推广活动规划时，务必将上一轮的推广评价结果纳入其中进行综合考量、分析，在强化教学成果作为一项特殊的"知识管理"活动的认识基础上，把握好教学成果作为一种特殊教育知识的鉴别、组织、传播和再生等特性，科学确定新一轮教学成果推广的目标，选择推广内容，确定推广组织形式，制订推广过程监控与结果评价措施，最终形成教学成果推广规划文本。

二、服务教学成果推广工作方案的制订

评价结果不仅可以为新一轮推广活动规划指路引航，也可以为某项具体成果的推广活动策划提供具有参考价值的建议、启示。也就是说，当我们确定要推广某项具体的优秀教学成果时，我们可以参考以往教学成果推广活动评价的主要标准、主要内容与评价方式，努力制订科学、适当的成果推广活动方案，从而明确推广活动目标（从"了解"到"创生"，我们追求什么样的推广定位），明确推广内容（是成果简介式推广还是成果全貌式推广抑或成果追踪式全程推广等），明确推广形式（是成果发布式还是成果展示式抑或互动式成果深度运用、"再研究"等），明确成果推广过程监控与评价方式（是一般观察还是问卷调查抑或个案评价等）。成果推广活动方案一定要结合对成果推广活动的评价要素科学定位，适度适当，只有心中有数，落实有方，方可促进教学成果推广活动的有效开展。

---

① 李松林，贺慧. 中小学校课程建设的顶层设计[J]. 课程·教材·教法，2015（6）：8.

三、服务教学成果推广活动过程的监管与实时调整

正如本研究所反复强调的，教学成果推广活动并非明确的、静态的、单向的知识"输送"，而是"复杂知识"基于实践情境的人际互动。囿于各种因素，教学成果推广活动实际发生的情况往往与预设的情况有较大出入。那么，运用好成果推广活动评价，随时收集和掌握成果推广活动的发生发展状态，合理调整推广策略，便显得十分重要和必不可缺，而在周期较长的成果推广系列化活动中，根据评价结果进行推广策略的动态调整更是一种实践常态。例如，课题组曾开展一项"点对点"的优秀成果推广活动，策划方案原本设计了"理论学习+跟岗研修+成果应用展示"等活动，但是在推进活动中，通过教师座谈和个案分析等，课题组发现成果推广对象对优秀成果的理解和应用水平存在很大的个体差异。为此，课题组根据实际情况在"跟岗研修"与"成果应用展示"之间增加了"同课异备、同课异构"环节，以促进成果持有方与成果应用方开展基于案例的深度对话。又比如，课题组为了做好成果推广引领，设计了"专家点评"环节，但在活动中观察到成果推广对象对"专家点评"的兴趣似乎超过了成果本身，于是临时增加了基于成果推广的"面对面"互动活动。如此一来，成果推广对象、专家和成果持有方便做到了坦诚交流，甚至直接"交锋"，从而让推广对象对教学成果有了更全面和更深刻的理解，促进了成果推广对象更高水平和更高质量的"知识重构"。

四、服务教学成果推广活动的整体反馈

反馈是指在教学成果推广活动完全结束之后，将推广过程中所采集的有关数据和推广活动的整体评价结果以某种方式、形式呈现给成果推广方、持有方和应用方，以发挥整个评价体系的诊断、总结、鉴定、改进、激励等功能。

以成果推广主体为例，了解、分析教学成果推广活动的评价反馈，可以帮助其发现教学成果推广活动的认识误区和实践中可能产生的问题，从而找准改进措施。比如，在开展本研究前，课题组认为现有的很多成果推广活动"成效不高"，但基于"知识管理"的视域，课题组认识到不能将所有教学成果推广活动的成效都简单片面地理解为"成果得到有效应用"，而是要站在成果推广对象的立场上，把握好推广目标，选择好推广内容与形式，关注推广对象（教师）的"知识重构"发生没有、如何发生和发生了什么，从而理性认识教学成果推广活动，积极创新成果推广的组织形式与推广策略等。

第八章

知识管理视域下教学成果推广机制

教学成果推广机制是为达成教学成果推广目标所建立的相关组织、制度、流程的总和。本章着重探讨了如何遵循知识管理理论，建立教学成果推广的相关组织和运行机制，推动教学成果推广活动的持续有效开展和成果的深度转化，从而充分发挥教学成果对教育改革与发展的核心推动力。

第一节　知识管理视域下教学成果推广机制的基本认识

知识管理视域下的教学成果推广机制有其特殊性，厘清其内涵、特点、价值、建设原则等，有助于为实践操作提供思路和方向。

一、知识管理视域下教学成果推广机制的内涵

（一）机制

"机制"一词本义原指机器的构造和工作原理，被引申为有机体的构造、功能及其相互关系，也用于喻指一个工作系统的组织之间相互作用的过程和方式。[①] 对"机制"这个概念，可以从两方面来理解：一是事物或者工作系统中，有哪些部分的存在，这是机制存在的前提；二是事务或工作系统是怎样工作的，各个部分之间的关系是如何协调的，即是用一种什么样的方式运行的。总之，机制是以一定的运行方式把事物的各个部分联系起来，使它们协调运行而发挥作用的。比如，在社会科学中，"机制"也被表述为在正视事物各个部分存在的前提下，协调各个部分之间关系以更好地发挥作用的具体运行方式。

（二）教学成果推广机制

教学成果推广机制是指在全面厘定教学成果推广相关要素的基础上，为了达成成果推广目标而建立的相关组织、制度和流程，包括遴选机制、运行机制、沟通机制、激励机制等。这些机制助力教学成果推广主体及时了解掌握推广应用的具体情况，激

[①] 中国社会科学院语言研究所词典编辑室. 现代汉语词典[M]. 北京：商务印书馆，2012：582.

发推广主体的主观能动性。例如，遴选机制能够确保推广应用的成果项目经过充分讨论和科学评估，切合区域和学校教育改革发展的现实需求；运行机制是指一个系统或组织内部各组成部分相互作用和协调的过程和方式，它决定了系统的运行效率和稳定性，主要包括发展动力机制、信息共享机制、合作信任机制等，助力成果推广应用有效运行，实现双线贯通、联动协同和融合创生三大功能；沟通机制能确保成果推广过程中的信息传递和反馈顺畅；激励机制是推进事件发展并取得成效的重要手段，通过奖励措施激发推广主体在教学成果中的积极性和创造力，包括评先选优、考核评估、资金奖励等。

（三）知识管理视域下教学成果推广机制

知识管理视域下教学成果推广机制是指以知识管理理论为支撑，以知识的持续创造为核心，把知识分类、转化模式、场域建构等知识管理的核心要素应用于教学成果的实践过程，从成果持有方、成果应用方、推广组织方等不同组织形态出发，对教学成果进行知识分类、模式探索和场域建构，形成遴选机制、运行机制、沟通机制、激励机制等长效推广机制，促进教学成果推广的协调组织、高效运行。

二、知识管理视域下教学成果推广机制的功能

（一）广泛集成与协同共享

广泛集成与协同共享强调知识管理视域下教学成果推广机制是系统化、协同化的知识整合与流通过程。"集成"意味着对各类教学成果——学术论文、研究报告、教学视频、软件工具、数据集、专利技术等进行系统收集、整理与组织。"共享"则重视构建开放的包括内外部两个层面的交流平台，促进知识无边界流动，通过内部网络、协作平台等，各部门、团队加强信息互通，促进成果快速传播和借鉴；利用互联网、社交媒体、线下会议等渠道，教学成果得以触达更广大的受众群体，促进教学成果效益最大化。

（二）知识流动与实践转化

知识流动与实践转化强调将静态的教学成果转化为教育改革与创新。推广机制中融入了知识地图、专家网络、项目合作等多种工具和途径，以促进知识在不同组

织、不同领域间流动。例如，建立专家顾问团队，为成果转化提供专业指导；设置成果推广专项机构，连接供需双方，促进知识有效对接；将学校、教育管理部门的成果与企业、教育机构的实际需求相结合，通过技术转移、咨询服务等方式，加速成果转化；注重跟踪反馈，收集数据，调整和优化转化策略，助力知识顺畅流动和有效转化。

（三）智能分析与精准推广

在大数据和人工智能技术的支持下，知识管理视域下的教学成果推广机制能够实现精准推广。通过对用户行为、偏好、需求等数据进行分析，识别目标受众的具体特征和潜在需求，定制个性化推广方案。如利用机器学习算法分析用户在平台上的浏览记录、下载历史，推测其可能感兴趣的研究方向，推送相关研究成果或培训课程。精准推广还包括智能推荐系统，依据用户的实时互动和反馈，动态调整推荐内容，提升用户体验，增强推广的针对性和实效性。大数据和人工智能技术还能帮助成果持有方评估推广效果，量化知识传播的影响，为后续策略调整提供数据支持。

（四）持续激励与多维评价

为了持续激发推广主体的积极性，推广机制应着力建立和完善激励评价体系。激励机制不仅关注成果的数量和质量，更重视其社会影响力和实际应用价值。可设立成果推广奖、优秀案例奖等，对成功转化的成果给予物质和精神上的奖励，激励更多人参与成果推广。评价机制则综合考虑成果的创新性、实用性、推广范围和影响程度等多个维度，定性与定量结合，流程透明公正，确保评价结果的权威性和公信力。

第二节　以需求为导向的教学成果推广项目遴选机制

教学成果经过评选，最终发布出来的获奖项目数量众多，涵盖课程、教学、评价、资源建设等方面。在海量的项目中遴选出适合推广的项目，是教学成果推广面临的首要问题，也是教学成果推广有效实施的前提和基础。一般而言，适合是指某事物或某人在特定情境或条件下，能够适用或胜任，并且符合主观或客观的要求。

以需求为导向的教学成果推广项目遴选机制是指教学成果推广项目的遴选坚持以

成果应用方教育教学改革发展的现实需求为导向，基于对成果应用方改革发展的现实需求进行深入全面的调查研究，对成果本身的基本理念和实操要略进行系统充分的文献研究，通过"自上而下"和"自下而上"两条路径，最终确立成果推广项目的关键环节和基本流程（见图8-1）。

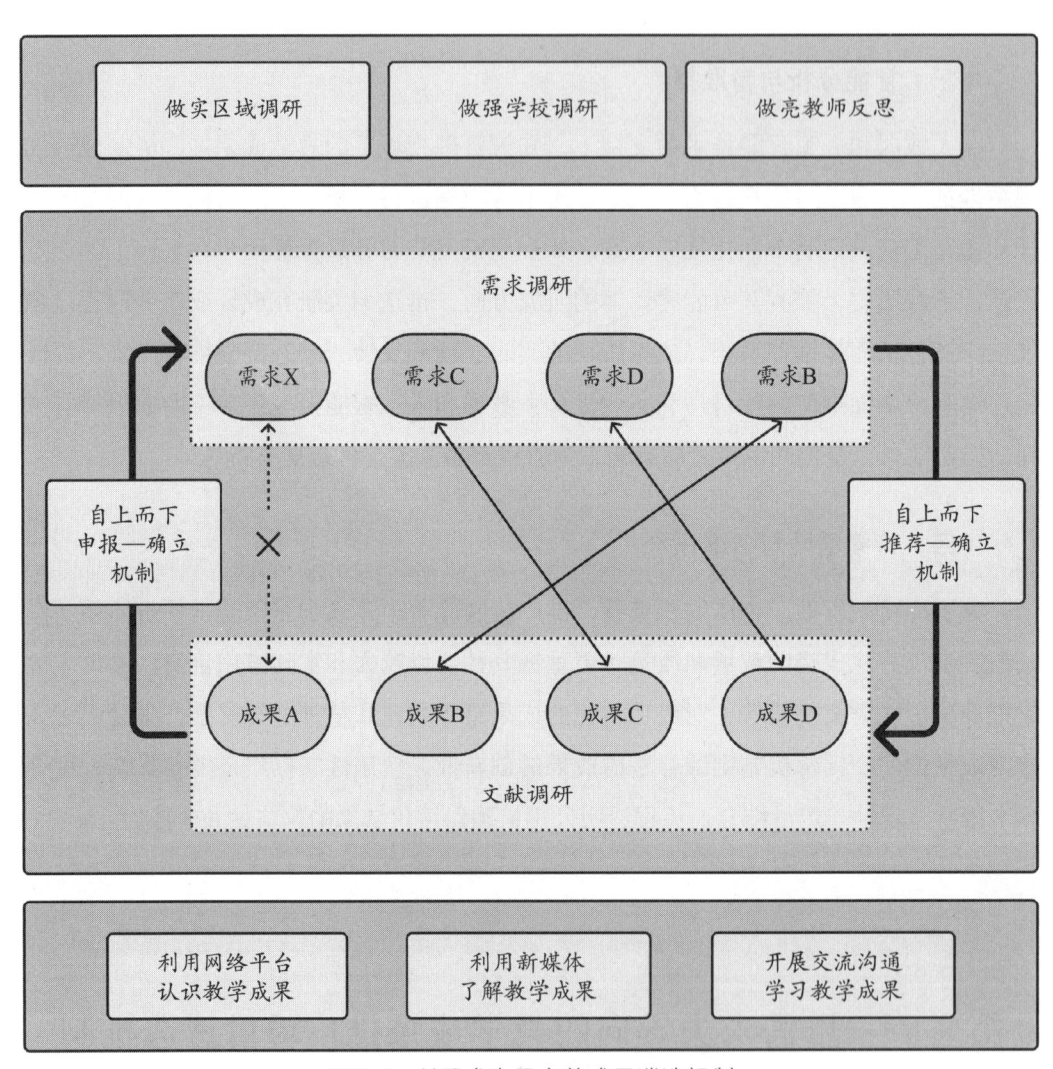

图8-1 以需求为导向的成果遴选机制

一、开展两类研究

（一）做实本土教学改革发展需求的调查研究

西方管理学之父德鲁克在《非营利组织管理》中表示："需要严肃认真地满足客户需求，这不是说我们知道什么东西适合他们，而是要知道什么是他们认为有价值的东西，以及如何把这些东西送到客户手中。"[①] 什么是教学成果应用方认为值得推广的东西？学校教育教学改革发展的现实需求有哪些？要弄清楚这些，需要开展扎实、全面且深入的调查研究。

教学成果推广应用不是简单移植，而是要落地生根、开花结果。教学成果推广应用持续、深层次、创新开展的前提是教学成果本身与当地实践有机连接，是在"拿来"和"萃取"之间找到支点，以成果推广应用撬动区域教育改革发展，从而找到本土改革创新的生发点、增长点。

1. 做实区域调研

区域调研是从区域的视角把握整体需求。如成都市作为教育部基础教育教学成果推广示范区，在选择推广项目时，对全市基础教育现状进行了系统分析，保证所推广的项目能够被成都教育人接受，能够有效连接成都已有成果，已有成果能够在本土化后促进成都教育高质量发展。后来，成都市又以中国教育学会项目推广应用小组调研指导为契机，深入了解和全面分析市域教学实践突出问题和未来发展需求。2021年3月17—18日，中国教育学会项目推广应用小组来蓉调研指导，了解示范区和成果持有方的思考与困惑，发现推广经验与亮点，明确推广应用基本思路和方案计划。成都市以此为契机，进一步把握市域课程建设、课堂教学、作业设计、学前教育等重点领域实践需求与推广项目的联结点、生发点和增长点。成都市召开示范区校教学成果推广系列调研会，助力成果推广入心入脑，并外化为行。2021年4月6日，成都市基础教育国家级优秀教学成果推广应用示范区工作调研座谈会在成都金苹果锦城第一中学召开，强调各区（校）要充分了解推广应用项目与区（校）教育发展现状的关系，认真学习优秀教学成果，思考如何通过项目共同体引领优秀教学成果推广应用工作。座谈会促进了各区（校）进一步认识和理解成果推广应用工作的本质，明确区（校）教育发展现状与需求。

[①] 德鲁克. 管理的实践[J]. 当代电力文化，2016（10）：89.

2. 强化校本调研

校本调研是从学校的角度对学校办学的现实需求进行摸底。如"提升中小学作业设计质量的实践研究"项目推广应用中,示范区(校)充分发挥作业育人价值,实现从"布置作业"到"设计作业"的变革,将工作推进与课题研究相结合,从区域、学校作业实施现状出发,聚焦影响作业效果关系模型的建立、作业设计质量标准的研制、作业设计技术路线的可视化分析与作业设计广泛应用路径开发四个方面,探索成果转化落地的实践创生机制。

(二)做深推广成果的文献研究

教学成果推广的有效进行,不但需要精准把握成果应用方的未来改革发展方向、改革着力点以及改革的阶段特质,而且要对可以推广范畴的成果内涵与特征、结构与要素、理念与实操等核心内容有较为深入全面的了解和认知,才可能使发展的"需求"与成果的"供应"精准匹配。

1. 利用网络平台认识教学成果

"基础教育国家级优秀教学成果资源服务网络平台"(以下简称"平台")是在教育部基础教育司指导下,由中国教育学会和国家教育行政学院开发建设的基础教育国家级优秀教学成果展示、推广应用、学习交流一站式平台。平台汇集了2014年至2018年基础教育国家级教学成果奖的部分获奖成果资源,为广大教育工作者学习借鉴提供服务,同时建立线上"专家工作室""示范区示范校"栏目,为促进成果持有人、示范推广单位与广大教育工作者的互动交流提供平台支撑。广大学校和教师可运用该平台学习优秀成果。

2. 利用新媒体了解教学成果

当前各个区域和学校都特别重视成果的宣传推广,一般会在单位网站和微信公众号上开辟专栏,展示相关教学成果及相应的教学设计、教改足迹等。如四川省教育科学研究院网站在教育科研板块开辟"成果展示"专栏,介绍获奖成果内容及推广动态。又如,重庆巴蜀小学在学校网站和微信公众号上对教学成果做系统全面的展示。

3. 开展交流沟通学习教学成果

与教学成果持有方沟通联系,深度互动,强化对教学成果的学习和认知建构。如在教育部的领导和中国教育学会的指导下,成都市教育局、成都市教科院等单位与成果持有方进行充分交流沟通,逐项找准本土实践与成果推广应用项目的对接点。成果持有方和示范区普遍建立起良好的深度合作关系。"提升中小学作业设计质量的实践研究"项目牵头示范区锦江区与成果持有团队强化联络，跟进纵深指导；为提升教师专业素养，吴正宪团队国家级优秀教学成果推广应用项目为各示范区培养起一支高素质、专业化、创新型的小学数学骨干教师队伍，成果持有方先后通过钉钉、中国研修网等组织了多次种子教师培训活动。

二、关联两条路径

在了解需求和认识成果的基础上，教学成果推广项目的最终确定往往通过两条路径实现。一是自上而下的"推荐—确立"机制，二是自下而上的"申报—确立"机制，两相结合，从而最大化发挥成果的遴选作用。无论是哪一种推广项目确立方式，都要充分了解双方主体需求，进行需求调研，营造共同的实践场域，引起共鸣，产生碰撞，激发学习与运用动机。

（一）自上而下的"推荐—确立"机制

自上而下的"推荐—确立"机制是指每一届教育成果评选之后，由教育科研相关部门邀请相关专家，经过一定程序，依据成果内容、适用范围及适合的推广形式等维度，从获奖成果中遴选出应用价值大、方法科学、学校或区域需要的成果进行推广。

> 比如，2018年国家级基础教学成果奖出来后，成都市教育科学研究院筛选出对基础教育课堂改革具有重大价值的成果——"回归课堂原点的深度教学协同探索与实践"（基础教育国家级教学成果奖二等奖），由成果持有方成都市锦江区教育科学研究院、四川师范大学联合举办面向所有教育同仁的成果推广会，七大会场围绕不同主题同时进行推广，吸引了成都市内外上千人到场观摩学习。在这个成果推广确立过程中，教育科研相关部门的角色任务是推荐、主导，成果持有方、成果观摩单位的角色任务是接受、学习及应用。

（二）自下而上的"申报—确立"机制

自下而上的"申报—确立"机制是指教育科研相关部门将所有可推广的成果发布之后，进行公开"招标"，由各个学校结合自身教育教学改革中遇到的难点问题、痛点问题，自主选择想要观摩学习的、与自己相匹配的成果，并向上级部门进行申报。

以成都市的自下而上的"申报—确立"机制建设为例。首先，成都市教育科学规划办下发"成都市优秀教学成果推广项目征集表"，成果持有方自主确定是否愿意推广、拟推广方式、拟推广范围及对象等。其次，收集、整理愿意推广的成果，形成推广菜单并进行发布。再次，各学校或单位自主选择想要学习和转化应用的成果。最后，成都市教育科学研究院公布统筹协调后的推广名单。在这个成果推广项目确立过程中，教育科研相关部门的角色任务是搭桥、监管和组织协调，成果持有方、成果应用单位的角色任务是自主选择、双向互动。

以成都市2018—2022年成果推广工作为例，成都市教育科学规划办每两年发布一次成果推广征集通知，向各区（市）县和学校征集有推广意愿和推广价值的优秀成果，成果征集的范围主要是国家、省、市优秀教学成果。

征集从两个方面进行：一是区（市）县教育科研管理部门推荐本区域或本校（直属单位）有推广价值和推广意愿的成果项目（如表8-1所示）；二是区（市）县根据本区域教育改革重点、难点、热点问题和区域内多数学校的普遍需要，提出本区域或学校（直属单位）希望学习和应用的成果（如表8-2所示）。

表8-1　成都市优秀教学成果推广项目征集表

成果名称	成果完成单位	所获奖项	推广重点（亮点）	适宜推广方式	推广对象及其范围	已推广情况

表8-2　希望学习和应用的成果项目征集表

成果名称	成果完成单位	所获奖项	希望推广方式	拟学习应用单位和人数

在充分进行需求调研基础上，成都市教育科学规划办发布当年度成果推广项目（如表8-3所示），并在后续工作中确立具体的实施方案。

表8-3　成都市2019—2020年成果推广项目菜单（部分）

成果名称	成果完成单位	推广重点（亮点）	推广方式	建议参会人员
回归课堂原点的深度教学	四川师范大学、锦江区教师进修学校、七中育才学校	深度教学的内涵及特征、学科教学中的深度教学策略	现场会（总报告及分会场现场观摩、报告会）	小学及初中教学、科研管理干部与骨干教师
基于学科核心问题的深度参与教学策略	成都师范附属小学华润分校	核心问题设计、学生课堂深度参与	现场会（报告、观摩、研讨）	小学教学、科研管理干部与骨干教师
培养爱国情感 磨炼意志品质——少年军校特色课程文化的建设	成都市第三十六中学校	中小学生国防教育和国防教育特色课程文化建设	现场会（报告、观摩、研讨）	中小学校德育干部与骨干教师
基于儿童本位的幼儿园美术教育活动的实施策略	成都市金牛区机关三幼	美术活动中的指导策略	现场会、成果报告	幼儿园骨干教师
基于"社会责任"核心素养的小学生志愿者活动课程实施体系	成都市龙江路小学	用"课程化"的方式开展小学志愿者活动	成果报告会	小学德育管理干部、班主任
幼儿园感觉统合体育游戏的开发与运用	四川大学第一幼儿园	感觉统合体育游戏、成果的运用	现场会	幼儿园骨干教师
安置导向的智障学生转衔教育体系探索与实践	成都市成华区特殊教育学校	智障学生新型特色化转衔教育实践体系，校园、家庭、社会三位一体的智障学生教育成长环境支持体系	成果报告会	特殊教育学校干部、骨干教师
基于多元学习的区域性高效课堂教学研究	龙泉驿区教育科学研究院	小学段"三课四学"教学模式	现场推广+跟岗实训	小学中高段教师

第三节　以知识转化为核心的运行机制

教学成果推广过程的实质是显性知识和隐性知识相互转化的过程。根据野中郁次郎提出的关于显性知识和隐性知识相互转化的SECI模型，知识管理视域下教学成果推广运行机制主要围绕知识的共同化、内在化、联结化、表出化四个阶段的关键要素，建立纵横贯通的协同联动机制、立体网状的活动导引机制、全面开花的融合创生机制，以教学成果推广共同体为单元，以各级各类研修推广活动为牵引，持续推进成果再生产和再创造。

一、纵横贯通的协同联动机制

教学成果推广是系统性工程，从来不是成果持有方或者成果应用方一厢情愿的结果，而是需要多元主体的纵横贯通、协同联动，以聚众汇智，形成推广合力。教学成果推广不仅要明确推广主体有哪些，更要明确各个推广主体的主要职责和功能，建立各主体的内在关联，确保各负其责、各尽其能，推进成果推广的有序开展。建立纵横贯通的协调联动机制，是教学成果推广正常运转的必要条件。

（一）双线并行，多元发力

教育行政部门不仅可以领导教学成果推广，又能以人力、物力、财力等优质资源服务教学成果推广，还能关联教学成果推广目标，对成果推广效果进行检查，对学校、教师进行考核和监督。教学成果推广需要依托教育行政部门的行政驱动力，把教育行政部门纳入成果推广主体，是联动协同机制的重要一环。

教科研机构不仅要服务于学校、教师、学生发展，服务于决策咨询，还要建设教育发展智库，承担宏观教育科研任务和基础教育教学研究的双重任务。教学成果推广只有借助教育科研机构的专业支撑力，才能深入推动成果推广与创生，把教研机构纳入成果推广主体是成果推广有效开展的必然要求。

从纵向上看，成果推广工作需要省、市、区（县）教育行政部门开展充分调研，在结合教学成果推广实际的基础上，进行系统性的顶层设计和全局性的统筹协调，做到成果推广因地制宜、因时制宜。省、市、区（县）教科研机构要发挥支撑、驱动和引领作用，充分把握推广项目的核心要义，观照应用学校的切实需求，助力成果推广学校在"拿来"和"萃取"之间找到平衡点。无论是各级教育行政部门还是各级教科研机构，都要切实投入教学成果推广，履行主职主责，为成果推广发挥好行政驱动力和专业支撑力。

（二）合作交流，协同联动

确定教学成果推广应用项目后，要设立成果推广项目牵头单位，以牵头单位为核心，以推广应用联盟学校为主体，教育行政和教研机构共同参与、分工合作，同时与成果持有方关联密切的成果推广项目共同体互通有无、交流互鉴，开展推广活动，高质量借鉴和转化优秀教学成果，创新开展成果推广应用。

就推广项目而言，首先成果持有方和成果应用方要建立深度合作关系，双方共同构成教学成果推广项目共同体（见图8-2）的核心力量，双方能否协同联动关涉成果推广能否顺利实施。其次要构建协同联动的管理机构，每个项目共同体中，既可以连接本级教育行政分管处室，如普教处、科技处、人事处、德育与宣传处、学前处等部门，又可以连接教研机构的学前教育研究所（室）、初中教育研究所、德育研究所等相关处室，还可以连接项目共同体牵头单位，保障协同联动的落地落细。通过项目共同体，把成果供需双方、行政业务双线的行政力量、专业指导、供需诉求牢牢扭在一起，落实作用到区校成果推广应用中来。

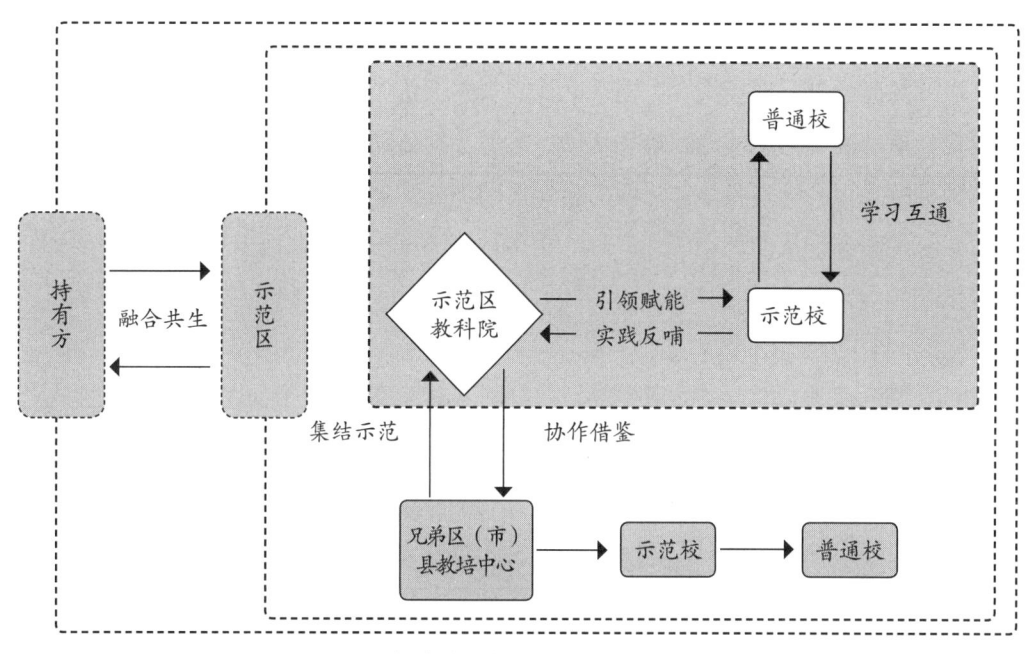

图8-2 教学成果推广项目共同体示意图

2014年，成都市太平中学开始了成都市农村专项课题"'导学讲评式'教学在农村高完中的应用研究"的研究，该课题是对"导学讲评式教学"成果的应用性研究。"导学讲评式教学"由龙泉驿区教科院王富英老师主持，获得2014年基础教育国家级教学成果奖二等奖，经过五年的应用与研究，取得了良好的实践效果和独具特色的经验。推广伊始，太平中学就与成果持有方建立了深度合作关系，聘请王富英老师为学校课改首席专家、驻校专家，对学校课堂改革进行指导，通过专家引领、科研推动、学习内化、骨干先行、课堂示范、活动提升等做法，推广"导学讲评式教学"理念，稳步推进课堂改革。太平中学不仅获得了成都市教育科研成果一等奖，也明确了教育科研成果应用学术形态、技术形态、实践形态的内涵及三种形态的关系；探索出了教育科研成果应用"内化—转化—变化—深化"的运行机制；明确了科研成果推广的具体操作策略。通过改革，太平中学的教师、学生、课堂、学校都实现了良性变化。

二、立体网状的活动牵引机制

活动是教学成果推广的载体，知识的共同化、内在化、联结化、表出化需要通过各级各类的活动才能实现。依托推广项目共同体，建立立体网状的活动牵引机制（见图8-3），开发、设计和组织、实施不同阶段、不同层级、不同类别的成果推广活动，通过跟岗学习、现场观摩、对话交流、观察模仿、指导互动等形式助力隐性知识共同化，借助基于情境的专题培训活动、案例分享活动、同课异构活动等将隐性知识转化为显性知识，通过各主体之间的合作活动加强知识流动与互融，使显性知识得到更加系统的整合，从而调动广大教师主动参与、深度参与，在成果推广实践中实现知识转化。

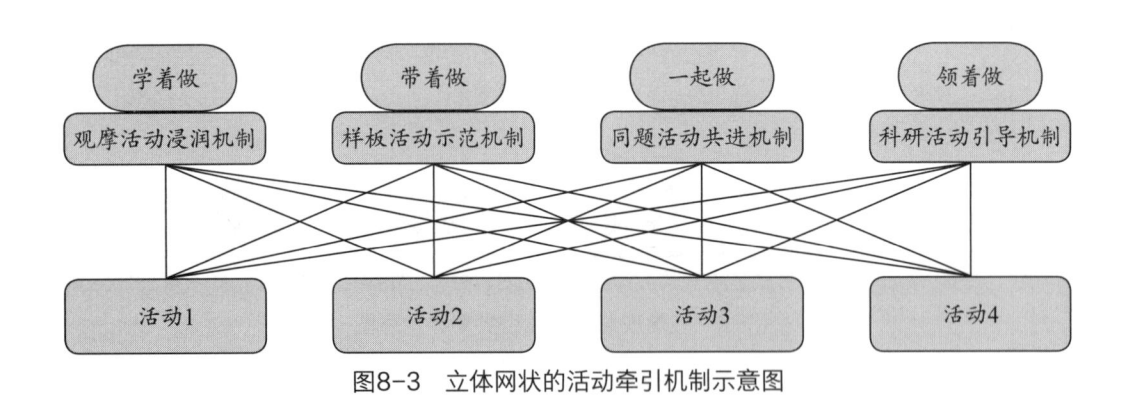

图8-3 立体网状的活动牵引机制示意图

（一）观摩活动浸润机制，学着做

浸润，原指一种液体渗透到另一种物质中的过程。在更广泛的语境中，它被用来比喻思想、情感、文化等抽象概念逐渐渗透并影响到他人或环境。浸润是一个渐进的过程，它不是一蹴而就的，而是通过持续不断的接触和影响，慢慢产生效果。

观摩活动浸润机制是指通过持续开展丰富多样的观摩活动，使教学成果蕴含的抽象概念逐渐渗透并影响应用方的认知和实践改进的一种路径和目标。

人类的认知活动是由浅入深的过程，教学成果推广主体在经历"走'近'—走'进'—走'浸'"的过程中，逐步建立对成果实质内核的基本认知。由于成果中的隐性知识往往需要通过跟岗学习、现场观摩、对话交流、观察模仿、指导互动等形式获取，个体只有沉浸于环境之中，与他人的经验和情感产生共鸣，才能促进隐性知识的有效传递。在教学成果推广实践中，可多采用跟岗学习和现场观摩的方式，实现经验共享和沉浸学习，在潜移默化中传递和吸收隐性知识，促进隐性知识的共同化。

"事实和证据视野中的课堂教学诊断"应用方"走'近'—走'进'—走'浸'"成果的主要历程

走"近"成果。成果应用伊始，教研机构组织区域专兼职教研员、应用校代表对成果进行学习和研讨，并对《课堂教学诊断与专业化教学反思》和《事实和证据视野中的课堂教学诊断》两本专著展开系统化专题学习。同时成果应用校利用基础教育国家级优秀教学成果资源服务平台、专著、报告等进行学习，并组织读书沙龙，讨论成果与学校教改切合点，聚合多方力量多角度认识成果、走近成果，为后续工作打下良好基础。

走"进"成果。第一次走进上海洋泾中学是在2023年4月28—30日，成果持有方组织"事实和证据视野中的课堂教学诊断"推广应用项目启动会暨首次培训会。三天的培训中，成果持有方带来"教师二次成长论与专业的校本研修之路""如何让学生动起来——学生学习行为设计""预习成果展示环节的教学功能和操作要领""小组合作学习的教学功能组织方式与操作要领""复习课、专题课、写作课、综合实践课的导学案编写与使用研究""课堂教学诊断系统的建构与使用""课堂教学诊断深化研究：基于数据驱动的个性化教与学行动研究"等13个专题讲座，通过成果宏观架构、经典案例剖析、操作使用细节描绘了该成果的全息影像。在交流活动中，大源学校蒲厚金副校长代表高新区交流了学习心得和体会，开始"走进"成果，探寻成果与高新区教育的有机衔接。与此同时，项目专干带领示范校走进巴蜀小学，实地探寻"学科+综合"育人方式的实施和建构。其他项目也纷纷以线上方式举行启动培训会，各示范校积极参与，主动交流。

走"浸"成果。成果推广是不断再理解、再加工、再实践、再创生的过程。为更好地推进成果推广应用，7月5—7日，成都市作为成果应用方邀请上海洋泾中学到成都进行培训研讨。培训采用"主题报告＋案例分析＋多元对话"的方式，成果持有方与成果应用方共开设了17场报告，线上线下近万人参会。上海洋泾中学专家团队深入课堂教学，以成都高新区和成华区提供的4节课例为例，多学科展示"把课打开、深度析理"的教学评一体化方法，为立足教学诊断优化课堂教学提供可借鉴的经典案例。高新区教育发展中心及区内6所学校也向成果持有方团队、示范区（校）展示了区域课堂教学高质量建设与课堂教学评价及诊断的方式方法。与此同时，双方达成关于教师交流共进、遴选种子教师重点培养等共识，以种子教师辐射推动教学成果推广应用。

5月26日，成都市基础教育国家级优秀教学成果推广应用示范校工作推进交流会暨成外美年第二届教育教学高峰论坛在成外美年举行，立足"基于学科育人功能的课程综合化实施与评价"这一成果与成外美年"五美"立体课程的结合，会议从推广应用规划、文化融合、学术融合、专家论坛多角度讨论成果校本化推进实施策略。

（二）样板活动示范机制，带着做

示范就是做出榜样或典范，用于学习借鉴。样板活动示范机制是指在教学成果推广实践中，应用方结合推广应用的阶段性重点任务，选点突破，重拳出击，联动成果持有方，借力多方优质资源，精研细磨，打造样板活动，并通过样板活动的展示交流，在更广的范围发挥示范引领作用的一种手段。

在日常抓成果推广规范的基础上，持续开展示范性的教学成果推广活动。适时在项目共同体中选取具有鲜明主题、有一定代表性和积极推广意义的成果推广活动进行示范展示。邀请教育行政领导、教研机构专家学者、联盟学校代表、成果持有方团队成员等共同参与，通过现场体验和感受，学习借鉴、吸收运用，实现从"局部示范"到"全部规范"、从"带着走"到"自己走"的转变，取得较好的辐射引领成效。

成都高新新源学校的成果推广样板活动

2022年10月21—22日，基础教育国家级优秀教学成果"事实和证据视野中的课堂教学诊断"成都示范区推广应用交流会在成都高新新源学校隆重举行。21日上午，成都市教育科学研究院负责人、成华区教科院负责人、成果持有方上海洋泾中学专家团队、甘肃酒泉示范区、广东江门一中示范校以及成都市68所项目示范校教师以线上和线下的方式，共同参加了开幕式。

围绕"基于实证的教研培一体化教研模式建构"会议主题，在2天会程中，通过"分析与聚焦""规划与设计""实施与诊断""总结与反馈"4个环节的展示呈现出完整的教研活动全貌。大会共分享了1节课例、14个微专题、5个专题交流、1堂专家讲座，吸引了全国4地近5000人次观摩学习。

成都市太平中学的成果推广样板活动

2020年11月6日，由四川省教科院和成都市教科院主办，成都市太平中学、天府新区教科院承办的"'导学讲评式'教学在农村高完中的应用研究"成果推广活动在成都市太平中学举行。四川省特级教师、"导学讲评式"教学创始人王富英到会。来自成都各区（市）县教科研机构、普通中学的干部、教师共120余人参加了现场活动，全省21个市州1600余名教师通过四川网络教研平台观看了会议直播。

教育部教师工作司发展处王威在北京通过连线发表了讲话，充分肯定了太平中学改革的勇气和探索的精神，希望四川聚焦教育的长效发展，不断聚焦教育改革，祝愿四川省教育科研活动广收成效。

（三）同题活动共进机制，一起做

教学成果推广实践中，成果持有方和应用方可以围绕共同主题，开展主题共研、课堂共诊、同课异构、同题异构、案例共享等活动，变单方的交流学习为双方的深度互动，在同题活动中深度交流，互相借鉴，共同成长。

（四）科研活动引导机制，领着做

强化课题研究引领作用，以课题研究为载体，聚众汇智，集中力量研究教学成果推广应用中的焦点、痛点和难点问题，促进本土相关问题的实践关注和研究探讨。可以设立区域或学校的教学成果推广应用专项课题，加强对成果推广应用工作的研究。

2021年成都市规划课题评审中，有28项被立项为基础教育国家级优秀教学成果推广应用专项课题。成都市各区（市）县纷纷在规划课题申报中设立区级推广应用专项课题，鼓励"三名一特"（即名师、名校园长、名班主任、特级教师）工作室和各学校积极申报该类专项课题，以专项课题研究促进成果迁移运用，提炼成果推广应用工作的有效措施和可行路径。同时，组建专家团队加强专业引领和指导，探索、提炼推广应用工作的可行路径和有效措施。

三、持续迭代的融合创生机制

融合创生机制是指在教学成果推广应用系统中，通过整合不同的资源和多方力量创生新思想、拓展新路径、迭代新模式的机制。一方面成果持有方在教学成果推广实践中反思改进，不断优化成果、完善成果；另一方面成果应用方在成果运用中融合改进，持续创生成果、迭代成果。

成都本土的基础教育国家级优秀教学成果"大数据背景下的远程教育模式"作为成都市推广应用成果之一，在推广应用实践中，对"大数据背景下的远程教育模式"不断完善优化，迭代升级成"智能时代共享教育的成都模式"，由"一朵云"（网校云）升级为"七朵云"，以"共享课堂"（网校云、数校云）为主阵地，催生出支持共享课堂问题解决的"共享教研"（继教云、培通云、师培云）和"共享评价"（乐培云、观课云）。2021年5月，课题组出版专著《智能时代的共享教育》。北京师范大学裴娣娜教授赞其"促进了优质教育发展，为推进学校信息化改革提供了重要启示"。2021年5月，课题组在《中国教育学刊》发表学术论文《云端引领，优教共享——共享教育的实质与实践》。2021年，该成果获成都市人民政府教学成果奖一等奖和四川省人民政府教学成果奖特等奖。

"小作业，大文章——作业撬动教学改革"这一成果也体现了持续迭代的过程。2021年7月24日，中共中央办公厅、国务院办公厅印发了《关于进一步减轻义务教育阶段学生作业负担和校外培训负担的意见》。该意见指出，"双减"的主要任务有减轻学生过重作业负担、提升学校课后服务水平、全面规范校外培训行为、大力提升教育教学质量、强化配套治理等方面。11月22日，教育部党组书记、部长怀进鹏在《学习时报》发表的《深入学习贯彻党的十九届六中全会精神　加快建设教育强国》中指出，要把"双减"作为"一号工程"。2021年11月25日，成都市教科院制定并印发了《成都市中小学作业设计与实施指南》及中小学12个学科的作业设计与实施指南，为成都市中小学各学科作业提供专业、精准的指导和建议，引领全市义务教育阶段教师钻研作业的设计与实施，为切实践行减负提质、营造基础教育良好生态保驾护航。在此期间，成都市主动选择基础教育国家级优秀教学成果"提升中小学作业设计质量的实践研究"作为推广项目，在成果推广过程中，全市教师的作业观悄然转变，作业设计能力得到了提升。通过作业设计案例比赛，建设了优秀作业案例资源库。

第四节　以实践应用为目标的组织机制

以实践应用为目标的组织机制主要是围绕教学成果推广规划及具体推广目标，结合教学成果推广项目共同体现有教育教学资源、核心业务流程及常态工作进行设计，其目的在于通过组织机制建设，形成新的组织文化及组织活力，为实现组织愿景及使命提供有力保障。

一、加强组织领导

（一）组织健全，分工明确

各省级教育行政部门要根据省域推广应用方案，加强对本省（区、市）示范区的指导和支持。各市级教育行政部门要健全保障机制，加强对推广应用工作的经费保障和条件支持，对参与推广应用工作的学校和教师要有政策倾斜和激励措施，以激发积极性。各级教科研部门要深度参与，整合多方专业力量，加强对学校、教师的支持和指导。要利用现有平台，由教研机构牵头落实教学成果推广应用的组织实施、专业指导和智力支持。各区教育行政部门要整合区教研机构等专业力量，加强区域内教学成果推广应用的整体设计与统筹推进。鼓励学区、集团开展教学成果推广应用的整体设计与实施。学校要建立以校长为核心的教学成果推广应用推进小组，将教学成果推广应用纳入学校学期教学工作计划。

（二）建立团队，协同作战

以市域为单位，围绕推广项目，设立教学成果推广示范区和示范校，形成跨区（市）县跨学校的成果推广项目共同体，协同联动，并肩作战，营造成果推广良好氛围，增强成果推广实际效益。

成都市教学成果推广示范区建设实践中，经学校申报、区（市）县教育行政部门审查、推荐，市教育局遴选，设立7个区（市）县级示范区，遴选342所示范校，落实专人负责和工作专班。每一个成果在各区（市）县对应若干示范校，由一个区（市）县牵头组织成为一个团队。团队内部共同学习研修，七个团队之间又由市级组织交流分享，使得成果能够大面积植根本土，广种多收。

（三）专业指导，扎根基层

以成果持有方为首席专家，辅以高校教授、市级教研员、特级教师等成立市域总项目专家团队；区级成立由区教育行政领导、区教研员、骨干教师组成的指导团队。区教研机构作为推广工作的研究主体，负责具体成果推广工作，将成果推广纳入教研机构整体教研、科研及培训的工作方案，开展过程推广、过程研究，提炼研究成果。

二、强化制度建设

（一）考核督导制度

教育督导部门要将实施教学成果推广情况纳入教育考核督导范围。各区要将学校实施教学成果推广情况纳入对各校办学绩效考核评估范围。在督导、考核过程中，要将区、校在教学成果推广活动数量和质量等方面的实际成效列入指标。例如，成都市印发了《成都市基础教育国家级优秀教学成果推广应用示范区工作考核指标（2022）（试行）》，共设计11个三级指标分别对"机制制度、共同体建设、特色项目、领导批示、媒体报道"5个方面进行考核，引导各示范区（校）着眼于实效，落实行动。

（二）工作例会制度

教育行政部门要建立教学成果推广工作例会制度，动态指导教学成果推广工作。

各项目共同体建立工作进展季报制度，建立科研、教研、师培联动机制，建立推广应用项目任务台账，明确时间表、线路图、责任人。

三、抓牢推广关键

（一）目标导向

以目标为导向强调设定明确的目标作为教学成果推广活动的核心指南。目标导向要求在行动和决策过程中，以明确的目标为导向进行思考和行动。目标导向有助于我们明确方向，确保资源和精力都集中在最重要和优先的目标上。

在成果推广实践中，要在多方沟通、研讨审议的基础上，研制教学成果推广工作规划和年度工作计划，规划、计划要涵盖工作目标、工作机制、项目内容、工作进度、保障措施等主要内容，特别是工作目标和重点任务要明确，工作机制和措施要匹配工作目标和内容，为教学成果推广工作有效落实提供牵引和航标。

基础教育国家级优秀教学成果示范区建设之初，成都市教育局印发了《成都市基础教育国家级优秀教学成果推广应用示范区工作计划（2021—2023年）》，把工作目标明确为"建设一批具有先进教学理念、扎实教学能力的创新团队，形成一批具有成都特色的教育教学改革成果，构建成果推广应用长效机制，全面提高区域基础教育质量"，为教学成果推广工作指明了前行的方向。

（二）任务驱动

任务驱动倡导以解决问题、完成任务为主的多维互动式的成果推广理念，激发成果推广实践中的多元主体根据自己对成果的认识理解和实践经验，提出方案、解决问题。任务驱动有利于激发推广主体在推广过程中的主动性和参与性，鼓励推广主体自主探索和协同推进，从而催生成果推广的新思维和新经验。

由成都市锦江区牵头的成果推广项目"提升中小学作业设计质量的实践研究"，把项目任务设计为"影响作业效果关系模型的建立、作业设计质量标准的研制、作业设计技术路线的可视化分析与作业设计广泛应用路径开发";由成都市高新区牵头的成果推广项目"事实和证据视野中的课堂教学诊断",将项目任务设置为"学习领悟课堂教学诊断技术及操作路径,研发优化'云观课'系统,优化课堂诊断手段,提升课堂教学精准化水平";由青羊区牵头的项目明确规划了"组建专家团队""设立专项课题""年度评估""开展研讨活动""举办成果展示交流活动""总结梳理成果成效""评选优秀案例和教学成果""提炼工作经验,形成项目总结报告"等内容,任务具体,连续递进。

四、激发推广活力

围绕知识的聚合、分享、转化与应用等若干环节,知识管理视域下的教学成果推广应用需要建立以动力激发为重点的支持机制。支持机制是推进教学成果推广应用并取得成效的重要手段,对教学成果进行表彰和评奖,有利于促进教育科研工作者持续保持对成果推广的热情与活力。

(一)发展激励

发展激励是一种通过多种方式激发教学成果推广主体潜能和创造力的实施策略,旨在推动教学成果推广应用的整体发展。其主要形式包括荣誉激励、晋升激励、授权激励、培训激励等。

教科研机构要为教师积极开展成果推广工作做好指导、服务,对参与了教学成果推广应用的学校或教师给予学术活动方面的倾斜与支持。比如研制课题选题指南,设置成果推广应用专项课题,增加外出培训学习机会,增加科研立项、评奖方面的名额等。对于在教学成果中积极参与的学校与教师,教育科研部门应尊重智力贡献,给予相应荣誉称号,允许获得合理劳务报酬等。

例如,成都市教育局在2021年教育规划课题立项工作中增设"教学成果推广应用专项课题"专项。从申报主体看,学校占大多数,也不乏区(市)县教科院。从主题看,有研究管理机制的,如"基于深度学习的中小学作业设计与管理研究""区域推广应用国家级优秀教学成果的运行机制研究";有研究成果校本化策略的,如"幼儿深度学习视域下'幼儿园综合课程'园本实践应用研究""'儿童数学教育'本土化落地策略研究"等。这些课题借成果推广应用的契机,深入思考如何借用成果来解决区域学校教育教学中存在的真问题,建立了"真思考、真应用、真有效"的成果推广应用的底层逻辑。

学分认定也是一种激励机制。将成果推广应用培训纳入相关学分认定系统，计入教师继续教育学分。如成都市借助师培通系统，针对推广应用各项目的启动会、培训会、研讨会等进行网上同步直播，线上线下混合并进，激发了一线教师的研修热情。

（二）宣传激励

宣传激励是指通过动态简报、新闻报道、公文推送等多种形式吸引更多的教学成果推广实践主体积极关注并深入参与教学成果推广活动的策略。这种策略有利于引导教学成果推广行为，以被看见被关注的方式，激发成果推广主体的积极性和主动性，同时及时宣传有效的推广经验，发挥辐射带动和示范引领作用。

例如，2021年9月23日，成都市召开全市教育科研工作大会。大会对推广应用工作进行专项总结，部分走在全市前列的示范区、校在大会上进行了推广应用先进经验交流。成都市形成阶段总结9篇、年度总结9篇，发布《基础教育国家级优秀教学成果推广应用示范区工作简报》20期、微信公众号推文5篇、新闻报道60篇左右。

在推广吴正宪老师"儿童数学教育"的过程中，将吴正宪老师执教"分数的意义"的始末通过课堂实录、执教反思、学生悟课、教师议课、专家品课的方式专题呈现出来，让示范区教师在讨论原课题研究的理论基础、操作要素的基础上进行深化或拓展思考。这些衍生成果在《武侯教育研究》《成都教育》《教育科学论坛》接连刊发。

第九章
优秀教学成果推广案例

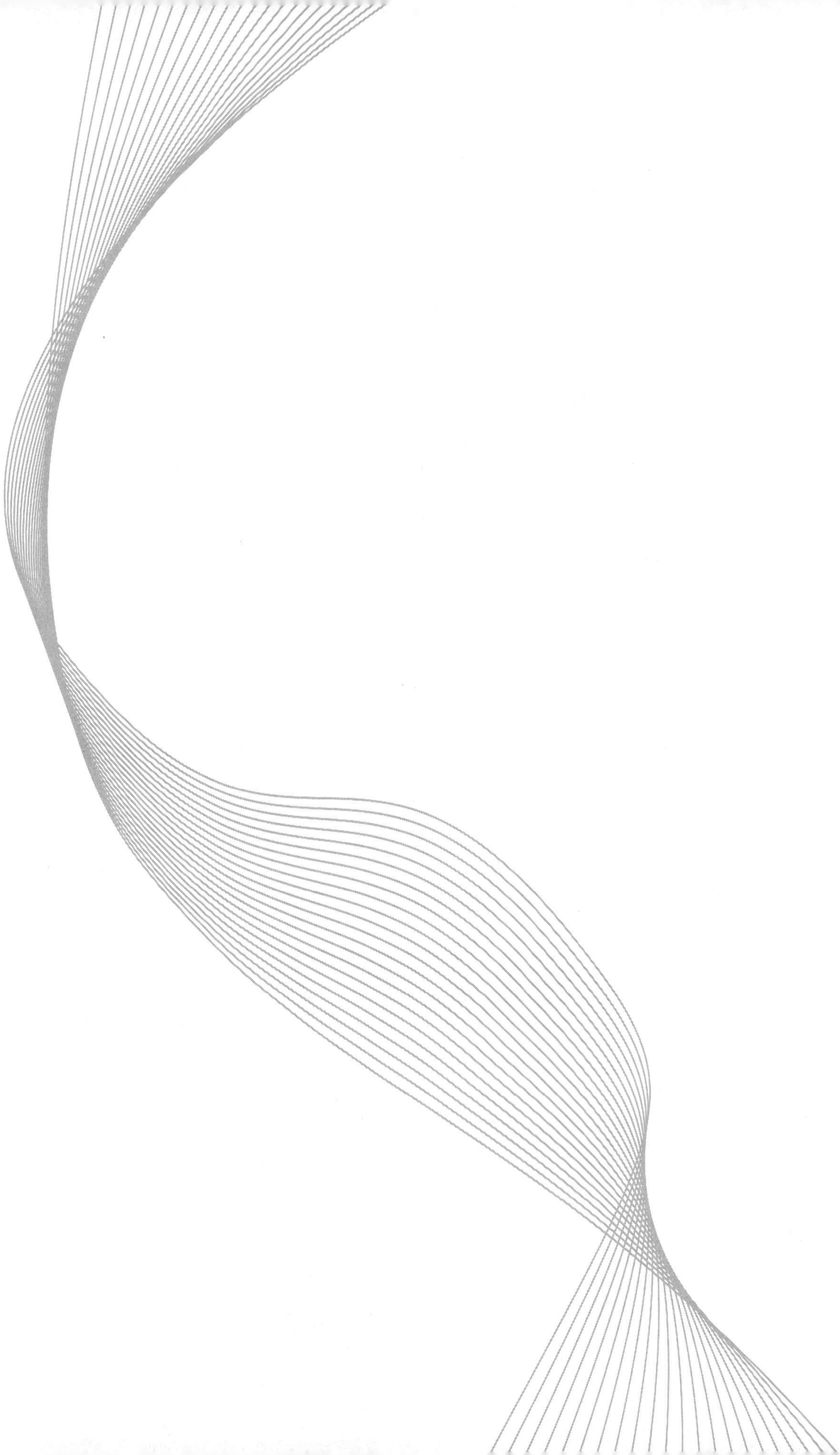

案例一 指向成果校本化应用的"工作坊"推广
——基于学科核心问题的深度参与教学策略研究

一、成果简介

为提升学生课堂参与深度，实现情感、思维高阶介入，成师附小华润分校历经十余年，在不断学习和实践的过程中，深入开展学科核心问题的研究，尝试从单一的学科知识视角向学生及其学习的视角转换，使课堂改革深入教学技术层面，转变了传统的课程改革偏重教育目的、教育内容而忽视实现教育目的的途径、方法、手段的研究，最终形成了"基于学科核心问题的深度参与教学策略"成果。该成果获四川省第六届普通教育优秀教学成果一等奖、2018年国家级基础教育教学成果二等奖。

该成果从学生深度参与的角度研究问题，形成了"基于学科核心问题的深度参与教学"的相关认识及促进学生深度参与的三大基本教学路径；建立了促进学生深度学习的教学机制；为教师开展教学提供了一系列工具，如前端分析框架、教学设计表、观课量表、评价量表、新技术支持平台；同时还建立了促进学生深度参与的教研机制，如大小课题点面结合、全员参与分层推进、三阶七步课例研究。

二、成果推广背景

2019年5月，成都市教育科学研究院、成都市教学规划领导小组办公室在成师附小华润分校举行了"基于学科核心问题的深度参与教学策略"成果推广现场会。在推广现场，该成果得到了金堂县教科院罗军副院长的肯定，他认为该成果属于行动研究成果，且对一线教师的课堂教学具有很大的指导价值。通过金堂县教科院与成都市教育科学研究院的沟通，在2019年，为推进优秀教学成果的实践应用与深度转化，成都市教科院、成都市教育科学规划办设计并开展了"点对点"推广项目活动，并将该成果纳入其中。

随后，在成都市教科院与锦江区教科院、金堂县教培中心的协调下，成师附小华润分校选择了与价值观念接近的金堂实验小学（以下简称"金堂实小"）成为结对学校。该成果的点对点推广正式提上日程。

三、成果推广策略

（一）成果的知识分类

从知识的内容视角来看，"基于学科核心问题的深度参与教学策略研究"成果实质是解决教育教学问题的方案，包含着对教育现象的观察和解释、处理教育问题的价值取向和方法建构等方面内容。该成果按知识特征分类包括事实知识、程序知识、原理知识和价值知识，即What的知识（事实知识）、How的知识（程序知识）、Why的知识（原理知识）、Who的知识（价值知识）。从认识论维度出发，利用迈克尔·波兰尼关于隐性知识与显性知识的二分法[1]区分成果的知识类型。日本学者野中郁次郎提出知识分为隐性知识和显性知识，隐性知识包括认知知识和技术知识。隐性知识的认知成分是指图表、范式、价值、信念等能够帮助个体感知和定义世界的知识，而隐性知识的技术成分包括技能、经验、手艺和秘诀等知识[2]。基于此，我们认为"基于学科核心问题的深度参与教学策略研究"成果中的事实知识和原理知识属于显性知识，而程序知识和价值知识属于隐性知识，具体知识内容如表9-1所示。

---

[1] 野中郁次郎，竹内弘高. 创造知识的企业：日美企业持续创新的动力[M]. 李萌，高飞，译. 北京：知识产权出版社，2006：73.
[2] 竹内弘高，野中郁次郎. 知识创造的螺旋：知识管理理论与案例研究[M]. 李萌，译. 北京：知识产权出版社，2006：50.

表9-1 "基于学科核心问题的深度参与教学策略研究"成果知识分类表

知识类型	知识特征	知识内容
显性知识	What的知识（事实知识）	1. 学科核心问题及子问题群的生成设计策略 2. 基于学科核心问题的整合性教学、基于学科子问题群的层次性教学与基于学科核心问题的反思性教学三大促进学生深度参与的基本教学路径 3. 基于学科核心问题的深度参与教学前端分析框架、教学设计模板、评价标准、观察量表、新技术支持平台
显性知识	Why的知识（原理知识）	1. 深度参与的观察点为学科、学生、学习，基本特征为内源性、深刻性、交融性、层次性 2. 问题解决学习是促进学生深度参与的基本教学样态。问题驱动、情思涌动、意义建构是其三大实践特质 3. 深度参与的基本认识框架：目标（建构学科教材知识背后的深层意义）、内容（体现学科教材核心）、过程（体现纵深性、层次性、整体性）、方式（情感与思维的高阶参与）
隐性知识	How的知识（程序知识）	1. 如何在学科核心问题设计的基础上生成学科子问题 2. 如何从为学生提供参与机会拓展到提升学生参与的深度 3. 如何将研究的单一视角（学科）拓展到三重视角（学科、学生、学习）
隐性知识	Who的知识（价值知识）	1. 学生的学习与发展质量得到提升 2. 教师教学及研究能力得以提升 3. 学校品质提升，成果影响深广

（二）成果推广策略

针对"基于学科核心问题的深度参与教学策略研究"成果的知识类型及特征，结合金堂实小与成师附小华润分校条件知识差异较大这一主要原因，最后确定该推广项目的目标为促进金堂实小校本化应用成果。基于此，成都市教科院、金堂县教科院、锦江区教科院、持有方和应用方多次讨论，最后确定采取建立专题工作坊的策略进行成果推广，由成果持有方成师附小华润分校成立成果专题工作坊，金堂实小学员教师自愿申请加入，工作坊教师一对一结对，由导师引领、组织学员深度学习和教学实践。两校分学科建立工作坊，分阶段确定主题，开展教科研活动，进行深度交流、学习。

2019年11月，专题工作坊启动仪式在金堂实小举行，成都市教科院为工作坊授牌，两校工作坊教师共同商议工作方案。工作坊的成员由两校骨干教师、教研组长组成，主持人由两校各派一名教师共同担任，工作坊包括语文工作坊、数学工作坊和体育工作坊。随后，两校开展了持续的课堂观察、跟岗学习、教学比赛、分享交流、专题指导、实践反思等活动，促进了成果知识的转化。

1. 跟岗学习，促进成果感知

2019年11月到2020年3月，金堂实小派骨干教师到成师附小华润分校进行了为期3个月的跟岗学习。参加工作坊的教师在成师附小华润分校的统一安排下，分成数学组、语文组、体育组，分别到对应年级进行跟岗学习，观摩示范课，完成跟岗研修记录表，并参与学校教学研讨活动。跟岗研修结束时，组织工作坊教师进行研修心得交流分享。跟岗学习是促进教师教学知识转化的独特路径。在跟岗学习阶段，金堂实小教师在真实的情境脉络下，通过示范、解读和交流互动，生成实践智慧，积累教学经验，完善知识结构。

随后，由成师附小华润分校派教师到金堂实小进行经验分享，成师附小华润分校教师分别执教语文、数学各一节课，进行课例展示。在课例展示中，金堂实小教师设身处地地参与真实的教学，对课堂教学进行直观而全面的观察，丰富自己的知识库，完善授课图谱，为知识的发展"积聚力量"。

2. 互动交流，促进成果的理解

2020年1月，成师附小华润分校和金堂实小两校骨干教师、教研组长、教科室主任等结对，进行个别的深度沟通。教师通过"一对一"交流、研讨协作的方式进行结对合作。"一对一"结对教师之间的协作具有较大的灵活性，可以随时随地进行。2020年2月到2020年10月，两校工作坊教师定期开展线上线下研讨活动，就教学情况交流学习，实现思想的相互碰撞。

3. 教学实践，促进成果的应用

为了使金堂实小教师对成果有更深入的理解，促进其将成果应用于教学实践，2020年10月，成师附小华润分校和金堂实小优秀教学成果"点对点"推广同课异构活动在金堂实小举行。成都市教科院陈军老师、锦江区教科院贺慧副院长、金堂县教科院罗军副院长以及两校工作坊教师、金堂县部分学校教师共计100余人参加此次活动。两校教研组的所有教师针对"基于学科核心问题的深度参与教学策略"这一主题进行同课异构活动，活动包括同课异构课堂观摩、课后分组研讨，执教教师说课，指导教师评课以及集中交流，让参与活动的教师能够面对面进行思想交流、互动探讨、分享经验和相互观察。通过同课异构的教学实践，"一对一"结对促进教师个体间进行沟通协作，在"做中学"的过程中，双方教师都能延伸和建构个人的隐性知识系统，通过"做中学"将知识吸收、内化到个人知识库中，实现知识结构的完善，最终提升教学实践能力。

2020—2021学年上期，金堂实小在全校推广成师附小华润分校的教学成果，并以"基于学科核心问题的深度参与教学策略"为主题，开展一年一度的"磨课、说课、评课"活动，并将教师们的教学设计、讲座结集成册，印制磨课专刊《冬青花开》，进一步通过实践将已获得的知识落实到具体的课堂教学中，促进知识与教学的深度融合。

4. 专题报告，系统化成果

在工作坊推广期间，成师附小华润分校派教师到金堂实小作专题报告，集中分享成果内容。成师附小华润分校张琳玲副校长与刘姗老师到金堂实小作教学成果报告，并与教师们讨论交流。两校教师在参加专题报告的过程中，通过经验分享，反思自身的不足，更新教学思想与理念，促进知识体系结构化、系统化。在此期间，金堂实小工作坊的教师还多次开展本校研讨沙龙活动，并邀请金堂县教培中心罗军副主任参加。在活动中，教师们主动分享、积极讨论，交流了学习的心得体会，梳理了当前成果推广学习过程中存在的许多共性问题，提出了对未来学习的计划。在这个过程中，两校教师将获取的碎片化知识重新构造，催生出新的知识，按照逻辑顺序将知识归类与组合，扩充自己的教学知识结构，并在实际教学中释放能量。

四、成果推广成效

（一）教师教学水平得到提升

自工作坊成立以来，成师附小华润分校和金堂实小的教师通过对教学事件、教学问题等进行记录，对教学过程进行持续反思，并形成经验文章，其中金堂实小工作室教师的多篇论文发表，并多次获市县一、二等奖。两校教师的教研组及时组织组内教师针对教学实践进行反思总结，教研组将本次活动的过程性资料包括教案、课件、评价表、发言材料、研究照片等完整保留存档。通过"对行动的反思"和"在行动中反思"，工作坊教师实现了程序知识、事实知识与原理知识的内化与提升，形成了价值知识，并将其与个人风格、教学习惯进行了更好融合。

（二）改善了金堂实小课堂教学质量

金堂实小教师在教学设计中从对学情关注不够变得更加尊重学生实际需求，大多数教师能够从"三读""三知"的角度来分析教材和学情。教学活动从"零散"设计走向"整体"设计，在学习活动设计中能够围绕学科核心问题进行整体设计，从学科核心问题设计入手为学生提供深度参与课堂的机会，再通过子问题群的设计为学生搭建学习阶梯。教学活动关注从教师如何教的角度转变为师生共同设计教学活动，学生学习更积极、主动，课堂充满生命的活力。

（撰稿人：成都师范附属小学华润分校　刘姗）

案例二 深度参与让教学真实发生
——"基于学科核心问题的深度参与教学策略"成果学习心得

2019年7月,在成都市教科院、金堂县教科院的牵线搭桥下,我有幸接触了成师附小华润分校的"基于学科核心问题深度参与教学策略"成果,开启了我深度参与这一成果学习的旅程。

一、跟岗研修感受成果的魅力

2019年11月,我有幸成为推广工作坊的成员,到成师附小华润分校跟岗研修。刚进教室,我就被班级的学习氛围震住了,同学们在讨论上节课老师留下的作业,虽然是在讨论,但秩序井然,有人发言,有人补充,有人记录,讨论内容生动有趣,语文味布满整间教室。我认真旁听了几节语文课,最大的感受是老师上课个性化十足,不同的老师风格都不太一样,有的老师讲课兴奋激昂,有的老师上课温婉动人。不管何种风格,他们的问题设计都指向了学生的深度学习。在整合性与系统性问题导向下,学生积极思考、踊跃发言,且回答问题声音洪亮、条理清晰,教学重难点总能够在学生的积极讨论中被攻破。他们的课堂参与度、活跃度高,没有人违反纪律,核心问题的深度参与自然而然地发生了。这跟我平时上课的情况可太不一样。我不禁产生了"这个学校的孩子真是太聪明了"的想法,也深感学校老师教学水平高超。

成师附小华润分校每周都会进行教研,全体老师参与,专家团队点对点指导。每个老师都非常努力,一堂课在"核心问题""深度参与"等关键词中磨了一遍又一遍。这个过程中,全校老师都在学习、理解、运用学校的研究成果。有了科学的理论指引、专家的指导、同伴的帮助,基于问题核心的深度参与教学更加具体了,老师们的成长更加迅速了。大家在舞台上表现出自己最好的一面,鼓足了劲儿绽放着、比赛着、成长着,这种学术氛围使我感受到学无止境、勤则可达。

正是这次在成果产生场域中的学习和感受,让我明白了学生自主参与探究出来的知识远比老师单方面的输出要有趣、有效得多，转变教学观念是我提高教学水平的第一步；也让我明白了所有的教学改革都不是一蹴而就的，是全校师生深耕细作的结果。我也更深入、全面地感知和理解了学科核心问题、学生的深度参与、学生的持续建构等核心概念及相关的操作策略。

跟岗学习结束之后，我不仅学习了"基于学科核心问题的深度参与教学策略"成果报告，弄清了理论意义，特别重点学习了教学设计模式，以期借鉴品质课堂展示，在实践中运用此成果。

二、实践中见差距

实践才能得出真理。在理论学习以后，我开始结合本班学生实际情况与自身教学特点进行教学设计，并邀请名优教师进行针对性的课堂观察和研讨，以便结合相关意见再度研究学习。

在随后的成果推广中，学校决定采用同课异构的方式加深推广力度，我积极申请并有幸获得此机会，和成师附小华润分校的陈晓梅老师同上三年级《掌声》一课。

在教学设计过程中我试着按照"基于学科核心问题的深度参与教学设计框架"的内容设计，本以为理解成果报告内容后会游刃有余，结果并不如意。对将成果报告中提到的很多做法和策略落实到操作中，我感到非常困难，如"前端分析"中"三读""三知"、学科核心问题设计的"分化与递进式"等。对成果理论理解的不深入，导致最后呈现出来的课堂与陈老师的课堂差距很明显。我的课在核心问题把握上大致准确，但在子问题群整合性、系统性以及学生课堂参与的深度方面与陈老师的课的差距显而易见，学生在学习中的情感、思维高阶介入并不明显。而陈老师的课堂教学形式多样，学生参与度高，课堂活跃生动，核心问题明确，问题设计环环相扣、步步深入，整堂课围绕着"变化"这个核心问题促成深度学习的发生。此次同课异构活动使我明白，自己的教学能力和教学水平提高还有一段很长的路要走。

三、"一对一"交流拨开迷雾

同课异构之后，我进行了反思，找到了薄弱点，认识到在今后的教学过程中，我得在核心问题与活动设计方面下功夫。得益于此次跟岗研修活动，我有机会跟成师附小华润分校的老师深入交流学习。为了更加透彻地理解本课题，我想借班再次上一节公开课，请陈老师及学校课题组专家指导。我的想法一提出就得到了学校领导和陈老师的支持。经过充分的准备，我于2021年5月19日在五年级2班上了第六单元的《跳水》。本单元以"思维的火花"为主题，语文要素是"了解人物的思维过程，加深对课文内容的理解"，教学重点是了解文中人物解决问题的思维过程，培养学生根据具体情况思考问题、解决问题的意识。船长是《跳水》一文的关键人物，但是在文章的结尾才出现，且描写的笔墨不多。为了激发学生学习兴趣，帮助学生把握船长的思维过程，我设计了倒逼式子问题群（见图9-1）。

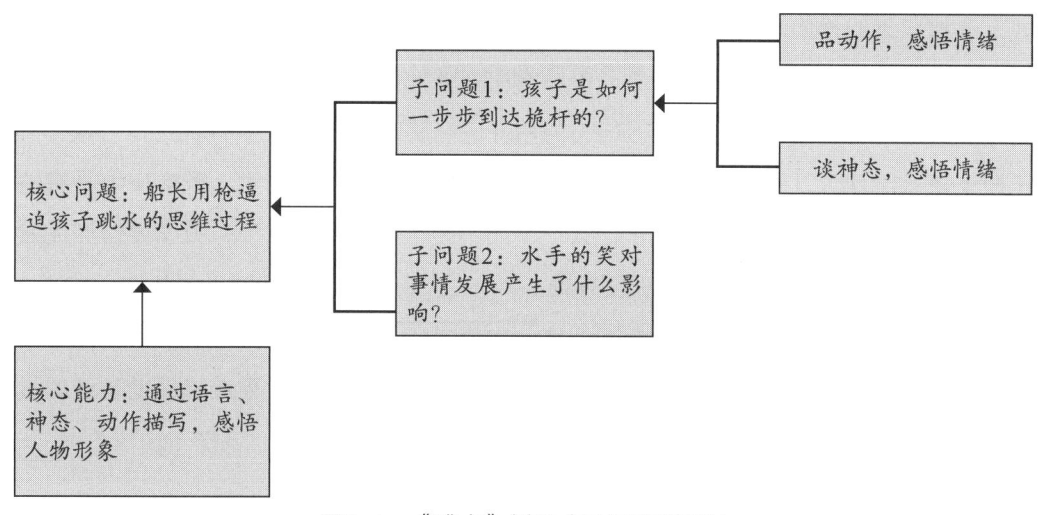

图9-1 《跳水》倒逼式子问题群设计

教学设计完成之后，我请张校长和陈老师指导，他们在认同我的设计基础上给出了更专业的建议——设置情境，利用活动推动故事发展。这样的设计更加符合核心问题"情景性、包容性、探究性及契合性"的特点。于是在他们的指导下，我将《跳水》这篇课文的情境设置为"学生化身小侦探，调查此次跳海事件，判断船长持枪逼迫孩子跳水是否合理"。教学设计完成之后，我信心满满地上课了。由于准备充分，教学设计新颖独特，这堂课上得格外有趣。孩子们在任务情境的带动下显得异常活跃，他们在活动中根据自己的理解演绎，在讨论中自由地发表自己的意见，在全班交流时认真倾听他人的看法。他们深度参与着，我也全身心投入着，40分钟原来这么快！评课的时候，老师们对我的设计提出了表扬，他们表示这堂课符合"基于学科核心问题的深度参与教学实践框架"要求，问题驱动准确，活动的推动合理，学生情思涌动，是真正的深度参与。那一刻，我像个得了高分的考生！取得好结果怎能不令人激动、感动呢！

表扬让人自信，指出问题更能催人进步。这堂课，实践框架我完成得不错，但在细节方面还是有所欠缺。张校长指出我的前置学习检测力度不够，且在教学过程中还有一小部分孩子并未达到深度参与，不同层次的孩子是否都有收获需进一步研究，后续还应该在关注更多的学生方面下功夫。我认真记录着老师们的意见，将成功与不足之处都深深地记在心里，这些都将会是我成为成熟型教师的宝贵积累。

在未参与这次推广学习活动之前，我认为教师的职责就在于引导学生完成既定学习目标，教师是知识的传播者，是学生的引路人。在学科与自我学习方面，我觉得要多揣摩教科书及与之有关的书籍，尽力创造和谐的学习环境，探寻适合自己的教学模式。参加成果的推广活动后，我的教师信念发生了巨大变化。我明白了教学过程应具有双边性、认知性与个性化的特点，关注学生在认知活动过程中的发展；教师不仅要做知识的传播者，还要做学生学习能力的培养者，更得是教育教学的研究者；教师要不断更新教学理念，吸收优秀经验，结合自身实际情况，内化创生；教学应该具有整合性、系统性，关注"学生想要学什么"，而不是"我想教什么"，教学要摒弃无效提问，抓住核心问题，关注学生深度思维。

学之愈深，知之愈明，行之愈远。在此次成果学习和应用过程中，我深刻体会到学习不仅要将内容内化于心，还要外化于行，只有如此才能让优秀成果帮助自己的教学水平更上一层楼。

（撰稿人：金堂县实验小学　徐瑶）

案例三 内化·转化·深化
——"导学讲评式教学"在太平中学的应用研究

一、成果推广概况

(一)"导学讲评式教学"成果简介

"导学讲评式教学"是由成都市龙泉驿区教育科学研究院原高中数学教研员、四川省特级教师王富英主持研究的四川省人文社会科学重点基地课题"'导学讲评式教学'与教师专业化发展研究"和成都市"十一五"教育科研课题"'导学讲评式教学'的研究"之研究成果。该成果获得首届基础教育国家级教学成果奖二等奖、四川省第五届普教教学成果一等奖和2011年成都市优秀教学成果一等奖。

(二)成果推广背景

四川天府新区太平中学(原成都市太平中学,以下简称"太平中学")创立于1941年,地处原双流县东部深丘地区,属于地处经济欠发达、文化教育观念相对落后的城乡接合部的农村中学。学校教师绝大多数是高校扩招后毕业的青年教师,专业水平和理论素养相对较低。学校着眼于学生终身发展,坚持特色发展、错位发展和改革发展,走出了一条适合学生的教育之路。学校课堂改革始于2012年,主要有三方面的原因:一是太平中学教学质量低下,初高中教学质量均处于全县倒数第一,初高中不良的教学质量和风气相互影响,形成了恶性循环。学校要继续生存,就必须通过改革来打破恶性循环。二是部分教师对教辅资料依赖严重,照本宣科、照搬资料的现象较普遍;部分教师教学观念陈旧,上课以讲为主,满堂灌,部分学生没有兴趣、没有活力,听不懂、不想听,课堂气氛沉闷,课堂效率低下,教研氛围不浓,必须通过改革来提高课堂质量。三是学校要想提升形象能够依靠的只有教师,只能以课堂改革为抓手，促进教师转变教学观念，改进教学行为，提高教学效益，以改革形象铸就学校品牌。学校推广运用"导学讲评式教学"正是为了推进课堂改革。

（三）成果推广过程

一是探索起步阶段（2012—2014年），这一阶段学校主要是通过校内听课找问题、校外听课找差距、省外学习找方法、编制学案定规范等做法规范教学，统一教师思想为：学生要成长、教师要提升、学校要发展，必须进行课堂改革。与此同时学校改革也进入瓶颈期，当改革深入课堂时，学案与教学结合不好，搞成了两张皮、两不像。改革何去何从？学校和教师都非常迷茫。经慎重考虑，学校决定引入"导学讲评式教学"。

二是深入推进阶段（2014—2019年），本阶段学校聘请成果持有方王富英老师为学校课改首席专家、驻校专家对学校课堂改革进行指导，通过专家引领、科研推动、学习内化、骨干先行、课堂示范、活动提升等做法，推广"导学讲评式教学"理念，稳步推进课堂改革。经过这一阶段的努力，学校不仅获得了成都市教育科研成果一等奖，也明确了教育科研成果应用学术形态、技术形态、实践形态的内涵及三种形态的关系，探索出了教育科研成果应用的运行机制"内化—转化—变化—深化"及科研成果推广的具体操作策略。通过改革，太平中学的教师、学生、课堂、学校都实现了良性变化。

二、成果推广路径和策略

（一）聘请专家，培养骨干

2014年9月，学校聘请王富英老师作为学校首席课改指导专家，负责对学校课堂教学改革进行指导和骨干教师的指导培训。学校制订了种子教师培养计划，遴选一批种子教师成立太平中学王富英名师工作室。工作室每周开展教学研究活动，每次活动有主题、有记录、有总结、有活动简报。王老师每周到校对工作室成员进行指导。活动方式为上午磨课、上课、听课，下午议课、研课、评课。王富英老师还亲自上示范课，对工作室成员跟踪听课、评课，通过录像课回放分析，进行座谈讨论，还对工作室成员的课题论证、研究方案、研究论文的撰写等给予专题培训和指导。工作室成员认真聆听指导、交流讨论、反思总结，从最初"闻科研色变"到现在主动学科研、用科研，迅速成长为学校的科研骨干。

（二）内化成果，理解实质

科研成果推广应用成功的关键在于教师要内化科研成果的精神实质。在学习内化过程中，学校采取了以下策略：

1. 专家报告，参观考察，认知成果

学校请王富英老师给全体教师作"导学讲评式教学"专题讲座，并组织教师多批次到"导学讲评式教学"实验基地学校——龙泉驿区双槐中学实地参观考察，全面认识、了解"导学讲评式教学"的具体内容和实际成效。

2. 自主学习，合作交流，内化理解

为了让教师更好地学习理解"导学讲评式教学"的理论，学校给每位教师购买了被收入中国基础教育国家级教学成果文库、系统介绍"导学讲评式教学"理论的著作《"导学讲评式教学"的理论与实践》供教师自学之用。同时，学校要求教师先独立自学，写读书笔记，然后以教研组为单位举办读书报告会，交流学习心得，让学习理解深刻的教师在全校进行交流分享。学校还请王富英老师就教师学习中存在的问题进行现场答疑，帮助教师内化理解"导学讲评式教学"的精神实质。

（三）转化成果，积极实践

1. 典型引路，骨干先行

从学习心理学的角度看，新知识的学习内化有一个认识、接受、消化和逐渐理解的过程，而身边的榜样最具有影响力。学校先由成都市王富英名师工作室成员黄芳老师在数学学科中引路。黄芳老师坚持应用"导学讲评式教学"，任教班级数学平均成绩超过区内重点学校，使教师们看到应用"导学讲评式教学"实实在在地取得了成效。然后，黄芳分享个人实施中的经验体会，教师们逐渐接受了"导学讲评式教学"的理念。我们要求种子教师先在自己的学科应用"导学讲评式教学"方式进行教学，定期开展种子教师献课活动和教研组推荐优秀教师上示范课活动，组织全校观摩。通过典型引路、骨干先行，"导学讲评式教学"的基本理念和思想得到了全体教师的认可。

2. 先易后难，稳步推进

为减小改革阻力，保证改革顺利进行，学校在改革之初以倡导为主，先选择易于进行的讲评课作为突破口，再逐步推广到新授课、复习课，不硬性要求所有课都全部应用。

3. 以点带面，全面展开

2014年，改革首先在数学学科中展开；2015年拓展到生物、化学、英语、地理等学科；2016年高三年级全面实践"导学讲评式教学"的讲评课模式；2017年全校所有学科采用"导学讲评式教学"理念下的讲评课模式，人人过关，组组总结。

4. 营造氛围，建立文化

学校通过丰富的活动、健全的制度营造了浓郁的科研氛围。从2014年开始，学校每年举办"导学讲评式教学"人人过关课、"导学讲评式教学"课堂教学展示活动、"导学讲评式教学"年会、"导学讲评式教学"设计大赛、"导学讲评式教学"课堂教学赛、"导学讲评式教学"论文大赛、"我与'导学讲评式教学'小故事"学生征文比赛等活动。学校主办了三届"导学讲评式教学"联盟年会，极大地推进了改革的实施。同时，学校还制订了一系列奖励措施，对"导学讲评式教学"中的优秀者进行奖励，组织积极参与的教师外出参观学习；展出各教研组开展"导学讲评式教学"的情况。学校例会也安排了专门的理论学习活动和骨干教师经验分享活动。

（四）深化成果，课题研究

课题研究是提高凝聚力、深化应用研究的有效途径。学校申报了成都市教育科研规划课题"'导学讲评式教学'在农村高完中的运用研究"，以科研推动"导学讲评式教学"成果的推广应用。工作室成员就是课题的主研人员。课题组把该课题分解为十个小课题，每个成员承担一个，结合学科教学开展研究。学校把问题作为课题，把课题变为实践，理论联系实际，总结提炼出了各种课型的教学范式，弥补了原有成果中只有基本教学范式而没有各种课型教学范式之不足，完善了原有成果；在对话讲解的基础上建构了语文分享式讲解的概念和特征；叶超校长和王富英老师合作构建了科研成果推广应用中的形态和运行机制；课题组结合新时代发展学生核心素养的新要求，提出了基于核心素养的"导学讲评式教学"概念，进一步深化了原有研究成果。该课题已于2018年顺利结题，课题研究报告荣获成都市基础教育课程改革优秀论文评选一等奖。

三、成果推广实效

（一）教师的变化

1. 教师教育教学观念的改变

教师的教育思想、教学观念、教学行为及其角色都发生了变化。以生为本，坚定践行"导学讲评式教学"理念，积极探索课堂改革，着眼于学生能力提升和长远发展的观念在教师的心中牢牢扎下了根。教师们学会了放手，放手把课堂、时间和话语权还给学生，学会了尊重学生、相信学生、解放学生。教师在发展学生的同时自己也在成长。在改革的过程中教师从反对、怀疑到接受、喜欢，一批理念新、方法活的课改骨干，如黄芳、何蓉琼、刘维立、欧小琴、陈晓峰、黄明玉、曾小金等迅速成长起来。

2. 促进了教师的专业化成长

随着"导学讲评式教学"的应用推广，广大教师的研究能力迅速提高、专业能力迅速发展。近三年来，学校青年教师运用"导学讲评式教学"理念，参加区级赛课获奖43人次、市级赛课获奖11人次，在市级论文评选中获奖31人次、国家级论文评选中获奖15人次，在国家级刊物发表论文11篇。黄芳等多位教师受邀到市外学校献课并获得一致好评。黄芳、郑春梅老师曾作为王富英老师工作室成员受邀参加在德国汉堡大学举行的第13届国际数学教育大会。何蓉琼老师曾受乐山师范学院邀请为"国培计划"中西部培训团队研修班的教师作专题讲座。刘维立老师应邀参加全国教育信息技术"十三五"重点课题中期交流会并作阶段性总结汇报。

（二）课堂的变化

变教师的"一言堂"为师生的"群言堂"，变教师的"独家讲坛"为师生的"百家讲坛"，变静默的课堂文化为对话的课堂文化，让课堂真正成为学生展现聪明才智的殿堂。

（三）学生的变化

变被动为主动，变学会为会学，学生综合能力得到极大提高。"导学讲评式教学"各环节中学生自主学习、合作与探究学习有机结合，让学生的学习方式逐渐转变，学生的主动性积极性充分发挥，归纳概括能力、语言表达能力、交流合作能力、自我反思能力得到发展。经过长时间的锻炼，他们敢于表达自己的观点，展现自己的个性，在不断的交流与反思中形成独立健全的人格，提高自身的综合素质。综合素质提高还直接表现在高考成绩上：一大批中考成绩刚上普高线的同学，经过三年磨炼，在高考中成绩上本科线乃至一本线，部分中考成绩上普高线的同学高考成绩达到600分。

四、成果推广经验

成果持有方王富英老师认为，太平中学成果推广应用取得实效的原因包括以下方面：一是校长眼光独到，不功利，关注过程，一直在坚持做。二是教师对成果的内化应用能力强。"导学讲评式教学"的教育观念是把话语权、主导权给学生，首先是要转变教师观念，观念要通过行为转变。学校的引进成果效果不好，一般来说都是因为教师没有真正认识、理解、消化、认可、内化成果。三是通过典型发挥作用，主要是典型种子教师培养与典型案例研究。成立工作室，培养种子选手，以点带面，差异化发展。通过典型案例分析，教师真正将成果内化，认可这种教学。四是专家引领。在成果推广中，专家深度介入，参与成果推广的研究实践。专家一定要对本领域有深入研究。五是教学科研紧密结合，教研活动围绕成果引进开展。六是学校建立了保障机制。在成果引进期间，学校为每位教师提供书籍，教师在教学中遇到具体问题时可以有针对性地去书中找答案，将书本理论转化成具体操作的内容，这样使得教师对成果本质的理解更透彻。

通过对成果应用方太平中学的学校领导、教师的访谈及实地调研，发现成果在太平中学推广的成功经验主要体现在以下方面：一是采用情境认知策略，指导教研培养典型，通过典型教师和典型案例的效果驱动教师由边缘性参与走向中心参与；二是差异发展策略，正视学校教师发展中存在的专业落差，通过种子教师、典型教师来实现以点带面格局的形成；三是关注过程的策略，围绕成果的本质始终在成果推广的过程中着力，坚持"学习即成长"，持之以恒。

（撰稿人　四川天府新区太平中学　黄芳、黄明玉、陈晓峰）

案例四　我与DJP不得不说的故事

我喜欢用一个大俗的词语——"好东西"来形容"导学讲评式"（简称"DJP"）教学理论。在我心里，DJP所代表的绝不仅仅是王富英老师这位花甲老人及其团队多年呕心沥血的研究成果，它更代表了一种教育的理想和理想的教育方式。我用看似简单却承载良多的三句话串起我与DJP不得不说的故事。

第一句："好东西是需要时间落地的"

我不是首倡DJP教学理念的团队成员之一，即使在我们学校，我也不是践行这种先进理念的先锋成员之一。我自诩是一个有理想、有情怀也不断追求进步的教育人，但当王富英老师带着这个珍贵的科研成果来到我们太平中学的时候，我和学校里的部分教师一样，并没有感到多少兴奋与激动。

我和大多数同行一样，是在传统教育理念影响下成长起来的教师。我所喜欢的语文名师们从老一辈的余映潮、李吉林等到新生代的肖培东、王君等，他们哪里提过什么DJP？更何况，多年的讲台经历告诉我，一名优秀教师最应该做的是修炼内功，内功修炼好了，驾驭课堂就如庖丁解牛游刃有余了。生生地把课堂解割成导、讲、评，课堂还有它该有的完整性与和谐美吗？所谓先进的课堂模式、科学的教学理论，也许是又一次瞎折腾罢了！

就这样，我沉浸在自己所谓的修炼中，两耳不闻窗外事，一心只重练内功！

两年后的一次校级赛课，我无意中听到我校黄芳老师的一堂高三数学课。我对那堂课上的二次函数知识是一窍不通的，但生动活泼又和谐融洽的课堂氛围却深深地感染了我、触动了我。我看到她的学生在课堂上的精彩讲解，听到教室里不断响起的哗啦啦的掌声，感受到学生间像是我们教师在教研时才有的交流与对话……孩子们那亮闪闪的眼神、那眉宇之间自然流泻的从容和自信，让我突然发现：原来，学习真的是可以让学生乐在其中的事儿。自己苦苦探寻的所谓教育正道，原来就在自己不屑一顾的DJP教学理论中。

那天赛后聚餐，我勇敢地走到王富英老师身边。我虔诚地握着他的手说："王老师，请您收我为徒……"

第二句："好东西是需要融会贯通的"

DJP教学借助讲评课型在我们学校慢慢推广开来。从最初使尽浑身解数让自己的课堂有一点DJP教学的形，到后来教学的一招一式都能在一定程度上体现DJP教学的神，DJP教学慢慢地成了我和同事们热爱的一种常规教学方式。

在且行且思的实践过程中，我越来越不甘心只做一个按部就班的执行者。我是多么希望自己的教育生命能与这种先进的教育思想融为一体啊！我不再是那个重教轻学的霸道老师。对于自己深深热爱的教育事业，我开始有了自己全新的思考和认识。

教育，必须回归自然——这，就是我的新教育观。

学生是有差异性但也有主动性和智慧潜能的活生生的人——这是我的新学生观。

学习即生长，学习即生活，学习即经验的改组与扩充——这是我的新学习观。

教学的实质是对话。所以，教师的任务就是创设情境让学生对话——与书本对话，与同伴对话，与教师对话，更与自己对话——这是我的新教学观。

知识是多方合作的产物，是与书本、与他人、与自我反复碰撞的产物——这是我的新知识观。

评价是促进学生认知和发展的实践活动。任何时候，评价的终极目的都是激励和鼓舞而非其他——这是我的新评价观。

新教育观、新学生观、新学习观、新教学观、新知识观、新评价观，观观相融，这里面有教育学、心理学、哲学、诠释学等多种科学。

哦，DJP教学哪里只是导、讲、评三个环节的简单叠加，它如此广博、如此丰厚、如此深刻！

第三句："好东西是能促人生长的"

DJP教学诞生于理科讲评课型，其对于促进师生思维品质的形成和思维能力的提升作用是有目共睹的。那DJP教学是否同样适用于其他学科、其他课型甚至学生培养或班级管理呢？

想，都是问题；做，才能看到答案。我勇敢地把DJP教学理念引入语文课堂，更大胆地把它推广到新授课上。我相信，把DJP教学理论融会贯通，DJP教学是能在任何教育环境中释放出顽强的生命力的。

为了让课堂对话有深度，我注重引导学生在讲解时创设对话的氛围，并且力促其不止发生在特定的同伴之间，更发生在全体同伴之间、师生之间。这使得我的课堂总是生机盎然。

为了更全面地培养学生的能力，在班级管理方面，我大胆放权，把班级事务的决策权还给学生，给足时间让他们思量谋划，我引导学生在问题中自查自省，在问题中自助和助人……在这些以尊重和信任为前提的放手中，学生慢慢变成了自己学习和生活的主人。

DJP教学让学生成长了，也在不断成就着我自己。当我受邀在省内许多大学、中学或教研室的讲堂上传道授业时，我就像对着自己班上的学生一样，用DJP教学理念驾驭我的讲台时间。我和参训的教师、听讲的学生一起平等对话、和谐交流，我们相互学习、共同促进。教学相长是我们的初心，也是我们的成就。我与台下师生的相互尊重，使他们都享受到温暖的归属感、自我实现的愉悦感。

我永远不会忘记，2019年，我受乐山师范学院之邀给参训的川北学校中层干部们做微德育微管理培训时，一位名叫李平的校长跟我闲聊了几句话："何老师，你是一个敢想敢干的老师。一般的讲座，我可没认真听过。但你这一上午的讲座，我一点都不敢走神。我就怕学不到东西啊……"

苏格拉底说过，未经审视的生活是不值得过的。DJP教学思想的形成基于对教育的重新审视。所有受DJP教学理论影响过的人都知道，DJP教学不仅改变了教育教学的形式，它更改变了一个内在生命的生长轨迹。

在今后的教育教学道路上，我决心坚定不移地追随它，以一种敬业加专业的精神实践它，以一种科研的思想加创造性的态度来丰富和完善它。

（撰稿人　四川天府新区太平中学　何蓉琼）

案例五　三化推广策略实现教学成果的真实转化
——以"三课四学：三性课堂教学模式"成果的区域推广为例

2018年8月22日，《中国教师报》刊登《"三课四学"成就"三性教育"》一文时，其编者按指出："在当今课堂教学理念泛滥、模式繁多的现状下，四川省成都市龙泉驿区构建了'三课四学'课堂教学模式，同时提出'三性教育'，培养学生的公民素养、文化素养和人才素养，真正通过课堂教学改革，将基础教育引向了核心素养时代。"

文章发表后，"三课四学：课堂教学模式"成果在省内外产生了很好的影响。2019年5月8日，成都市教育科学规划领导小组办公室、成都市教育科学研究院、龙泉驿区教育科学研究院联合在四川大学附属实验小学东山学校向全市推广该教学成果。同时，该教学成果还通过讲师团巡讲、主题赛课、子课题群的方式进行区域推广，促使其得到真实转化。

一、成果推广价值

"三性课堂教学模式"是全国教育科学"十二五"规划2011年度教育部规划课题"区域推进多元学习构建高效课堂的研究"的课题研究成果之一，2017年荣获成都市优秀教学成果一等奖。本成果的推广价值有如下三个方面：

（一）指向核心问题：提升区域课堂的内涵品质

（1）破除课堂虚假互动，提升学习品质。
（2）破解学生浅层学习，实施深度学习。
（3）破防课堂目标低阶，追求效益达成。

（二）突破关键问题：解决学生课堂学习质量不高的问题

学生课堂学习质量不高，表现为四个突出的点位：

（1）"少"：方式单一，被动接受；目标单一，追求得分；评价单一，只看结果。问卷调查发现，53.2%的小学生仍然受到传统的接受式学习方式的影响。

（2）"浅"：学习状态浅，少主动性；学习过程浅，少达成；学习成效浅，难达深度理解与建构。

（3）"平"：学习看似多样丰富，实际上少层次和深度。

（4）"散"：学习目标多、过程环节多、学习内容多，但体验少、融通少、整合少。

（三）攻坚推进问题：解决实施区域性改革浅表、走样的问题

（1）浅表：表面热闹，缺乏深度，落地不生根，换汤不换药。特别是在区域推广上，只有会议宣传和现场报告，没有跟进推广的措施。

（2）走样：主张不明，落地变味，难整齐划一，最后各干各。课堂教学只重效率而不重效益。多数教师还是采用机械训练和简单重复的操作方式，学生心理负担重。

二、成果的主要内容

"三课四学：三性课堂教学模式"成果主要内容见表9-2。

表9-2 "三课四学：三性课堂教学模式"的主要内容

知识类型	知识特征	知识内容
显性知识	What的知识（事实知识）	以"三力"为基的育人目标： （1）人格力，是公民出入社会的关键素养。在立德树人的总方针下，我们列出"热情友善、乐观自信、合作互助、自觉刻苦、勇敢诚信"等具体要点，供教师在课堂上特别关注。 （2）学习力，是学生生存发展的关键素养。在国家成果实施计划中，我们列出"观察体验、阅读思考、模仿选择、探究交流、实践操作"等要点，供教师在教学中重点培养。 （3）创造力，是人才产生新思想、发现和创造新事物的关键素养。我们列出"独立自主、随机应变、质疑反思、求同存异、新颖奇特"等要点，让教师在实践中长期培育

续表

知识类型	知识特征	知识内容
显性知识	Why的知识（原理知识）	以素养为本的"三性"任务： （1）教育性任务：发展人格力，培育公民素养。立德树人，培养合格的中国公民。 （2）学科性任务：发展学习力，培育文化素养。现代人的特点是有知识、有文化，德智体美劳全面发展。 （3）创新性任务：发展创造力，培育人才素养。国家要求把人才作为支撑发展的第一资源，构建有国际竞争力的人才制度优势，提高人才质量，优化人才结构，加快建设人才强国。 在这里，学科性任务决定学生的基本能力，教育性任务决定学校的价值方向，创新性任务决定国家的发展高度。
隐性知识	How的知识（程序知识）	1. 课程内容重构——"三课" "三课"是课程多元整合分层实施的路径，按照"单元整体感知—关键问题探究—单元综合实践"的路径实施，逐层深化。一般以单元课、学时课、整合课三种课型依次呈现。 2. 学习机制再造——"四学" "四学"是"知识模块"（陈述、程序、策略）和"问题解决模块"学习的基本流程，也是教学组织的基本结构。本机制以个体学习、组内学习、组间学习、集体学习分阶段运行，又简称为首学、互学、群学、共学。 3. 理念化为行动——"三习"内化"三题" "三题"是指例题（范文、范例）、习题和试题并加以结构化设计。用在知识的形成、巩固、评价的三个关键节点，并辅以"易、中、难"系数编排承接型练习、变式型练习和拓展型练习内化所学知识
	Who的知识（价值知识）	（1）课堂教学普遍发生显著变化。教师不仅关注学科知识的掌握，同时关注小学生行为习惯的养成；小组合作在学科课堂中广泛使用。真正实现学科课堂落实立德树人的根本任务。 （2）学生的综合素质得以不断提高。小学生在课堂上的主体地位更加突出，主动参与、自主学习成为常态；小学生的学习兴趣高、学习能力较强，课堂学习质量普遍比较高；区域学生综合素质得到整体提升。 （3）教师和学校获得同步发展。区域形成以区教科院牵头组成的项目攻关小组、教研员牵头组成的学科研究小组、集团和学校牵头组成的课题研究小组，构建研究网络体系，促进区域性课堂改革的推进，促进教师和学校的同步发展

三、成果推广路径

成都市龙泉驿区教育局、龙泉驿区教科院采用学术引路、专业领航、行政主推、集团主抓、校长主管、学科主研的策略积极地在全区推广本成果。开展了聚焦成果的主题化课堂大赛、全员参加的课程化讲师团巡讲、多点辐射的系统化课题研究、围绕成果的序列化校区市主题教研、指向核心成果的专题化案例评选等活动，促进隐性知识表出化、内在化与联结化，实现知识由个体到组织内部到组织间再到个体的动态转换和创造。

（一）课程化的讲师团巡讲，在宣讲中实现成果的表出化

如何将具有缄默性质的"三性课堂主张"事实性知识与"三课四学"程序性知识通过合理分享表出化呢？课题组在区教育局和教科院的大力支持下，通过组建讲师团，基于成果的核心内容设计课程，开展集体备课，组织区内小学教师全员参加讲师团巡讲活动。力求通过讲师团巡讲活动，在课程化的宣讲活动中转变教师的育人观念，更新教师的教学理念，丰富教师的评价视角，将教学成果表出化，为成果的最终转化打下基础。

巡讲活动分两次分别在2019年上半年和下半年完成。第一次巡讲活动安排在2019年6月，利用期末监测完成后的一天时间集中进行，主要包括"三性课堂"的核心理念和操作策略、"三性课堂"的理念变革和评价变革、"学生中心"在"三课四学"中的体现、"三性教育"理念下的课程再造、学业质量监测大数据促进精准教学的实践、服务性评价有效促进学生发展的实践等事实性知识与程序性知识。第二次巡讲活动安排在2019年8月，利用教师暑期培训的一天时间集中进行，主要内容包括"三性课堂"的课程变革、"三课"新理念下的课程重构、"三性课堂"的教学变革、"四学"新理念下的教与学方式变革、"三性课堂"学习资源的开发和应用、发展导向的主题式教研在校本研修中的应用等事实性知识与程序性知识。（见表9-3）

通过全员参与的讲师团巡讲活动，进一步加深全区小学教师对"三性课堂"的核心理念和实践策略的认识，进一步推广"三课四学"的课堂模式和操作方法，促进全区小学教师积极投身到课堂改革之中，以区域推进的整体课堂改革助力龙泉教育的"三大攻坚"。

表9-3 课程化的教学成果"讲师团巡讲"推广安排表（部分）

时间安排		序号	架构体系	课题名称	授课组	授课安排			
						实小集团（实小）	第一集团（二小）	第二集团（东山）	第三集团（新格林高中）
2019年6月28日上午	09:00—09:30	A1	龙泉小学教育改革的十年历程	从"顶层设计"到"三性课堂"	第一组	孙 超	刘万均	刘龙阳	刘 武
	09:30—09:50	A2	龙泉样本：整体推进的课堂变革	"三性课堂"的实践策略（陀螺模型）	第二组	何智远（冯跃）	毛本容（刘蓉）	蒋婕（张春）	向超（杨武）
	09:50—10:20	A3	"三性课堂"的理念变革（一）	"三性教育"的基本主张（理论篇）					
	10:40—11:10	A4	"三性课堂"的理念变革（二）	"三性教育"的基本主张（实践篇）	第四组	黄慧章	李云惠	付 燕	宋兴琼（郑大明）
	11:10—12:00	A5	"三性课堂"的课程变革和教学变革	学习资源开发的理念与做法	第三组	魏蓉开	李华芬	刘雪梅	聂彩霞
2019年6月28日下午	02:00—02:30	A6	"三性课堂"的评价变革（一）	综合评价：教育的全面质量观	第五组	邵玮余凤鸣薛常成	陈霞晋桔敖在芳	陈祖惠蔡晓富	何智远黄宇琴刘平
	02:30—04:30	A7a	"三性课堂"的评价变革（二）	研修活动：靶向矫正赢得绿色质量					
		A7b	"三性课堂"的评价变革（三）	研修活动：回归本真的过程性监测					

（二）实操化的教与学实践，在实践中实现内在化

如何将本课题的成果变为教师自觉的教学行为，实现成果的内在化呢？课题组依据SECI模型系统设计了指向实践的实操化推广活动。如指向教学成果的区域性的主题赛课活动、群学短视频与"四学亮点"视频的案例评选、序列化的市区教研等活动，帮助区域内及成果应用单位的教师在行动中体验、在实践中反思，从而实现本教学成果核心内容的内在化。

序列化的教研活动促成教学成果的内在化。2020年，课题组郑大明老师以"三课"、黄伟老师以"四学"为主题申报成都市教科院菜单培训项目并成功立项，两个项目分别设计了4次序列化的指向实践的教研活动，面向全市推广"三课四学"。同

时，区内小学各个学科的教研活动均以"三性课堂"的核心成果作为研究主题，设计序列化的教研活动，带动区域内的教师在实践中反思、在行动中体验。

区域性的主题赛课活动促成教学成果的内在化。近年来，龙泉驿区的教师技能大赛小学组各学科的赛课均以本课题的核心成果"三课四学"为主题，通过技能大赛，以赛促成果深化、以赛促成果推广；同时课题组还针对教学成果程序性知识的关键，组织设计专题的视频与文本案例评选活动，如群学短视频案例评选、"四学"亮点评选等活动，各学校教师通过聚焦主题的课堂技能比赛与案例评优等活动，在实践研究中促进教学成果内在化。

（三）系统化的子课题群落，在推广中实现联结化

成果推广，不仅仅是对成果的模仿应用，还需要对成果进一步深化。课题组鼓励成果应用单位的教师基于课题的核心成果开展进一步深化研究，边推广边深化，逐步构建起区级微型课题、区级规划课题、市级规划课题三个层级的子课题群落，不仅实现了对本教学成果的系统认知，更是深化了本课题的研究成果，让成果更具生命力。

郑大明数学名师工作室立项的北京师范大学基础教育课程研究中心全国新世纪小学数学教育研究课题"基于人工智能思维的新世纪教材四学成效研究"、四川省"小学数学'三课四学'清单式管理研究"，龙泉驿区教科院小学部立项的成都市"小学数学教材'3C知识'的'四学'实施策略"，龙泉驿区第二小学立项的成都市"基于学科育人的小学数学单元整体教学研究"，都江堰市光明团结小学申报的市级课题"基于深度学习下的生态课堂'三课四学'策略的研究"，遂宁市河东实验小学立项的市级课题"'三课'首学任务研究——以教材策略性知识为例"等课题，都对"三性课堂教学模式"的推广既起到了深化的作用，又提高了成果推广的品质。

仅2019年，龙泉驿区基于本教学成果做深化研究的微型课题就达34项，如龙泉驿区第五小学何清流老师立项的"'三课四学'模式下小学数学板书设计的策略研究"、龙泉驿区龙华小学校常凤老师立项的"小学高段语文深度互动教学实践框架研究"；2019年立项的区级规划课题也达到5项，如龙泉驿区实验小学校刘燕老师立项的"互学群学教学策略在科学实验课中的实践研究"、成都经济技术开发区实验小学校郑惠琼老师立项的"小学数学陈述性知识的互学策略研究"等。

以上各级各类课题研究均是对本课题研究成果的深化，进一步让教学成果系统整合，实现联结化。

（撰稿人：成都市龙泉驿区教育科学研究院　黄伟）

案例六　众里寻他之"三课四学"

一、我的"三课四学"故事

我工作之初，成都市天府新区华阳小学每个年级只有一个班，我教一年级和二年级的数学，没有同年级教师可以交流讨论，参照出版的现成教案完成每一个课时的手写教案是我教学设计的唯一方式。在实践中，复习、新授、练习的课堂模式逐步形成，这是我根据小时候的学习模式探索出来的。在参加了各种教研、培训活动后，我发现课堂可以有变化，可以让孩子们讨论、交流。在这之后，每节课的设计中我都会加上讨论交流环节。低年级还好，虽然讨论时课堂纪律会差点，但是由于教学内容相对简单，对教学进度影响不大；可随着年级的升高，发现孩子们多是为了完成老师的任务去讨论，样子很像，可实际上没有达到预期的效果，还耽搁了时间。如何才能让孩子们学得懂，我又教得轻松呢？

二、初见初识

当2018年看见学校推送的关于成都市名师工作室招收学员的通知后，我毫不犹豫地报名加入了郑大明数学名师工作室，想着这样我就可以站在巨人的肩膀上去学习更实用的方法。

加入工作室之后，我参加了2018年5月"成都市优秀教育科研成果'三性教育课堂教学模式'推广会"，听到了"三课四学"这个词，知道了单元课、学时课、整合课，知道了首学、互学、群学、共学。因为还没有看过课堂现场，也没有亲自试过，所以对其仅限于了解，完全没有理解。直到听了一节单元课，看到课堂上学生自信满满、胸有成竹地相互交流、讨论自己的所思所想，老师看似轻松的几句引导、点拨就将一个单元的知识框架建立起来，甚至还产生了后续研究的问题，让我有了深入了解

"三课四学"并想尝试的冲动。

有了冲动就要付诸行动。兵马未动粮草先行，实践之前，我先进行了相关的理论学习。

"三课"的现实意义在于应对学生学习现状，满足学生课程学习需求；应对课程建设现状，提升教师课程设计能力。

单元课要俯瞰教材，整体认知学习内容，按照教材一个教学单元的课程内容或者教学主题规划与设计第一层面的教学单位，一般以学生整体感受和粗略梳理一个单元知识为目的组织学习内容。单元课的目标是要让学生发现自己感兴趣的内容，提出自己最想学习和掌握的"关键性问题"，以便留在学时课进行充分研究、讨论和交流。

学时课要深钻教材，各个击破核心知识，按照教材一个教学单元的课程内容或者教学主题规划与设计第二层面的教学单位，一般以单元课议定的主要学习目标和提出的关键性问题（或核心任务）为线索组织学习内容。学生要深入探究知识的来龙去脉，分批分步解决本单元知识的认知与表达问题，形成相对准确的知识认知和技能水平，达成解决认识性问题和操作性问题的目标。

整合课要重构教材，系统提升学习效能，按照教材一个教学单元的课程内容或者教学主题规划与设计第三层面的教学单位，一般是在单元课和学时课取得新的学习成果以后，围绕前面形成的知识、思想、方法等体系组织学习内容。整合课的目标，是通过二次系统化的整合课程的学习，解决学生在本单元的知识理解、技能形成、认知拓展、巩固深化、能力提升、才干增长等与学习力和创造力相关的核心素养的培育问题。

想象着按照这样上课，我的学生也将能在课上侃侃而谈。

三、初试后再试

理想很丰满，现实很骨感。当我带着教材信心满满地走进教室，想象着我的学生也能像我看到的那节单元课一样，自己找到基本知识点、说自己的困惑、谈自己的疑惑……可当学生独立看书后开始分享时，我感觉从山峰跌入了谷底。五年级的大部分孩子确能对照着教材说清单元的基本知识点，但也仅限于基本。当孩子们说的时候，我却没有像我看到的老师那样轻松。我总在想：哪能说得这么简单，往后这可是很难的哟！于是我打断孩子的发言，进行知识点的深挖，恨不得一节课就把一个单元上完。如此几次试验后，起初还跃跃欲试的小朋友们又变成了"复习—新授—练习"严格控制下的提线木偶。

问题出在哪里呢？多次尝试不获成功之后，我决定再次进行深度学习。工作室的各种文档、PPT，师父、师兄、师姐们的面授与亲自示范，让我对"三课"有了更加深入的认识：生成要点、系统建构、呈现内容框架是单元课目标要素的主要特征，知识定点、学习定标、研学定向是单元目标效果的主要特征。理解知识、体验过程、解决问题是学时课目标要素的主要特征，精准、精深、精细是学时课目标效果的主要特征。扩展与精炼知识、建构意义和关系、有意义地运用知识是整合课目标要素的主要特征，致知、致用、致效是整合课目标效果的主要特征。

反思之前的尝试，在之前的单元课的尝试中，我领悟不清，操之过急了。

失败乃成功之母。不经历挫折，怎能体会到充分准备的重要性。再试单元课之前，我自己先把一个单元的思维导图画了出来，用笔勾画出学生在单元课可能提到的知识、可能会提到的问题。上课时，时刻提醒自己——多听少说，给他们机会、给他们时间、给他们试错的机会、给他们争辩的机会、给他们成长的机会。

有了课前的充分准备，明确了目标：这堂课是用来生成要点、系统建构、呈现内容框架的，是为之后的学时课的知识定点、学习定标、研学定向的。这样，我从原来提线木偶的操作员，变成了课堂里面的"串线员"和"记录员"。课堂也不再只是优生"表演的舞台"，喜欢上数学课的同学越来越多，大家在你一言我一语中就将整个单元的知识框架建立起来了，我收到的讲题视频越来越多，争当"悬赏令"出题人的教师越来越多。

四、实践反思中的收获

有了单元课尝试的点滴美好收获，迫不及待地想进行"四学"的尝试（见表9-4）。

表9-4 "四学"设计

过程	学习方式	学生活动	教师活动	解决的问题
首学	个体先学	阅读学习内容 尝试操作体验	规划先学内容 发布学习任务	知道什么 还想知道什么
互学	组内互学	交流学习结果 弥补任务缺陷	巡视指导讨论 收集典型材料	学会了什么 还想学会什么

续表

过程	学习方式	学生活动	教师活动	解决的问题
群学	组间展学	展示学习成果 辩论疑难问题	倾听点拨发言 收集典型材料	解决了什么 还想解决什么
共学	师生共学	倾听归纳小结 点评总结矫正	倾听归纳小结 点评总结矫正	掌握了什么 还想掌握什么

"四学"具体指基于深度学习的首学、互学、群学与共学。首学是指个体独立先学，解决学生"知道了什么"和"还想知道什么"的问题；互学是指组内互助分享，解决"学会了什么"和"还想学会什么"的问题；群学是指组间交流质疑，解决"解决了什么"和"还想解决什么"的问题；共学是指师生共享学习成果，实现认识性问题和操作性问题的全面解决。"四学"模式的建立，重新基于发展学生核心素养进行上位思考，从人大脑信息输入和管理的角度审视学生的"学"与教师的"教"，将知识与技能的形成过程、思维与能力的发展过程以及问题的提出与解决过程融入首学、互学、群学、共学四个阶段。

单元课中的独立思考、通过看书明确自己学会了什么、提问题、交流讨论、师生合作建立单元的基本框架，不就是这样的步骤吗？原来"四学"一直存在于课堂中。有了"四学"模式为伴，虽然每次上课前的单元备课总比原来辛苦些，但每次课后完成练习时，学生的困难比原来少了，完成练习的质量也比原来高了，当然考试的成绩也有了稳步的提升。

五、众里寻他千百度，蓦然回首，那人却在，灯火阑珊处

2020年，参与新世纪第二届名师工作室教学设计与课堂展示"混合式教学"主题活动，必须使用新世纪小学数学3.0微课，将线上线下的学习有机融合，进行学习模式的探索和实践。我们选择了"分数的再认识（一）"作为参赛课题。对于"分数的再认识（一）"这一课时的内容，学生翻看书本后觉得都会，上课时总不想听，还有学生课后和我交流说：这些不都是学过的吗？但在实际完成练习时"知道部分求整体"的内容却完成得不好。

最初的设计是学生先独立思考，班级内现场交流后再观看微课视频学习，但是感觉部分孩子不是很喜欢，微课呈现的有些内容与学生讨论交流的内容有一些重合——学生自己想到的、学生疑惑的、老师讲解的点与微课讲解的内容也有些重复，使得学

生在看微课的时候专注度不够。如何更有效地使用微课呢？如何体现"再"认识呢？反复磨课，线上、线下交流、讨论、查资料，众里寻他千百度，蓦然回首那人却在灯火阑珊处——为什么我们不用"四学"模式呢？

微课遇到首学单，如遇甘霖。课前结合3.0微课，设计"首学单"，让学生先行依据"首学单"观看微课，自主围绕"我知道了什么""我学会了什么""我提出的问题是什么"进行探索。学生很快学会了"一学就会"的知识——分数整体的丰富性。这样顺势而为，让学生从"有所知"到"知所知"。

在"互学"环节，组织学生相互交流自己的所思所想，梳理要点，尝试提出有价值的问题并记录，进行组内生生交流互助。学生很快学会了"小组同学会我不会的问题"。

在"群学"环节，学生质疑、答疑，集体辩论，以多种表达形式阐释分数表示整体与部分关系的意义，充分感受、交流。学生很快学会了"他们会我不会的问题"。

最后"共学"环节，师生同台共议，沟通、对比、串联不同方法的内在联系，抓住数学本质，显现数学思想，让学生深刻体会分数的意义，达到教学目标要求。

这样，学生带着任务观看微课，带着自己的思考进入课堂，兴趣高涨地与同学、老师进行交流，既培养了学生自主探究的学习能力，又提高了学生学习数学的兴趣。

比赛结果可想而知，我们非常荣幸地获得了全国一等奖。

"三课四学"教学模式的使用，使学生体会到了快乐：看懂的快乐、听懂的快乐、分享的快乐、答疑解惑的快乐；使教师体会到了快乐：成长的快乐，你们明白了的快乐，你们学懂了的快乐，你们学会了的快乐；使学生成绩稳步提升，学生自信心得到了很好培养，学生核心素养得到了良好培育；使教师的个人素质也得到了很大的提升。因为我们站在"三课四学"这位巨人的肩膀上。

人不学，不知义。学，然后知不足，知不足，然后能自反。我们不断地学习、实践、反思、再实践，成长的路上我们携手，一路如此奋力前行！

（撰稿人：四川天府新区教育科学研究院　李秀娟）

案例七 让成果看得见
——"幼儿科学主题探究系列活动及实施策略"推广活动的策划

一、推广成果概况

（一）成果简介

针对幼儿园普遍存在的科学教育资源严重不足、科学教育路径单一、科学教育培训薄弱等问题，中国科学院光电所幼儿园（以下简称"光电所幼儿园"）秉持"一起玩科学"的科学教育理念，开展科学主题探究系列活动。科学主题探究系列活动旨在培养幼儿创新精神、实践能力、合作意识、语言表达能力，形成了"幼儿科学主题探究系列活动及实施策略"成果，该成果获四川省第六届普通教育优秀教学成果二等奖。

（二）成果主要内容

1. 认识性成果

一是提出了"一起玩科学"的科学教育理念，"玩科学"不仅是理念，也是实践、能力、分享和合作。二是概括出了幼儿科学主题探究活动的三大特征——整合性、开放性、可持续性。三是明确了幼儿科学主题探究活动设计实施的四个原则，即以幼儿兴趣为基础，尊重幼儿"爱玩"的天性与学习特点；遵循科学学科的学习逻辑；以解决问题为导向，引导幼儿制订探索计划并贯穿整个探索过程；先预设再生成，灵活把握幼儿的探索契机，形成新的探索兴趣点。

2. 操作性成果

一是基于"一起玩科学"教育理念，形成幼儿科学主题探究系列活动方案。二是科学主题的筛选策略包括兴趣点提取、概念转化、事件顺应、活动延展。三是材料的选择运用策略，包括变"单一指向材料"为"多维度开放材料"，变"静态展示材料"为"互动性操作材料"，变"同一层次操作材料"为"梯度标识材料"，变"教师预设材料"为"师幼共生材料"，变"园内选择材料"为"家长资源拓展"。四是科学主题探究活动中有效的教师指导策略，包括家园共生共长的深度融合策略。五是设计并优化科学主题探究系列活动的组织流程，从问题出发，通过资料收集、观察记录、主题设计与计划等进行交流实践，促进问题的解决（见图9-2）。

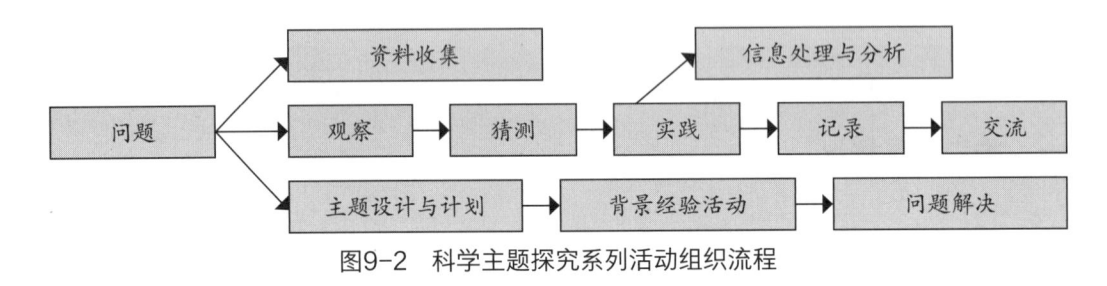

图9-2 科学主题探究系列活动组织流程

（三）成果亮点

一是提出"一起玩科学"的课程理念。旨在把科学课程打造成"玩"的课程，尊重、利用幼儿好玩好动的天性，让其主动、自愿地探索，并乐在其中。二是开发系统的科学主题系列活动。活动目标建构关注PISA测试中的三大素养（阅读、数学、科学）；活动内容设置与STEM教育理念紧密结合，形成基于STEM教育理念的项目活动资源库，活动内容凸显科学主题活动的情境性、综合性、项目性、创新性；活动实施对象以幼儿、教师为主，同时充分挖掘、利用家长资源；活动评价多元化，注重幼儿探究体验过程，形成性评价与终结性评价相结合。

二、推广活动策划

按照成都市教科院成果推广活动培训会的要求，我们对推广活动进行了反复的设计，在策划过程中着重解决了四个问题。

（一）我们的成果需要推广什么（从所有成果到核心成果）

回到幼儿园，重新翻开省政府成果奖的报告，两万多字的成果如何浓缩在短短的一两个小时之中？哪些是我们要放弃的？哪些是我们教学成果的核心？带着这样的问题，我们首先召开了课题组会议。

在大家七嘴八舌的讨论中，我们形成了统一的观点："一起玩科学"的理念是我们整个教学成果的亮点和创新点，那么如何才能让参会者看见、体验、感受到这样的理念？通过讨论，我们列出了可以承载"一起玩科学"理念的成果，如科学集体教学活动、科学材料、主题课程、教师指导策略、科学环境等，并把这些成果进行分类。有些可以通过动态的活动在现场呈现，让参会的人直接体验到，如科学教学活动；有些则可以通过静态的文本资料、环境创设、视频资料等呈现，让参会的人通过翻阅和参观而感知到。

带着这样的思考，我们对整个推广活动进行了相应的划分，如现场活动推广、幼儿园环境推广、文本资料推广等，并对每种推广进行了任务分工，指定主要负责人。

（二）我们的参会对象是谁（从我想展示什么到别人想看到什么）

根据前期参加的成果推广会情况，我们发现，每场推广会的参加人员基本上由幼儿园领导层、区教研员、幼儿园一线教师几部分组成。那么，不同层次的参会者，他们所期待的收获是什么呢？

首先，对一线教师来说，他们希望看到最直接的、最易于操作的东西。而科学现场活动观摩和科学小游戏的体验都能满足。对教研员来说，他们最想看到的是课题研究中的思考，这些在静态的文字材料、视频材料和成果报告中会进一步进行阐述。而对领导层来说，他们想看到的是我园课程的整体设计和推进，这一部分又如何在短时间内进行呈现呢？什么样的成果推广形式能满足不同层次参会者的需求呢？我们进行了再思考。

（三）现场推广活动以什么样的形式呈现（从教师到幼儿）

其实，这部分是最难也是我们最纠结的部分。在最初的方案中，我们打算将研究中形成的优质科学集体教学活动呈现出来，如"多变传声筒""造泡泡"等，让参会的教师看到科学活动应该怎样设计、什么样的科学活动才是孩子感兴趣的。那应该选择哪些教师去展示呢？是现场教学最好的教师还是活动设计比较拿手的教师？是更有经验的教师还是年轻的教师？在选择教师的过程中，我们突然意识到：其实我们的视角还是固化在展示教师身上，而我们的孩子在研究中的发展变化又该如何呈现呢？于是，我们重新调整视角，将展示教师转变为展示孩子，而承担活动的主体也从教师变为了幼儿。

那么什么样的活动是孩子们最拿手也是自主性最强的呢？没错，科学区域活动。

在接下来的讨论中，我们围绕设计怎样的区域活动、哪些班级承担区域活动的展示进行讨论，从而形成了第二方案：全园开放，孩子们进行科学区域活动的现场展示。从教师到孩子，从集体教学到科学区域活动，这样的变化更能展现出我园所倡导的"一起玩科学"教育理念，更能展现出孩子们在科学活动过程中独立思考、动手操作以及与同伴协商、合作解决问题的过程。而这些，也正是我们的研究成果所要表达的核心思想。

最后，我们选择了大班孩子在生命探究课程中真实生成的科普情景剧《遇见蜗牛》。一方面，让参会者在观看情景剧的过程中看到我园生命探究课程的来源、课程设计、课程推进以及课程带给孩子们的价值；另一方面，让参会者意识到，其实成果推广并不仅仅是教学活动展示和做报告，而是多样的和生动的。

（四）如何让我们的推广现场动起来（从十个到全部）

一般情况下，很多的推广现场都是一坐到底，灌输式的学习并不能让参会者真正领悟优秀成果的精髓。那么，如何让我们的推广现场动起来，引发参会者的积极思考呢？

"听过会知道，看过会记住，做过才会明白"这句话，对于一个大型的推广活动来说仍然适用。在最开始的方案设计中，我们想选择十位教师，每人发一套我园出版的科学材料包，让大家在规定时间内根据步骤图提示完成科技小制作。同时，选择一部分孩子在舞台上进行展示。通过教师组和幼儿组的比赛，让参会的教师看到我园孩子设计、制作的能力。

但是，其余的教师怎么办？长时间的等待过程会不会造成冷场？如何促使所有的教师一起动起来，并进行积极思考？

带着这样的问题，我们改变了策略。体验的材料上，我们放弃了科技小制作，选择了生活中常见却蕴含科学原理的曲别针和橡皮筋；在人员的选择上，从十个教师变为全部参会者。这样的改变出于两个思考：一来，简单的材料和小任务，不浪费时间，能满足所有参会者体验的需求，并且能促使大家根据任务积极思考；另外，可让参会者感悟到其实科学很简单，触手可及，它就隐藏在我们的生活中，只要我们用心观察，就能发现更多的教育契机。而事实也证明我们的改变是正确的，也是有意义的。

三、成果推广成效

（一）从"平面展示"走向"立体互动"

此次成果推广会，由传统的平面成果展示走向"教学现场展示+成果报告+体验交流"的立体成果互动，在成果"立体互动"的推广过程中实现知识的转化传递。成果推广参会者普遍反映，这是一次比较独特的成果推广活动，时间短、容量大，成果展示比较立体。光电所幼儿园基于SECI知识转化模型，通过静态展示、环境展示、现场互动、幼儿表达等方式呈现了教学研究的过程和成果，让参会者们体会到了一次新颖而富有成效的推广活动。尤其是幼儿科普情景剧作为成果之一进行呈现，让人眼前一亮、为之震撼，所有的参会者都有思考、有收获。

（二）从"自己要做什么"到"看到别人的需求"

通过此次成果推广会，幼儿园教师的思想和观念都发生了转变，从"自己要做什么"到"看到别人的需求"。包括从我要向别人展示什么到分析别人需要看到什么、从单一展示教师的课堂教学到展示幼儿的学习过程、从邀请部分教师参与互动到全体参会者互动体验等。成果推广方案的每一次调整，都承载着教师的思考价值，映射着教师思想和意识的转变。教师在教育教学中，不仅仅关注到能教给孩子什么，更关注到了孩子需要什么，可以提供什么支持。这样的观念，已深深地印在教师的认知结构里，推动着教学质量的不断提升。

（三）从"点"到"面"，社会影响力不断扩大

以科学探究为点，带动幼儿园办园质量全面提升。借助成果推广会的契机，光电所幼儿园重新梳理与思考研究成果并进行固化，目前已完成两本学术专著的出版。近两年，光电所幼儿园受邀承担了国培项目、园长培训项目，并吸引省内外20余所幼儿园前来观摩学习。2020年10月，光电所幼儿园作为区域优质园代表之一迎接国家普及普惠检查，获得各位督学的一致肯定，光电所幼儿园的社会影响力不断扩大，得到了社会各界的广泛好评。

（撰稿人：中国科学院光电技术研究所幼儿园　王兵、杨凌）

案例八 名师工作室的跟岗研修式推广
——"'三性'阅读进阶化学育人实践"推广活动

一、推广成果概况

（一）成果简介

本成果源自新都一中李大勤老师30年的化学阅读教学改革实践。李老师及其团队在教学实践中将化学阅读细分为"感性阅读""知性阅读""理性阅读"（统称"三性"阅读）三个阶段及"预习阅读""引导阅读""精准阅读""巩固阅读""反思阅读""建构阅读"六个环节。在梳理化学阅读各个阶段和环节的逻辑关系、挖掘其育人内涵的过程中，大家认识到模式识别是"三性"阅读进阶化学育人的心理基础，阅读学案是"三性"阅读进阶化学育人的风向标，"三性"阅读进阶是落实化学育人功能的有效途径。

（二）成果主要内容

1. 认识性成果

相关实践研究形成了三个观点：

（1）模式识别是"三性"阅读进阶化学育人的心理基础。化学视觉材料中的陈述性知识被阅读者感知后，作为外部刺激进入工作记忆，激活长时记忆中与之相关联的命题并同时进入工作记忆，通过共同的论题或关系形成命题网络，贮存在长时记忆中相应命题网络的适当位置，并在阅读程序性知识的时候被激活，为判断产生式的条件项提供依据（即模式识别），一旦条件满足，便自动执行产生式的动作项，并在执行动作步骤的过程中将陈述性知识转化为可用于实际操作的程序化技能，贮存在长时记忆中为后续产生式系统进行模式识别提供依据。

（2）学案是"三性"阅读进阶化学育人的风向标。学案不但明确了育人目标，规划了育人内容，提出了育人要求，制订了育人策略，而且对阅读行为规范、阅读进程调节、阅读效果评价等均作了相应的育人要求，还以问题为载体去激发阅读动机，设计问题链去指引阅读方向，促使学生的阅读动力由"外部激发"向"内部驱动"转变。学生为寻求解决问题的方案而主动对化学视觉材料进行意义搜寻，推动"三性"阅读沿着三个阶段和六个环节进阶化学育人。

（3）"三性"阅读进阶是落实化学育人的有效途径。感性阅读是引导学生了解化学的历史和发展趋势，感知化学与社会、环境、技术之间的关系，感受化学在促进人类文明和社会可持续发展中的作用，体会化学家的思想和工作方法，树立学好化学报效祖国的理想信念，激发学好化学造福人类的社会责任，养成严谨求实的科学态度和敢于质疑、勇于创新的科学精神的过程，其目的是引导学生进阶正确价值观。知性阅读是引导学生综合处理和判断（提取、吸收、理解、分析、评价）化学视觉材料信息，发展其个性品格、社会品格和科学品格的过程，目的是进阶必备品格。理性阅读是引导学生组织化学视觉材料信息、概括材料信息本质特征和内在联系、建构学科知识体系的过程，目的是进阶关键能力。

2. 操作性成果

本成果以"化学育人"为目标，通过"三性"阅读进阶搭建化学育人支架，建构化学育人模型，建立化学育人运行机制，构建化学育人评价体系，创造性地将化学育人融入"三性"阅读的各个阶段和环节，并在教学实践中反复检验和不断反思，形成具有可操作性和推广价值的"三性"阅读进阶化学育人新模式。

（三）成果亮点

一是探索出化学育人新路径。本成果通过"三性"阅读进阶搭建化学育人支架，建构化学育人模型，建立化学育人运行机制，构建化学育人评价体系，创建化学育人新模式，再将该模式推广应用到其他学科和学校，对促进学科核心素养的落地、学科育人功能的彰显、基础教育跨学科的融合均具有重要的指导意义和实践价值。"三性"阅读进阶化学育人以"三性"阅读进阶的方式去彰显学科育人功能、发展学科核心素养，打破了理科教学传统，跳出了只有语文、英语等语言学科才便于依靠阅读教学进行学科育人的认知局限，突破了文理学科教学的认知边界，探明了学科育人新路径。

二是构建了化学育人评价新体系。本成果以"化学育人"为目标，以"正确价值观、必备品格、关键能力"为内容,以"感性阅读、知性阅读、理性阅读"为要求,构建了"三性"阅读进阶化学育人评价新体系,创造性地将化学育人融入"三性"阅读的各个阶段,贯穿"三性"阅读的各个环节,从教学层面对"培养什么人、怎样培养人、为谁培养人"这一教育根本问题进行了坚定回答,是"三性"阅读进阶化学育人改革与评价的理论基础和实践指南。"三性"阅读进阶化学育人评价体系站在立德树人高度,将"三性"阅读定位为进阶化学育人重要载体和发展核心素养关键环节,提出"价值引领、品格锤炼、能力提升"的化学育人评价新理念,形成"育人内容、育人要求、育人载体"三位一体的化学育人评价新体系,开创了一种崭新的多维立体评价模式,保障了学科核心素养落地和学科育人功能彰显,促成了"三性"阅读进阶化学育人"教、学、评"一体化。

二、成果推广策略

为推进教学成果的实践应用与深度转化,针对"'三性'阅读进阶化学育人实践"成果的知识类型及特征,在成果主持人李大勤老师领衔的省、市、区三级名师工作室成员所在学校进行试点和推广,促进成果知识共同化、表出化以及显性知识联结化、内在化,实现知识由个体到组织内部到组织间再到个体的动态转换和创造。

(一)厘定成果知识类型、特征及内容

"'三性'阅读进阶化学育人实践"成果的实质是解决高中化学教育教学中存在的"重知识传授、轻学科理解""重技能训练、轻自主建构""重教书、轻育人"等问题,包含着对教育现象的观察和解释、教育理论的落地、处理教育问题的价值取向和方法建构等方面。"'三性'阅读进阶化学育人实践"成果中具体知识内容分类如表9-5所示。

表9-5 "'三性'阅读进阶化学育人实践"成果知识分类表

知识类型	知识特征	知识内容
显性知识	What的知识（事实知识）	"三性"阅读进阶化学育人的教学整体架构建设是指以问题为导向,推动化学阅读沿着感性阅读、知性阅读、理性阅读三个阶段和预习阅读、引导阅读、精准阅读、巩固阅读、反思阅读和建构阅读六个环节螺旋式进阶化学育人

续表

知识类型	知识特征	知识内容
显性知识	Why的知识（原理知识）	1. 模式识别是"三性"阅读进阶化学育人的心理基础。化学阅读的心理预期是为产生式系统进行模式识别提供依据。 2. "三性"阅读进阶是落实化学育人的有效途径。 3. "三性"阅读指感性阅读、知性阅读和理性阅读。感性阅读是直观化学视觉材料、感知材料育人信息（即新、旧知识的联结）的过程，知性阅读是综合处理和判断化学视觉材料育人信息、形成概念和范畴（即知识的精加工）的过程，理性阅读是建构完整学科知识体系（即知识的组织）的过程
隐性知识	How的知识（程序知识）	1. 如何制订"三性"阅读学案设计指南，开发"三性"阅读学案，完成学案自动更新？ 2. 如何通过规划"三性"阅读进阶化学育人流程，构建"三性"阅读进阶化学育人策略体系，实现教学环节的主动调节？ 3. 如何制订"三性"阅读进阶化学育人评价指南，实现化学育人"教、学、评"一体化
	Who的知识（价值知识）	1. 为学科核心素养落地、学科育人功能彰显、基础教育跨学科融合提供具有实践价值的参考指南。 2. 为"三性"阅读进阶学科育人改革与评价提供理论基础和实践指南

（二）跟岗学习

2019年9月24日至26日，在成都市教育科学规划办的安排下，成都市12个区（市）县的化学骨干教师19人和广东省湛江市校长考察团8人、李大勤各级名师工作室成员36人到四川省成都市新都一中跟岗学习。三天的学习按照"介绍成果—跟岗研修—跟岗实践"的路线展开，让参与者由表及里、从文本到实践样态全方位认识成果、理解成果、内化成果。具体活动如表9-6所示。

表9-6 "'三性'阅读进阶化学育人实践"成果跟岗学习活动

时间	主题	具体内容
9月24日上午	成果介绍	开班仪式
		成果报告（含成果关键点解读）
		"三性"阅读进阶化学育人实践获奖后续研究进展和突破
		专家点评

续表

时间	主题	具体内容
9月24日下午	跟岗研修	示范课：苯的发现之旅
		班会课：学生阅读学习交流
		专题讲座：阅读学案的设计及使用
		对话、主题研讨、工作室学员谈学习及研究体会
9月25日	跟岗研修	示范课：以高考化学实验题讲评为例
		示范课：锂（离子）电池的分析方法
		评课、课后反思、围绕成果关键点展开研讨
		班会课：学生阅读学习交流
		专题讲座：以化学选修4为例说明化学整本书阅读教学操作过程
		评课、课后反思、围绕成果关键点展开研讨
9月26日	跟岗实践	学员代表课堂实践、说课；学员代表评课；指导教师代表评课；学员代表交流跟岗体会

（三）实践应用

跟岗培训结束后，学员们对新都一中铭章3期学生的阅读能力和阅读素养、课堂生成新问题的能力给予了高度评价。教研员在自己所在区、县积极宣传"三性"阅读进阶化学育人教学思想，校长在自己的学校大力推广"三性"阅读进阶化学育人教学策略，学员教师在后续教学中将"三性"阅读进阶化学育人教学思想和教学策略用于自己的课堂教学实践。

德阳市第五中学杨琼老师：从初三开始就强调化学阅读的重要性，并在课堂上实施化学阅读教学。在寒暑假期间提前将李大勤老师开发的"预习阅读学案"发放给学生，让学生在学案预设问题引导下阅读教材，思考解决问题的方案，探究解决问题的途径。学生最初不习惯、不理解，慢慢接受和习惯化学阅读教学，并开始主动进行阅读。读完一本教材之后，我发现部分学生主动找我讨要后面的"预习阅读学案"，整个班级形成了比拼阅读教材的多少、质量和所提问题水平的良好局面。

四川省成都市新都一中周鸣艳老师：有一年在教学高三时，为了带领学生重读教材，我提出了"以问题驱动进行导读"要求，即列出"读书提纲"。结合教材的内容、教学大纲和高考考纲，我根据多年的教学经验提出了一系列的问题，让同学们在阅读教材时思考或讨论交流。渐渐地，同学们习惯看书了，习惯去思考课本上文字的内涵以及图片之下的内涵了。比如有一位男生，就必修1第22页的图片"铁与硫酸铜溶液反应形成铜树"提出问题："铁丝与硫酸铜溶液反应为什么在铁丝上置换出的铜会形成树状的样子，会越长越高？"其实这个图片的内在含义我从来都没有多想过，就把这个问题抛到了班上，同学们七嘴八舌地讨论后基本上达成了共识，认为"在这个置换反应之后，又涉及了电化学知识中的铁和铜，硫酸铜形成了原电池：铁为负极，铜为正极，溶液中的铜离子在正极铜得到电子变成单质铜，自然铜越来越多，也就慢慢地长高了"。通过这个阶段"以问题驱动的读书提纲"的编写，有20年教龄的我受益良多，对很多问题的感觉比以前清晰了，看得更为透彻了。我坚信，教学相长，相信学生的学习能力，相信学生可以自主解决学科问题从而建构知识体系，这对于学生后续的学习及终身发展都有益。

三、推广成效

1. 化学学科育人整体效果突出

为进一步验证"三性"阅读进阶化学育人的实施效果，李大勤老师在新都一中高2021届和高2025届继续进行实验研究。问卷调查及数据分析（SPSS 20.0软件）结果显示，在入口时正确价值观、必备品格和关键能力与对照班级差异不大的情况下，高2021届实验班级和对照班级在正确价值观维度不存在显著性差异，但是"三性"阅读进阶化学育人整体效果突出；高2025届不仅实验班和对照班在正确价值观、必备品格和关键能力三个维度均具有显著性差异，而且"三性"阅读进阶化学育人整体效果突出，即"三性"阅读进阶化学育人有效培养了学生的正确价值观、必备品格和关键能力。

2. 推动成果的深化研究

为了回应学员在成果应用中的疑问，李大勤老师带领学员进行了深化研究，并将问题梳理及其解决方略汇集成册，出版了高中化学阅读教学进阶系列专著3部，目前已经惠及全国3万余名师生。

3. 扩大成果影响

为了在更大范围内推广和应用"三性"阅读进阶化学育人成果，李大勤老师先后到海南、云南、贵州、陕西、广东、湖北和四川20多个省的市县进行了上百次化学阅读教学的专题报告和教学示范。活动方式包括线上、线下等多种形式，内容丰富，效果良好。同时还接待了来自北京、湖北、广东、广西、海南、贵州和四川各省（区、市）地、市、州几十所学校教师的交流访问。

（撰稿人：四川省成都市新都一中　周鸣艳）

案例九　教科研双向结合的教学成果系列化推广
——"校园安全教育活动课程建设"成果推广活动

一、成果简介

为解决安全教育实用性、实效性、实践性不佳的现实问题，破除区域安全教育行政化、同质化、临时性倾向，2015年以来，成都市金牛区以学生安全问题和社会安全需求为导向，着眼于培养学生安全素养，立足安全教育方式的转变，整合安全教育资源，系统开发了区本课程，先后出版了两部成果专著。

相关成果有三大亮点：一是建立起区本"一体化"安全教育体系。着眼于从幼儿园到高中的"全学段"，实现安全教育"一体化"的统整性和安全知识技能学习的建构性，打破学段割裂，由"学段碎片化实施"向"幼小中统筹实施"转变。二是聚焦学生核心安全素养的提升。安全素养的核心是提高学生的生存适应力，重点是提升学生的生命意识及风险认知、自我防护的能力。基于对安全素养形成机制的探究，集中突破由"教师说教"向"学生亲身参与体验"转变，使安全教育更入脑入心。三是协同育人的机制创新。提出构建"党委政府统筹、教育部门主管、相关部门配合、学校全面负责、家长积极参与、社会多方协同"的学校安全教育协同育人机制，汇集公安、司法、消防、应急等部门作为安全教育的重要力量，推动建立多方联动、多元参与、多样协同、多层融合的"四多"学校安全教育工作局面。

二、成果推广策略

本次成果推广利用成都市安全教育教研活动的平台，面向成都市23个区（市）县安全教育教研员及中学（含职高）、小学、幼儿园教师代表100人，用16个课时对成果进行系列化、课程化的推广。

本次活动既是成果推广活动，也是主题教研活动，按照"总体感知—深度理解—实践体验"的思路，设计形式多样的推广活动，促进成果的共享和转化。

（一）以需求分析为起点

因本次推广活动的参会者为成都市各区（市）县新任安全教育教研员及学校教师代表，参会者本身对于安全教育、安全教育课程建设、安全教育活动课程特点、区域推进安全教育策略、安全教育活动课实施路径和方式方法等比较陌生，系统而深入的培训成为他们迫切的需求。鉴于此，活动在筹备的初期阶段，便将深入了解参会者的实际需求视为工作的重中之重。通过需求调研与分析，力求准确把握每一位参会者的学习期待与成长诉求。在此基础上，精心策划并设计一系列富有针对性与实效性的成果推广活动，旨在通过丰富多样的活动形式与内容，帮助参会者全面提升安全教育领域的专业素养与实践能力。

（二）多维度感知成果

第一个半天的活动，主要是通过课堂教学观摩、两个成果报告、访谈、点评等方式将成果概貌展现给参会教师。正所谓"观一木而见森林"，参会教师通过直接观课、聆听报告等方式对成果本身进行直接了解，对成果形成总体印象，同时初步了解安全教育活动课的样态，实现成果转化的第一步。

1. 课例展示

活动伊始，参会者现场观摩了金牛实验中学教师及该校八年级学生的课例。课例以"网约车安全"为主题，采用了教学成果——体验式安全教育基本模式，通过情境化方式引入学生因各种原因需要独自或与同学结伴乘坐网约车的现实问题，小组讨论形成解决办法以激发学生的认知冲突，再通过角色扮演创设三种不同乘坐网约车的实际情境以此淬炼应对能力，最后反思内化提升乘坐网约车安全意识，形成网约车安全乘坐小贴士，引导八年级学生在思辨的实践过程中掌握相关安全知识与技能，形成防范意识，实现自我成长。

2. 成果报告

课题主研人员从研究背景、研究过程、研究成果及效果等方面对教学成果进行了总体报告，着重推广了安全教育活动课程创新的相关成果。金牛区代表在会上对四川省教育机制体制改革试点项目"'一主两翼，多元一体'区域学校安全教育体系建设"的经验和成果进行了交流和推介，特别结合金牛区教育局在对安全教育活动课程创新翼的探索中形成的"安全教育活动+学科融合""安全教育活动+情景剧""安全教育活动+社会融合"等新型教育模式进行了重点介绍。

3. 主题沙龙

为了更好地表达成果产生及其应用过程，选取了7名在课题研究及成果打磨过程中具有典型性的亲历者，结合其自身对成果的理解与研究过程中的真实案例，阐述成果在不同安全主题课中的应用以及成果对个人、给团体带来的影响与变化，也让参与者从另外一个角度来认识成果。

（三）深度理解核心内容

本次活动的第二、第三个半天均是专题研习，意在深度剖析成果核心内容，促进参与者深度理解内化。根据参会人员的需求，以"定制"思路，安排了安全教育活动课的设计和评价两个专题，主要采用参与式培训和沉浸式观摩两种方式，以期更加系统全面多维度传递核心成果内容，帮助参与者建立联结。这样的选择，不仅有效地聚焦了参会者的注意力，更在深层次上满足了他们的求知渴望与实践需求，实现了成果推广与参会者需求的精准对接与高度契合。

1. 参与式培训

"校园安全教育活动课的设计"采用了参与式培训方式，由成果课题主研人员带领参会者通过数据、案例理解安全教育的重要性；通过对目标确立、内容选择、主题、方案、过程设计的学习，了解并掌握安全教育活动课设计的具体步骤和主要原则，并能根据自身经验现场设计课例；通过安全教育课堂丰富的活动，体验了解课程实施的多种途径。活动过程中，应用方需要结合所在区域、学校及授课学生的实际，设计出具有实用性、实践性、实效性的安全教育课目标，完成知识由输入到输出的转化。

2. 沉浸式观摩

"校园安全教育活动课程的多元评价"采用沉浸式观摩方式，首先由成果所有方向应用方具体介绍区域构建评价体系的核心成果，再由中学、小学、幼儿园三个学段的参研人员代表分别介绍不同学段评价指标确立、评价活动开展等具体情况，最后邀请应用方使用大班幼儿的评价工具，现场观摩幼儿园大班的评价活动，并作为评价者之一对幼儿安全素养进行评价。

内在化的过程需要在实践中完成。基于此，主题四采用PBL情境化学习方式，组织应用方到金牛区中小学安全教育基地进行实地参观并进行相关安全技能学习，一方面提升参会者自身的安全意识与技能，另一方面增强参会者对活动课程成果本身的理解。

（四）PBL情境化学习

实践是促进知识转化的有效途径，本成果也因其本质特点需要在真实情境或模拟真实情境中进行才能叠加实效。为此，本次活动的最后一次课程在金牛区中小学安全教育基地进行，定位为PBL情境化学习。在活动中，成果应用方充分参与到防震减灾、应急救援、居家防范、交通、消防安全等多个板块的实操性学习，有效促进了他们对相关安全教育知识及其成果相关知识的理解与内化。在学习尾声的分享环节，一名成果应用方教师代表这样谈道：通过参加本次安全教育教学成果系列化推广活动，我更加深刻地意识到安全教育的重要性，就像主讲老师谈到的，安全教育需要的不仅仅是热情与爱，还需要专业性，还需要构建长效机制，才能让安全教育更加具有实用性、实践性和实效性。

（五）对话促进知识转化

要让参与方理解并且在一定程度上认同成果，单方面的输出是不够的，还需要建立起对话场，让参与者与成果持有方对话、与点评者对话、与其他参与者对话，在对话中交流思想，逐渐形成共识。

1. 专家点评

专家点评既是引领，也是与成果对话。邀请专家对成果进行点评，引领参与者对成果进行再认识。本次活动中，四川师范大学张玉堂教授和四川省教科院科研管理所所长王真东研究员从不同角度对成果及其推广活动进行了点评。他们认为，本次活动具备三个特点：一是成果成熟，效果明显，有推广性；二是活动设计注意了对成果的立体展示，意在引领对成果的整体感知和进一步学习；三是区域高度重视成果推广，强调上下联动，着力加强学校安全教育及其教研工作。

2. 交流讨论

本次活动每一场都尽可能安排交流互动时间和话题，讨论对成果的认识，分享各自的已有经验，"我认同……""这个问题我是这样解决的"等话题搭建了对话支架。

3. 学习心得

学习心得的外显表达，其价值远不止于个人思考的简单陈述，更是促进知识共享与交流的桥梁。本次活动通过调查问卷了解参会者的学习感受，让参与者把自己的学习心得凝练为五个词和一句话。进一步深入分析参会者的学习心得发现，随着成果的应用与深化，他们将在更广阔的范围内发挥更大的作用，为提升安全教育教学质量、优化成都市安全教育生态做出贡献。

三、成果推广成效

成果应用方对推广活动的评价，将会直接影响成果的转化和应用。本次教科研双向结合的教学成果系列化推广活动，用四个半天对"校园安全教育活动课程建设研究"成果进行系列化推广，成果应用方人员相对固定，因此采用调查问卷方式进一步了解推广成效。调查问卷采用无记名方式，设计了背景性问题5个、主观性问题6个，共98人参与了问卷调查。通过对问卷进行整理分析，发现本次成果推广活动在一定程度上改变了教师对安全教育、教育科研的认识。

（一）在一定程度上改变了教师对安全教育的认识

调查问卷结果显示，参会者对活动的感受描述出现次数最多的是"实践、操作、实操、体验、实用、生动、丰富、规范、专业"等关于成果推广方式具有参与性、体验性、系统性的词语，共出现86次；参会者的感受描述中还出现了"重要、紧要、地域性、评价"等词语69次，说明参会者参与本次系列成果推广会后，对安全教育的内容整合以及实施方式有了更加切身的体会，对安全教育有了进一步的认识。

（二）在一定程度上改变了教师对成果的认识

调查问卷结果表明，有89.23%的参与者表示对金牛区成果的认识和理解比较多、很满意，有96.92%的参与者认为该成果能运用到自己学校或工作中。"成果扎实、真实、实在，技能、策略、方法具体，创新、有价值、值得借鉴"等对于成果本身的认识的词语共出现91次；"受益匪浅、受益颇多、有收获、有领悟、有效"等关于参会感受的词语共出现86次。如此高比例的参与者认同并期望将成果应用于实际，预示着这些精心研发的教育策略与方法正逐步转化为推动教学质量提升的强大动力。

（撰稿人：成都市金牛区教育科学研究院　周君颖）

案例十　连接·转化·创生
——国家级优秀成果"提升中小学作业设计质量的实践研究"推广应用的区域实践

2020年12月，教育部启动基础教育国家级优秀教学成果推广应用计划，并确定了60个基础教育国家级优秀教学成果推广示范区，将成果推广工作推向新高度。成都市作为全国推广示范区之一，委托锦江区牵头"提升中小学作业设计质量的实践研究"成果在成都的推广。在此期间，锦江区以知识管理理论为指导，借助区域教师作业设计问题，积极探索能催生教师生产出自己知识的成果推广应用机制。

一、"作业设计成果"推广基础分析

优秀教学成果是成果持有方针对特定情境进行问题解决形成的对提高教学水平和教育质量、实现培养目标能产生明显效果的教育教学方案，因此推广时首先需要考虑三个基本因素，即成果持有方与应用方面对的问题是否类似、所处的工作情境是否类似、关注理解和追求的改革话题是否一致。毫无疑问，"作业设计成果"要解决的问题和面对的工作情境对中小学而言都是类似的。此外，"双减"背景下，"作业"已成为教育领域重点关注的改革话题。可见，"作业设计成果"非常满足推广要考虑的三个因素。

其次需要进行应用方可行性分析，摸清问题底数，找准发力点，进而确定具体推广方案。锦江区围绕成果推广对全区学科教研员以及58所中小学的骨干教师、教研组（备课组）教师开展问卷调查。结果显示，区域层面的成果推广在理念与目标、内容与路径、机构与人员、机制与保障方面存在以下问题：在理念与目标上，目标不够高位，学校和教师仅仅将目标定位在依葫芦画瓢上，缺乏成果创生的目标指向。在内容与路径上，表现为对成果的转化不足，创新不够。在机构和人员方面，因缺少整体的、常态化成果推广机制，缺乏主体部门的牵头，各部门"单打独斗"，学校"各自为政"，交流机会少，推广工作呈现出"随意""零散"状态。在机制与保障上，按

照成都市的设想，本成果要在全市范围内推广，但在实际的运行中缺少区域间协作，推广活动成果多以培训、教研等方式在区（市）县范围内部推广，而市域乃至省域推广的平台缺乏，区域之间存在壁垒，无法有效联动。

上述问题凸显了"作业设计成果"推广中的缺失与不足。究其原因，在于对教学成果本质的把握不准，对成果推广过程的本质把握不够。为更好地解决上述问题，要在"作业设计成果"推广中引入知识管理理论，借助知识管理理论揭示成果推广的本质，设计成果推广过程，以促进知识的转化与创生。

二、基于SECI模型的成果推广过程的本质探寻

从知识的内容视角对"作业设计成果"进行分析梳理。"作业设计成果"的实质是教师作业设计的指导手册，包含作业的内涵与价值、作业设计的方法等方面。该成果知识特征分类如表9-7所示。

表9-7 "作业设计成果"知识分类

成果知识类型	知识要素	成果知识元素
显性知识	概念	作业的概念；单元作业设计的质量标准
	思想	作业设计的基本理念
	经验	作业设计与实施可视化技术路径
	方法	作业设计的流程、作业目标的设计方法、作业质量的评价方法、作业完成情况的判断方法、校本作业体系的建设方法、学校作业管理策略、作业文本的分析方法
隐性知识	起源与历史	针对作业观念滞后、作业负担繁重、作业效果欠佳等教育难题，上海市展开了研究
	目的与作用	如何指导教师有效设计作业？如何证明作业设计方法的有效性？如何通过作业实现育人目标？
	结构与关系	作业设计、单元名称与课时、学习目标、评价任务、学习过程、学后反思都属于单元教学设计的要素；作业设计、作业布置、作业批改、统计分析、讲评辅导等共同构成中小学作业系统；学情分析、单元作业目标、作业类型、作业完成时间、作业完成情况及个别辅导跟进等要素共同构成作业设计
	原因与关键驱动因素	作业存在的问题及原因

续表

成果知识类型	知识要素	成果知识元素
隐性知识	价值	有助于教师从单元整体的视角思考培养目标、教学、评价、作业、资源等； 有助于培养教师对学科课程的整体把握和系统设计能力，从而更好地发挥作业对学生发展的促进作用

三、"作业设计成果"推广的区域策略

教育科研成果推广活动的基本目标是促进个人或组织的既有知识在个人间、组织间传播，进而使更多人应用知识，以解决自身问题。推广更高层次的目标是促进成果的创生，并促进个人或组织知识的创造与积累。由于成果创生是在成果传播、应用的基础上达成的，所以，区域组织科研成果推广的成功与否在于是否提供了成果传播转化和成果创生的条件。基于知识管理理论及"作业设计成果"的知识属性，以促进"作业设计成果"在个体、团体、组织及组织间的动态转化和创造为目标，锦江区从宏观、中观和微观三个层次探索出了"上下联动"的成果推广运行体系、"$1+n+N$"课题研究协同机制和"学做合一"成果推广策略。

（一）"上下联动"的成果推广运行体系

知识管理有"由上至下"式和"由下至上"式两种模型。这两种模型都不足以起到促进创造组织知识所必需的动态互动作用。传统的以区域为主导的成果推广属于"由上至下"式推广，这类推广不足以调动教师进行个体自主管理，区域级别越高，越不能促进成果的模仿、应用和创生。因此，由区域主导的科研成果推广，应该形成"承上启下"式模型。该模型中，有高层组织、中层组织、一线组织三个必备组织。高层组织指成果推广的最高行政组织，中层组织次之，一线组织最终指向教师个人。高层组织的核心任务在于顶层设计，明确成果推广愿景，为成果推广提供平台，并通过一系列措施保障中层组织自主、科学地推广成果，进而促进一线组织学习、模仿、应用、创生成果。中层组织包括成果持有方和成果应用方，其任务是将高层组织的推广愿景根据一线组织的实际情况进行转化，形成中层推广操作理论或措施。一线组织的任务指向成果推广的最核心内容，即科研成果的学习、应用与创生。简言之，区域主导的成果推广组织应该是一个上下联动的研究共同体，该共同体内部目标一致、同向而行，由政府、行政、教研、学校切实形成工作合力。

基于此，锦江区针对"作业设计成果"推广工作，以"和合共生、连接融通、智慧创生"为基本理念，建立了"行政主导—教研主推—学校主体—教师主动"的运行体系（见图9-3），从宏观、中观、微观三个维度构建了三级联动共同体。可以看出，相对而言，该成果推广中高层组织是成都市教育局，中层组织是教科院，一线组织是学校和教师。一线组织又包括示范校和非示范校。三级共同体有着不同的主体与任务。

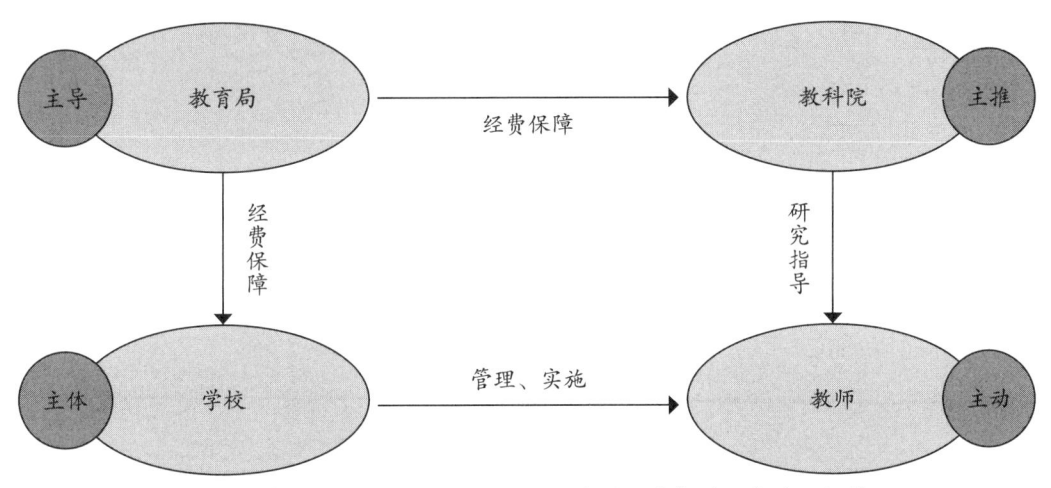

图9-3 "提升中小学作业设计质量的实践研究"成果推广运行体系

一是地域成果融合共同体（宏观层面）包括成果持有方和示范区，成果持有方、本地专家组成智库，通过专项培训、精准指导、远程教研等方式对成果进行转化。区域协同联动共同体（中观层面）包括成都市推广"作业设计"成果的示范区和示范校，由教科院牵头集结区县教培中心，以"作业设计"推广为载体，通过共同研修、协作借鉴等方式，探索创生出具有区域特色、可借鉴、可操作的本土化作业设计成果经验（见图9-4）。校本实践探索共同体（微观层面）包括同区域的教科院、示范校和普通校，共同学习优秀成果精髓、应用优秀成果的经验，通过学习互通、示范合作、研讨展示等方式，孵化校本实践成果，形成校本特色作业管理模式。

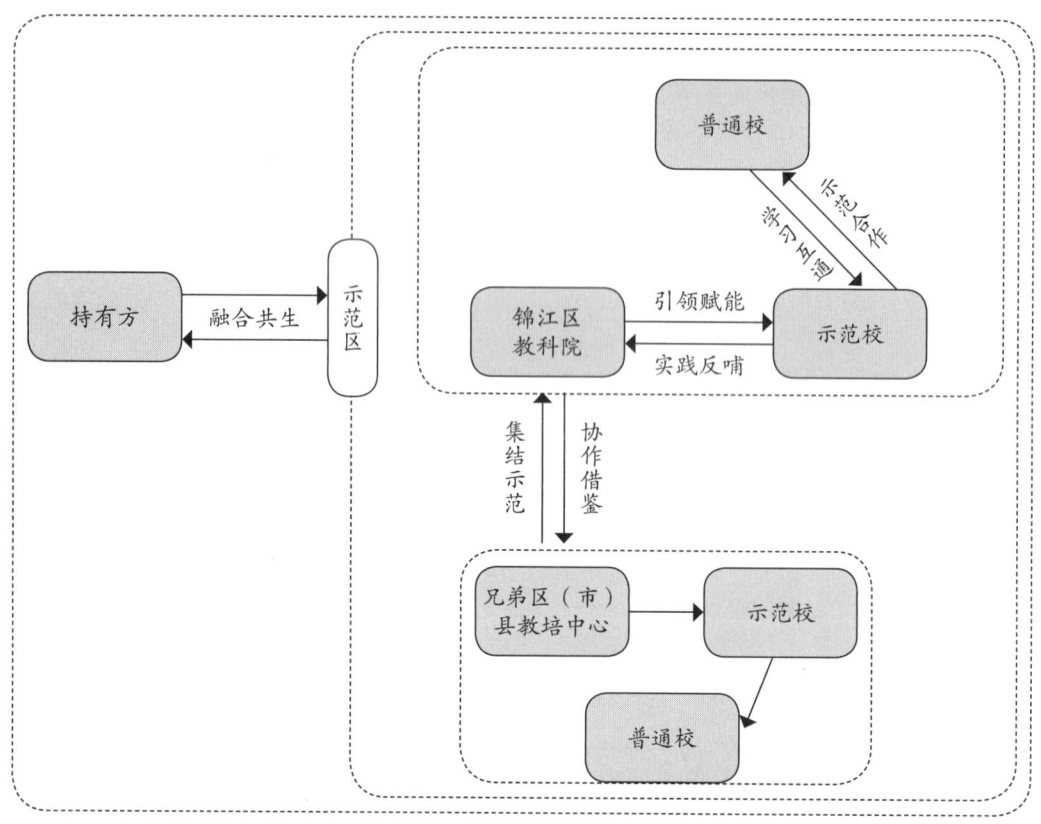

图9-4 "提升中小学作业设计质量的实践研究"三级应用推广共同体结构图

（二）"1 + n + N"课题研究协同机制

课题引领的作业设计，强调学习者对成果的自主学习，聚焦作业设计存在的问题与作业设计的科学理性思考，开展课题研究是维持和提升成果推广效果的有效路径。课题研究本身具有创新的属性，借由课题开展，能够帮助成果更具计划性、组织性地转化与创新。为了促进课题研究有序开展，锦江区牵头示范校，建立了"1 + n + N"课题研究协同机制（见图9-5）。"1"指的是1个课题，"n"指的是n个锦江区教研员，"N"指的是加入该课题的N所锦江区内学校及其他区（市）县学校的教研组。由锦江区教科院提供课题菜单，锦江区各学科教研员根据研究兴趣选择1个课题，各学校报名选择加入课题研究，组建校内课题组，开展行动研究。目前，锦江区教研员牵头的课题立项14项，结盟全市39所学校；2021—2022学年度立项作业设计区级专项小专题共104项，涉及全区40所中小学，研究正在有序推进。

图9-5 "1+n+N"课题研究协同机制图

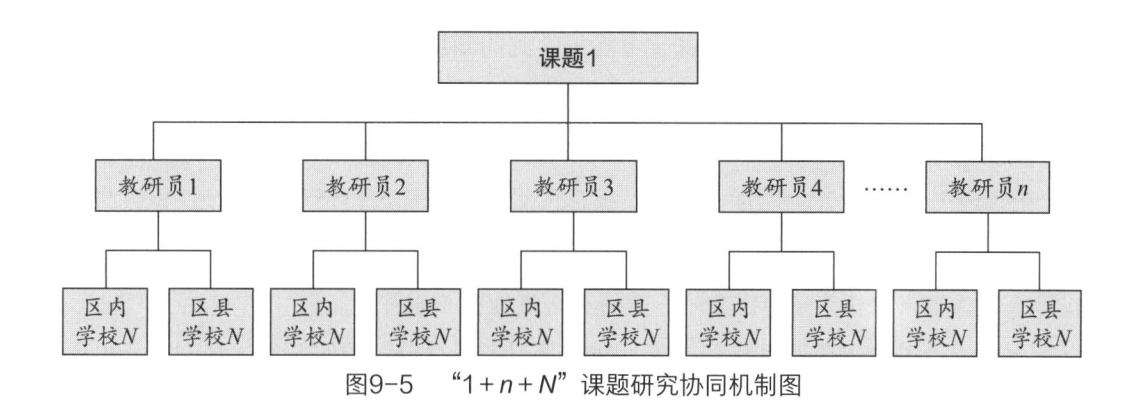

（三）"学做合一"成果推广策略

"做中学"是实现成果落地推广的重要理念，其本质是成果在持有方和应用方的互动过程中的知识尤其是隐性知识的传递、转化、共享与创新。锦江区以"学做合一单元"的思想设计教师培训，推进成果创新，主要环节为"解构成果（学）—校内实践（做）—培训交流（讲）—比赛评选（评）"，见图9-6。

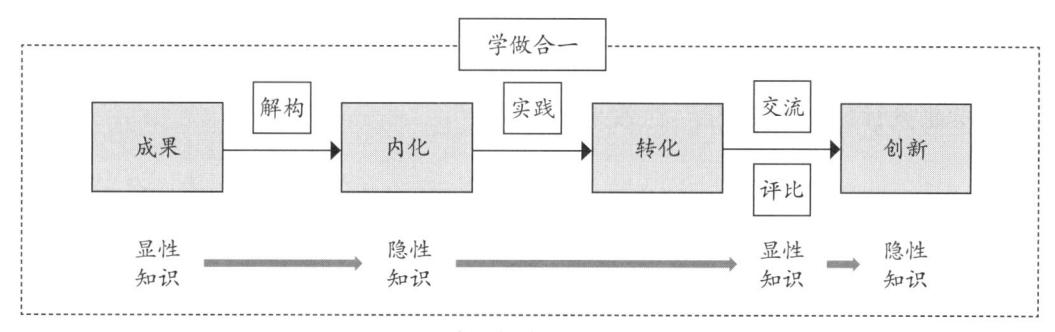

图9-6 成果推广与知识转化示意图

学，重点关注成果的解构，强调成果本身的学习和案例的研习。成果本身的学习让学习者从认识上了解作业设计，案例的研习使学习者能够结合案例，知道在真实的教学中如何应用作业设计的成果。成果的学习主要是通过阅读"作业设计成果"报告、相关书籍，听取王月芬团队讲座，了解该成果的基本内容，从认识上受到启发。通过本土专家的解读，对该成果进行解构，分主题开展专题培训。邀请四川师范大学王素月老师深度解读成果，抓住成果的核心，聚焦作业目标设计、单元作业设计、教学评一致性等主题开展专题讲座。作业设计案例的研习，主要是对优秀作业案例的研读和学习，采用专家解读和教研组交流研讨的方式开展，促进隐性知识的显性化。

做，重点关注成果应用，强调学习者将学到的知识通过实践内化。锦江区示范区引领教师在具体的"做"中转变作业设计观念，领悟王月芬教授单元作业设计内核，掌握单元作业设计方法，切实践行"理实一体、知行合一"理念，在行动中提升认知，在动手中学会设计。定期开展作业案例的评选，择优进行指导。此外，积极与成果持有方互动，加入教育部基础教育司作业设计团队，与上海、杭州上城区团队一起设计人教版教材配套作业，以此培养教研员，进而引领教师。

讲，重点关注成果的概括和提炼，强调学习者通过单一的作业设计案例概括出作业设计可推广借鉴的方法，并将此方法进行推广验证。锦江区邀请专家对筛选出的作业案例进行指导完善，并为案例的展示搭建平台，借此辐射更多教师。2022年4月，锦江区组织了"提升中小学作业设计质量的单元作业设计案例分享"培训会，其展示的案例为锦江区教师自己的设计成果。

评，重点关注成果的系统归纳。以课题研究成果评选的思路，促进教师对作业设计成果进行创生，将实践探索概括归纳成更系统、可推广的显性知识。锦江区设置"作业设计"专项小专题成果评选，在成果评选标准中加入"作业设计成果"的应用要求，督促学校以课题研究为引领，在学习成果的基础上应用和创生。

四、作业设计成果区域推广的效果

三年来，作业设计成果的推广触发了区域作业的变革，得到了成果持有方的高度赞扬，带动了区域、学校、教师的积极实践，取得了显著效果。

（一）推动区域的作业体系变革，取得系列成果

锦江区充分调研，形成锦江区中小学校作业设计、实施与管理调查报告，精准把握区域作业质量管理现状；研制锦江区中小学作业设计与实施指南，为学科教师科学设计作业提供范本；举办多场市区级成果推广活动、培训活动，全市166所学校参与，培养骨干教师750余人，公开发表论文15篇，立项各级各类课题117项。"作业设计成果"推广专题在《人民教育》、新华社、《成都日报》等媒体发布专题报道11篇，发布公众号推文206篇，举办专题活动245次。

（二）助力学校作业管理体系建立，提升教育教学品质

开展锦江区教导主任作业培训，带动了学校作业管理制度的建设与完善。现在，

区内大部分中小学都建立了多元开放的作业分级管理制度，形成了学校、课程管理中心、年级组（备课组）、教师、家长、学生多级管理的体系，主要有双线并行管理、三级管理、四级管理以及校本作业管理四种形式，例如成都市盐道街中学建立的"学校—年级组—家长—学生"四级作业管理制度。

（三）提升了教师作业设计能力，促进教师专业发展

在成果推广过程中，教师们的作业观悄然转变，能精准把握作业的育人功能，从关注学生作业的结果到关注学生完成作业的过程，从"布置"作业到"设计"作业，从设计单元作业目标到进行作业的文本分析，教师们的作业设计能力在不断提升，促进了教师在专业发展道路上的进步。此外，教师的专业能力也得到了上级教育部门的肯定，如锦江区的教研员应邀加入了基础教育司配套作业的开发、锦江区教师在成都市推广会上作展示交流等。

（撰稿人：成都市锦江区教育科学研究院　贺慧、吉萍、吴迪）

后 记

本书系四川省教育科研资助金项目"知识管理视域下基础教育教学成果推广的理论与实践研究"的核心成果。回顾课题研究的这几年，对于我和课题组的伙伴们来说，不仅是一次学术上的深度探索，更是一场心灵的温暖邂逅。

我从事教育科研工作20多年，长期负责成果推广工作，见证了成都基础教育科研成果推广从不定期到常态化的发展历程。期间，每次推广活动的设计、实施和效果反馈或多或少都会让我有新的思考。然而，让我坚定深入探究这一话题的，是一次省教学成果一等奖项目推广活动中出现了一个尴尬场面，活动开始时有150人参加，到活动结束时留下的不到20人。尴尬之后，我不禁思考：究竟什么样的成果能够吸引老师来学习？究竟什么样的成果、什么样的推广方式能够让老与会者舍不得离开会场？教师参加了成果推广会有何用？……随着问题的涌现，对"成果推广"这一话题探索的冲动越来越强烈。这一冲动得到了同是科研教研员的伙伴们的积极回应和支持。课题立项、推广活动优化、现状调查、文献学习等实质性的探索工作紧随其后，有条不紊开展。针对具体的问题，现场争论、线上交流，不断相互启迪，集思广益，"我回来的路上想到了一个方法""我也想到了知识地图，可以作为资源库的索引""如果有SPSS软件，最好按SPSS的方式来，研究方法可以上一个档次""需不需要问与会者导致他们拒绝参与这个项目的主要原因是什么""能不能做些质性分析来辅助""我以被调研者的身份做了两遍问卷，有两点感受……"整个过程就是这样，课题组每位成员都以他们对教育科研的情怀、严谨的研究精神、非凡的行动力以及睿智而从容的生活哲学，令我深受触动，让我深切体会到团队合作的力量与美好。正是有这样一个充满理想与智慧、和谐与精进的团队，才得以高质量完成研究任务，完成这部凝聚着智慧与汗水的著作。

本书由陈军、吉萍、李沿知审稿、统稿；第一章"教学成果推广概述"由陈军、刘继红、曾旭玲、张琳玲撰写；第二章"知识管理：教学成果推广新视角"由李沿知、李宇青撰写；第三章"知识管理视域下教学成果推广理论分析"由吉萍、汪翼、王晓枝撰写；第四章"知识管理视域下教学成果推广实践框架"由汪翼、吉萍、张琳玲撰写；第五章"知识管理视域下教学成果推广活动设计"由张琳玲、姜雪燕、陈彦池、杨美美撰写；第六章"知识管理视域下教学成果推广推进策略"由贺慧、吉萍、曹彩虹、吴逢春撰写；第七章"知识管理视域下教学成果推广评价"由罗军、邓旭撰写；第八章"知识管理视域下教学成果推广机制"由胡燕、李宇青、王慧、刘显平撰写；第九章"优秀教学成果推广案例"分别由以下老师撰写：成都师范附属小学华润分校刘姗，金堂县实验小学徐瑶，四川天府新区太平中学黄芳、黄明玉、陈晓峰，四川天府新区太平中学何蓉琼，成都市龙泉驿区教育科学研究院黄伟，四川天府新区教育科学研究院李秀娟，中国科学院光电技术研究所幼儿园王兵、杨凌，成都市新都一中周鸣艳，成都市金牛区教育科学研究院周君颖，成都市锦江区教育科学研究院贺慧、吉萍、吴迪。

  感谢自课题开题以来就给予我们鼓励和持续指导的四川师范大学李松林教授和李江源教授、四川省教科院王真东研究员和杨贤科副所长、成都大学周小山教授、中国教育学会秦建平教授。

  感谢四川教育出版社卢亚兵老师和李霞湘老师对本书的认可和专业支持。

  我们深知研究没有终点，实践没有完美，本书的不足之处，敬请批评指正。欢迎您将阅读过程中所产生的感想、遇到的问题，或者我们书中不足之处告知我们。

课题负责人、成都市教科院教研员 陈军
2024年12月

参考文献

一、译著类

竹内弘高，野中郁次郎. 创造知识的螺旋：知识管理理论与案例研究[M]. 李萌，译. 北京：知识产权出版社，2006.

野中郁次郎，竹内弘高. 创造知识的企业：日美企业持续创新的动力[M]. 李萌，高飞，译. 北京：知识产权出版社，2006.

弗莱保罗. 知识管理[M]. 徐国强，译. 北京：华夏出版社，2009.

野中郁次郎，绀野登. 创造知识的方法论[M]. 马奈，译. 北京：人民邮电出版社，2019.

二、专著类

赵曙明，沈群红. 知识企业与知识管理[M]. 南京：南京大学出版社，2000.
德鲁克，等. 知识管理[M]. 杨开峰，译. 北京：中国人民大学出版社，1999.
陈美玉. 教师个人知识管理与专业发展[M]. 台北：学富文化事业有限公司，2002.
潘国青. 学校教育科研新论[M]. 上海：上海教育出版社，2005.
易凌峰，杨向谊. 知识管理与学校发展[M]. 天津：天津教育出版社，2006.
易凌峰，朱景琪. 知识管理[M]. 上海：复旦大学出版社，2008.
任英杰. 知识管理视阈下的教师专业发展[M]. 沈阳：东北大学出版社，2009.
廖开际，李志宏，刘勇. 知识管理原理与应用[M]. 2版. 北京：清华大学出版社，2010.
骆玲芳. 学校知识管理[M]. 北京：北京理工大学出版社，2010.
邱均平. 知识管理学概论[M]. 北京：高等教育出版社，2011.
孙立新. 知识管理思想史[M]. 北京：企业管理出版社，2022.

三、期刊类

毛亚庆. 知识管理与学校管理的创新[J]. 教育研究，2003（6）：56—57.

易海华. 教育科研成果推广应用的误区及对策思考[J]. 中国教育学刊，2007（4）：16—20.

易凌峰. 学校知识管理的实践误区与对策解析[J]. 教育发展研究，2008（22）：78—79.

金玉梅. 学校知识管理的模型与实施[J]. 中国教育学刊，2011（2）：25.

张海东. 对我国普通高等学校教学成果的内涵与培育探讨[J]. 四川师范大学学报（自然科学版），2015（5）：787—790.

胡燕. 教育科研成果推广的意义、困难与支持策略[J]. 教育科学论坛，2017（2）：36—38.

易恩. 基层教育科研成果推广应用的思与行[J]. 教育科学论坛，2018（8）：28—29.

叶剑. 基于专业成长取向的教育科研成果推广剖析[J]. 教育科学论坛，2018（8）：30—31.

王富英，叶超，吴立宝. 教育科研成果推广应用中的形态与运行机制[J]. 教育科学论坛，2018（28）：40—42.

宋乃庆，范涌峰. 2018年基础教育国家级教学成果奖评审结果探析：基于数据分析[J]. 人民教育，2019（3/4）：22—26.

李森，杨征铭. 教师隐性知识管理的主要障碍与调控策略[J]. 中国教育学刊，2021（1）：98—102.

杨银付. 将优秀教学成果转化为教育生产力[J]. 中国教育学刊，2022（S1）：3.

中国教育学会秘书处成果推广部. 以"共同体"理念促进教学成果推广应用工作科学有序开展[J]. 中国教育学刊，2022（S1）：7—8.

钱立欣. 推动教学成果转化应用 助力基础教育高质量发展[J]. 人民教育，2022（8）：47—49.

宋乃庆. 关于基础教育国家级优秀教学成果推广应用的思考[J]. 未来教育家，2022（9）：13—15.

吕玉刚. 让国家级优秀教学成果惠及更多师生[J]. 中国基础教育，2023（3）：6—9.

罗滨. 教学成果推广应用的政策意义与探索[J]. 中国教育学刊，2024（12）：6—10.

李瑾渝，王等等. 教学成果的内涵特性、生成逻辑及其推广应用机理分析[J]. 中国教育学刊，2024（12）：11—19.